歷史課聽不到的奇聞

那些你不知道的醫療外史

譚健鍬——著

推薦序

以醫學與科普角度重現歷史的吉光片羽

蔣忠和（澳門中華文化發展促進會祕書長、澳門日報原副總編輯）

譚健鍬醫師的新書就要出版了，他囑我作個序。我不是醫師，歷史也懂得不多，該怎麼寫呢？好生為難，所幸最近與譚醫師常有來往，交談中頗多收穫，那就先談談我對譚醫師的印象吧。

我認識譚健鍬醫師也是因書而起。那天書店來了位文質彬彬的中年人，挑選了兩、三本文史類的書，我看在眼裡，就向他介紹臺灣時報文化二〇一四年四月出版的《歷史課本沒寫出的隱情：那些帝王將相才子的苦痛》，因為這本書我看過，覺得蠻有趣味性，也不是信口開河胡編亂造那一類。這位先生看到封面上作者的名字時，面露喜色地說，「哦，譚醫師，是我的同事。」於是他把這本書買了回去，還為我留下了譚醫師的電話。

過了些日子，因為文促會的工作，就找了譚醫師來商量，當然也特別想認識譚醫師這個人。交談之下，我知道譚健鍬興趣廣泛，熟讀歷史書籍，更可喜的是，譚醫師喜歡以歷史的眼光加上現代醫學的知識，解剖歷史上一些名人的生老病死，推敲折磨他們的病痛。就比如《歷史課本沒寫出的隱情》這本書，他就是從醫學的角度剖析屈原、白居易、曾國藩、乾隆皇、萬曆帝、周瑜、諸葛亮等歷史名人的病因、病史，參以人物的生平事跡、言行成就，並辨證地指出史料、傳聞的謬誤，讓那些沉睡了千百年的靈魂更加躍然紙上，吸引讀者。

其實早在二〇一三年五月，臺灣時報文化就出版了譚健鍬醫師的《病榻上的龍》。在這本書中，譚健鍬以專業醫學的眼光，根據史料記載，仔細推敲歷代諸侯、帝王的病因、翻檢審視其病史，讓讀者重新理解他們的生存環境、生活習慣與性格基因，並以全新的角度辨證歷史傳聞及觀點的正誤，同時針對帝王罹患病例提供保健之法，突顯與眾不同的讀史切入點。繼之二〇一四年五月，臺灣商務印書館也出版了他的《疫警時空：那些糾纏名人的傳染病》。譚醫師結合中外名人的病史、著名醫藥學家的研究歷程，生動、科普地闡釋流感、天花、炭疽、狂犬病、登革熱、瘧疾、梅毒、結核等十二種著名傳染病的病原特點、發病特點，同時展開與疾病罹患者、疫病征服者相關的人生討論。

的確，當變換一個視覺，歷史呈現給你的會是另一個五彩繽紛的世界。譚健鍬奉獻給讀者的作品，就是以一個醫師的敏感，從醫學和科普角度去重現歷史文化的吉光片羽。

這一次，譚健鍬的筆端觸及的領域更遼闊寬廣了，比如由民族英雄岳飛的「將軍肚」，觸及古代人健美觀念的偏差；據晚清「胡慶餘堂」出現的虎骨選購風波，他回顧了中醫對虎骨的追捧，但也比較了中、西醫眼中不同的虎骨地位；從篡漢的新朝皇帝王莽既戴頭巾裹著腦袋，還用染料把頭髮、鬍鬚染黑這「時髦」的行為，聯想起脫髮和白髮的成因……

說實話，把歷史上有爭論、有疑義的名人病例找出來，並且能夠撤除藩籬，把視角和觸角伸向更為廣闊的歷史、社會領域，編寫出一本文史、醫學並融的書絕非易事。在譚健鍬筆下，每一個事件或案例都力圖既具備完整的故事情節，又兼顧當時或後世的不同說法；在綜合諸家之見、各派之說的基礎上，獨闢蹊徑，做出自己的判斷，融故事性、學術性和趣味性於一體。

讀譚健鍬醫師的書稿，不僅不感枯燥，反倒覺得是一種享受，常常情不自禁地為書中的精彩內容所吸引，回到歷史上那些動人心魄的場景。對於這樣有助於提供知識、增添生活樂趣，有益於開發智力、開闊視野的好書，我當然表示熱烈的歡迎，並且要向人們熱情地推介。

自序

在探索中求變，在當下持續筆耕

在過去的一年中，發生了很多不尋常的事情，有喜有憂。可以說，變化無處不在。也許，人生就該是這樣。只是當人們在漫漫的路程中，無法停下匆忙的腳步，也無力回顧張望時，往往會無暇顧及其他，更遑論體會了。

我，繼續著自己的生活，寫作、行醫，做一位不很合格的丈夫，當一位不很稱職的爸爸。人，若按照原來的老路一直走下去，很容易覺得枯燥和勞累，會很想暫停一下，歇一歇……但是我停不下來。

去年年初，我獲得第十屆澳門文學獎散文組的季軍，這實在是意外的收穫。我只是把醫師日常工作的小片段，訴諸於平實、家常般的言語，想不到也能打動評委。也許，他們更感興趣的是醫療工作者這神祕而「刺激」的職業吧？其實我覺得好的作品有時不一定都需要華美的文采、曼妙的比喻、高雅的境界和深邃的思想，那些來自作者心靈深處最樸素、真摯的情感，那些看似稚嫩甚至笨拙的文字，只要提煉自真實的生活，只要滲透著鮮活的氣息，哪怕帶著泥土的味道，都能夠令人回味無窮。

由此，我的拙筆仍舊寫寫塗塗，改來改去，寄到報社，石沉大海也好，榮登傳媒也罷，我並不介意，我尋找的是那種傾訴生活的感覺。不僅寫疾病，不僅寫歷史，還寫美食、寫讀書、談軍事，也聊時事，很多時候不免漫無邊際，很多時候久盼之餘並未見報，但過去那種極其容易出現的氣餒和慨嘆，慢慢消失，只有一份吐之暢快的心情。

去年年中的時候，分屬兩家出版公司的《歷史課本沒寫出的隱情》、《疫警時空》幾乎同時出版，我心如靜水，全然沒有前年第一次出版《病榻上的龍》時那種瞬間的興奮感。因為，這畢竟代表我的過去，《隱情》是探案、鑑證式的醫學科普介紹，混搭了歷史人物評說；《疫警時空》則是平鋪直敘的歷史故事、生生硬硬的傳染病說教，和突突兀兀的心靈雞湯炒成一碟的怪味菜品。探尋如何掙脫它們的桎梏，也許才能更體現一個作者的價值，才能吸引更多的讀者。

九月中的一天，突然收到《澳門日報》湯梅笑主任的電郵，邀請我到報社一聚。那是一次難忘的見面。記得那天下午，雨下個不停。窗外飄飄灑灑的飛絮，如同自己的思緒一般。我等來了湯女士。雖既往見面次數不多，但有著太多的共同話題，從澳門的文學氛圍到中國古典詩詞，我們相談甚歡。聊起我以往在書上介紹過的曹植、李賀患病之事，及其病源推測，她認為「很有啟發」。末了，她建議我在日報上開闢專欄，寫寫「歷史與醫學」相互「糾纏」的小文章。

「知道你們醫師很忙，如果你有興趣，每兩週寫一篇，字數八百左右，如何？」湯女士笑道。

我沉思了一陣子，抬起頭，輕輕地說：「我盡量每週一篇。」其實，我心裡最想說的是：再忙也值得！

如果說書籍是我和讀者交流的小平臺，那麼，報刊就是我們的大平臺。從此，我的生活似乎更加忙碌，但也更加充實、更有分量。

這次沒有重蹈過去的模式，因為我無意成為醫學史上的福爾摩斯或名探柯南，至少風格和寫法不想固執一味。成功的演員不能老是扮演同一種類型的角色，同理，作者也應如此。唯有不斷拓寬自己的「戲路」，創作靈感才會源源不絕，寫作技能才可日臻成熟，生活的光澤才得以活靈活現。

因此，我的筆下不再是西醫眼裡對名人疾病的追根溯源，乾脆天南地北，中醫西醫，無所不及，有醫患關係的探討，也有心理分析的初試，只要與「歷史和醫學」有關，都盡收囊中，依題發揮。由河豚的中毒原理，觸及一代饕餮蘇東坡；據「初唐四傑」之一盧照鄰久病厭世，投河自盡，對古代臨終關懷機構和澳門鏡湖醫院的「康寧中心」進行了一番比較；從揚州城隋煬帝墓葬的發掘，暸解到僅剩的遺骸——兩顆牙齒，進而由牙質的硬和軟，聯想到那些二世而亡的短命王朝。

陳廷焯在《雲韶集》中評價辛棄疾的詞作，說：「詞至稼軒，縱橫博大，痛快淋漓，風雨紛飛，魚龍百變，真詞壇飛將軍也。」浙西詞派論家吳衡照也說：「辛稼軒別開天地，橫絕古今，《論》、《孟》、《詩》小序、《左氏春秋》、《南華》、《離騷》、《史》、《漢》、《世說》、《選學》、李杜詩，拉雜運用，彌見其筆力之峭。」

這也是我寫作追求的境界啊！

年底，我給湯女士發去了一篇〈隋煬帝的牙齒〉，她讀罷，回信曰：「好看！」這是長輩對晚輩的最高首肯了。可惜我們再次見面的時候，她對我說：「我退休了，我想享受以前沒嘗試過的生活。你放手繼續寫你的專欄吧。加油！」

悵然、驚愕之餘，還有一絲憂傷，也許這就是喜歡寫作的人內心特有的敏感吧？望著她遠去的身影，我勉勵自己要在探索中求變，提醒自己要隨時注意摒棄貌似固有的習慣，也許有一天我們會江郎才盡，又或許還未到那一天，讀者就已經把我們拋棄了，唯有在當下持續筆耕才是最踏實的。

默默地，我繼續寫著喜愛的專欄，每一期八百字，實在說不完心中醞釀已久的故事，道不盡那些早已發酵的念頭。這八百字只是骨架，我努力把它們一再潤色、打扮、添彩，使之骨肉豐滿起來，起碼把「顏值」分數拉高一些。

日子就這樣在忙碌中來去，好像只有我女兒出生前後那個月，才把手中的筆稍稍停了一停。感謝她的降生給我們帶來新的喜悅，感謝這種喜悅為初涉文壇的我帶來靈感上的點滴。

當我接近「完工」的時候，德高望重的心臟科鄧醫師從工作十九載的醫院離職了，他要開一家診所，打算重新開創一片屬於他的天地。是啊，人生，沒有一成不變，也沒有值得墨守的成規。祝賀他，也祝賀湯女士。

二〇一五年八月十五日 雨天於鏡湖醫院

目次

貳 醫／食 向來是同源

參 心／病 還需心藥醫

肆 藥／毒總在一線間

伍 憾／恨綿綿無絕期

陸 醫／療古今事件簿

跋

壹

形／貌

背後有真相

秦始皇焚書坑儒皆因佝僂症？

秦王為人，蜂準、長目、摯鳥膺、豺聲，少恩而虎狼心。～《史記．秦始皇本紀》

據古代文獻記載，中國歷代帝王的長相多半要不其貌甚偉，就是奇異不群，比方「皇帝」的始作俑者——秦始皇嬴政，到底是英武瀟灑，還是身形猥瑣？

骨骼異常的丹鳳眼大漢

可惜史冊語焉不詳，只留下司馬遷的片言隻語，而且還是旁人轉述。時下許多名人視不雅照或狗仔鏡頭為洪水猛獸，必欲除之而後快，嬴政也是嗎？

關於嬴政的相貌，現存最早的記載見於《史記．秦始皇本紀》，轉述尉繚形容：「秦王為人，蜂準、長目、摯鳥膺、豺聲，少恩而虎狼心。」

「蜂」亦作「隆」，高的意思，「準」就是鼻子，可見他長著一副高鼻梁。至於「長目」，從兵馬俑的古代關中人外貌推敲，讓人聯想起今天陝西人的特徵之一——丹鳳眼。不過，在古文裡，經常出現「蜂目」這個貶語，形容面貌暴戾、凶相畢露，此處的「長目」是否帶有其他含意，還有待進一步考證。或許嬴政的五官不算醜陋，帶些英武之氣也是可能的。再說，他的母親趙姬是邯鄲舞者，乃一絕色美女，令其父一望而神魂顛倒，可見面容姣好，照理嬴政有她的遺傳基因，長相應該也是可圈可點。

至於豺聲，郭沫若先生認為是氣管炎導致的細尖沙啞，這點值得商榷。早於嬴政時代的《左傳》，以及曾到大唐學習、任官職的新羅（今韓國）詩人崔致遠，都提到「豺聲」是形容為人殘忍暴虐，並非專指具體的聲音，[1]郭老認為是病理狀態就有點捕風捉影了。

到底嬴政是否高大魁梧、孔武有力？尉繚沒直說，但嬴政長大後身體應該還算強壯，別忘了《史記．刺客列傳》提到他與荊軻搏鬥，可以瞬間「拔（劍）以擊荊軻，斷其左股」，這位關中大漢，絕非手無縛雞之力！

尉繚曾任秦國國尉，身為高級將領和嬴政共事多年，撇開對嬴政的輕蔑不談，他對其外貌的形容應有一定的可信度。

如果只是這樣，那麼嬴政大概不至於太介意外貌，但事實果真如此嗎？

別忘了嬴政還有「摯鳥膺」，這常指胸骨的異常突起，不禁令人聯想起維他命D不足所導致的佝僂症。維他命D又稱鈣化醇、陽光維他命、抗佝僂症維他命等，屬脂溶性維他命，種類很多，以維他命D_2和維他命D_3最重要，能促進食物中鈣的吸收。它通常存在天然食物中；此外，在人體皮下具有從膽固醇生成的7－脫氫膽固醇，受紫外線的照射後，就能轉化為維他命D_3。所以，只要有適當的日照，就能滿足人體對維他命D的需要。

佝僂症是一種骨基質鈣化障礙的疾病，在嬰兒期較常見，起因於體內鈣、磷代謝紊亂而使骨骼鈣化不良。紫外線照射不足、食物中鈣、磷含量不足或比例不當、生長發育過快，致使維他命D的供應量不足、慢性呼吸道感染、慢性腹瀉和肝、腎異變等慢性疾病，以及影響鈣、磷吸收的種種因素都是幼兒產生生佝僂症的原因。

由於嬰兒生長發育特別快，對維他命D和鈣的需求增多，因此最易發病，但佝僂症發病較緩慢，一般難以及時發現，不易被重視，往往錯過治療的黃金時機，使得生長中的長骨幹骺端軟骨板和骨組織鈣化不全。此病主要臨床表現為骨骼異常，如兩側肋骨與肋軟骨交界處膨大如珠，胸骨中部向前突出形成「雞胸」，或下陷成「漏斗胸」，胸廓還會「肋緣外翻」。

其實只要多晒太陽，及時改善營養，小孩的佝僂症是可以治癒的，但若錯過時機，嚴重者就會留下骨骼畸形的後遺症。嬴政，這位本該儀表堂堂的千古一帝，極可能就是罹患了佝僂症！

童年顛沛流離，終成一代暴君

嬴政的成長經歷似乎印證了這一切，他並非自幼錦衣玉食，趙國邯鄲才是他的出生地。當時，雖然他的曾祖父秦昭襄王如日中天，祖父安國君為內定接班人，但父親嬴異人（子楚）只是安國君眾多子嗣中默默無聞的一位，可有可無，還被扔到趙國當人質，母親趙姬則是呂不韋贈送的江湖舞女。

從小生長在異國他鄉的嬴政，十三歲才因父親發跡而榮歸秦國故里。由於幼年長期在敵國顛沛流離，東躲西藏，動不動就受到趙人的死亡威脅，因衣食不繼而營養不良，導致缺乏維他命D是極有可能的。

其次，據考證嬴政生於秦昭襄王四十八年正月，也就是隆冬時節，此時北方邯鄲的天氣定然異常嚴寒，剛喜得貴子的嬴異人、趙姬夫婦很可能害怕他受凍，將其長期養在室內，這更容易導致嬰兒接觸陽光不足。

再者，這對夫婦對嬴政的照料可能有所疏忽。此時的嬴異人正在呂不韋的策劃下，一步步巴結父親身邊的愛妾，幾乎把一生都賭在這場瘋狂的宮廷陰謀之上，心思完全沒放在兒子的身心發展上；而趙姬，一個毫無育兒經驗的少女，孤立無援，自顧不暇，對小嬴政的呵護也很難做到周全。

苦盡甘來，當嬴異人逐漸得勢並繼承王位之後，嬴政的處境才慢慢好轉。這時他的身體發育才終於有機會慢慢步上正軌，長成一位關中大漢。然而，幼年時不幸留下的骨骼畸形後遺症，卻像夢魔般永久地留在身軀，鑲嵌在他的心靈中。

歷來關於嬴政焚書坑儒的原因，爭論頗多，而他敢冒天下之大不韙，置千古罵名而不顧，放肆銷毀六國各種典籍和紀錄檔案，是否也肇因於考慮到自己殘損的外貌特徵，不宜後傳呢？

這位統一中國的始皇帝，卻以殘暴著稱。當初早早就在寂寞深宮中守寡的趙姬，竟與假宦官私通並生下兩個小孩。這對可愛的同母弟弟最後被嬴政殘忍地殺害，趙姬則被幽禁。

嬴政在秦國的統一戰爭中，延續先祖們的殘暴不仁，且有過之而無不及，在取得天下之後，繼續制訂嚴刑峻法，「有虎狼之心，殺人如不能舉，刑人如恐不勝」，又長年累月大肆營造各種國防工程和私人樂園，視百姓生命如草芥！於是，民怨沸騰，人心惶惶。秦始皇去世不久，大規模的農民戰爭便席捲全國，很快就將嬴政一手打造的超級帝國打碎，掃進歷史的垃圾堆。

也許正是兒時的生理缺陷使他備受歧視，導致嬴政成年後的心理不健全，潛在的自卑感終於誘發出敏感多疑、報復性極強的暴君性格，這不僅對他個人、家庭，乃至對天下蒼生，都是極大的不幸！

1 《左傳》有「且是人也，蜂目而豺聲，忍人（殘忍之人）也」之說；朝鮮公認的漢文學鼻祖崔致遠，感慨唐朝兵災頻仍、民不聊生，在〈出師後告辭狀〉也提到「中朝多難，頃煩豺略，佇滅豺聲」。

王莽與漢元帝的三千煩惱絲

王莽頭禿，乃施巾。時人云：「王莽禿，幘施屋。」～《獨斷》

髮絲從來都不是小事，唐朝詩人劉禹錫曾寫信給白居易，說自己偷閒照鏡子，結果不禁長嘆：「身瘦帶頻減，髮稀冠自偏。」儘管早已步入暮年，但面對頭髮稀疏、連帽子、髮簪都撐不起的尊容，內心不免有一絲惆悵。

頂上的人生大事

對古人來說，如果一縷濃黑的鬍鬚象徵尊貴、威嚴，那麼一頭茂密的黑髮就意味著健康和美觀，尤其面對頭髮大事，古今相通，男女皆同。

可惜不是人人完美無瑕。鬍鬚稀疏短小倒也罷了，倘若頭髮變薄了、稀疏了、在顯眼的地方過度「透支」了，那就真的有失雅觀，輕者引來嘲弄、自尊受損，重者面對人生大事如求偶婚娶等事，便萬事休已，這一點，男人最能感同身受。

古人很早就注意到頂上的大問題，據莊子說，上古時期，有虞氏替人治療頭瘡，毛髮脫落而成禿子的病患會用假髮遮醜。[1]有虞氏即舜帝，為有名的古代五帝之一，原來，鼎鼎大名的舜帝不僅有政治頭腦，似乎也擅長醫治民間疑難雜症，更留下中國歷史上最古老的假髮記事，難怪人們不僅把假髮當作一塊不可缺的遮羞布，更對假髮的美觀斤斤計較！

對男人來說，假髮是雪中送炭；對女人來說，則是錦上添花。假髮一向是美女增加回頭率的本錢，春秋時假髮就極盛行，《左傳．哀公十七年》記載，衛莊公在城牆上看到戎州人己氏的妻子長髮烏黑亮麗，甚美，竟然命人把她的頭髮強行剃掉，給自己的夫人呂姜製作假髮，此裝飾品遂稱為「呂姜髢」。髢者，假髮也。

漢朝皇太后以假髻來承載多種沉重而複雜的頭飾，後來演變成華麗的鳳冠。宮中對假髮的需求很大，為了找人髮做假髮，有些官吏甚至強行砍下人頭取髮。《太平御覽》引《林邑記》提到，朱崖（也作珠崖，今屬海南島）人多長髮，當地郡守貪婪殘暴，把婦女的頭顱割下來摘取頭髮製造假髮。可見假髮在當時被視為珍品。用這種恐怖而未經消毒的頭髮做成的假髮，不知戴者瞭解與否，若知曉，想必也毛骨聳然而拒之千里。當然，自願買賣仍是主流。有些窮人把頭髮剪去賣掉，以換錢糧，例如東晉名將陶侃，年輕家貧，其母就曾剪下頭髮，賣給假髮店，換得數斛米，再把家中竹柱砍了、草席剁了做柴火，為前來投宿的陶侃友人做飯。《世說新語．賢媛》記載了這件事，後世引為美談，即為成語「陶母邀賓」的典故出處。由於真髮所製的飾品得來不易，早在漢朝初期就曾出現以黑色絲線製成的假髮，湖南長沙馬王堆一號漢墓就有此物出土，成為漢初侯爵夫人辛追千年不腐的屍身上彌足珍貴的飾品。

和中國一樣，早在羅馬帝國時期，許多歐洲人也使用假髮，就連皇帝也戴著假髮。戰爭時敵方軍民的頭髮也常做為戰利品進貢宮廷。一些貴族會把奴隸的頭髮剃去做假髮。有些貧農會把自己的頭髮束起結成髮辮，長到足夠的長度就剪下賣給假髮市場。這不免讓筆者想起美國短篇小說家歐．亨利（O. Henry）最為人傳誦的短篇小說《聖誕禮物》（*The Gift of the Magi*）充滿了小市民笑與淚的故事：一對相愛的夫婦在聖誕節來臨時，兩人都想買一件禮物給對方。丈夫知道妻子很珍愛一頭秀潤的長髮，決定買一套精緻的梳具送她，無奈錢不夠，只好變賣心愛的懷錶。同時，妻子知道丈夫心愛的懷錶一直沒有錶鏈，但自己沒什麼錢，只好將長髮剪下，賣給理髮店做假髮，再用賣髮的錢買下錶鏈……這已是二十世紀初的故事了！

禿頭皇帝遮羞史

言歸正傳，髮量稀少、光頭禿頭，最感困擾的還是男人，這種情況古今中外皆如此。希臘、羅馬時期，普遍認為禿頭是受到上天懲罰，把禿子視為罪人。頭髮稀疏或禿頭的軍官會被希臘領地的長官歧視，並拒絕安排工作。羅馬人甚至考慮讓議會通過「禿子法令」，禁止禿頭男子競選議員，禿頭的奴隸也只能賣到半價。為了免受歧視，禿子會戴假髮遮掩不雅。

法國著名的「太陽王」路易十四就患有「地中海型」禿頭，為了維護皇帝的威嚴，當然戴上假髮，而且還是蓬鬆異常的假髮，於是現代流傳下來的路易十四肖像畫中，我們看到的都是意氣風發、雄武軒昂的偉大君主，一切都被假髮掩蓋得嚴嚴實實，裝飾得冠冕堂皇，只有在歷史文獻中才偶爾出現一兩句道出真相的記述，不過已鮮少有人問津。從歷史的角度看，路易十四騙過後世絕大多數人，是勝利者。至於當時，由於皇帝帶頭，許多臣民儘管頭髮完好甚或鬱鬱蔥蔥，風行草偃之下，為了模仿，竟也戴起悶熱沉重的假髮，寧願忍耐蝨子、跳蚤的騷擾，以及難聞的汗油臭味。從潮流的角度看，路易十四引領了當時的歐洲時尚，算是流行文化界的佼佼者。

其實，路易十四絕不是髮型時尚的先鋒，早在一千六百多年前，中國就有一位皇帝做過類似的事情，不過並未使用假髮，他就是王莽。

東漢末年學者蔡邕在《獨斷》中對當時的服飾研究做了一番論述，他談到，「王莽頭禿，乃施巾。時人云：『王莽禿，幘施屋。』」

漢代時，上流社會所戴頭布全用黑色布巾，更準確地說，應該稱為「幘」，幘在古時本是勞動階層用來紮裹頭髮不使散亂的，兩端有帶子可以從頭上繫於頷下，相當平民化。後來，幘的使用範圍愈來愈廣，已不僅限於平民，統治者的影響力很大，幘的質料和做工也愈來愈講究。西漢人常戴幘，但並不把頭頂全包住，因而幘也常是空頂的。

西元八年，王莽篡漢，建立新朝。這位老兄過去依靠姑母家族的外戚勢力逐漸干預朝政，又將女兒嫁給漢朝天子，讓自己升格為國丈，大玩權謀，把政權牢牢抓在手中，步步進逼，最終迫使皇帝「禪讓」下臺。在這個漫長的「和平轉移」過程中，王莽刻意裝扮成一個仁孝忠信、大義滅親的正人君子，配合社會輿論造勢，拉攏不少士大夫的心。

不過自己是什麼料，有多少斤兩，王莽本人最清楚。終究來路不正，做賊心虛，他內在沒料，毫無自信可言，對治理國家也只是瞎子摸象。在這種心理陰影下，偏偏又加上生理缺陷，那就是禿頭。

其實禿頭並非老年人的專利，現代醫學發現不少三十出頭的男性也有這種尷尬的症狀。但王莽當上皇帝時年紀已不輕，或許是自然規律無情，或許是操勞國事過度，還可能是飲食，作息不良，頭頂上的荒蕪愈來愈刺眼，隨便掉下一根髮絲，都讓他敏感得難以入睡，畢竟身分大轉變，一朝貴為天子，容貌豈容瑕疵？於是，他故意把軟幘襯裱使之硬挺，套在腦袋上，將頂部升高做成介字形的「帽屋」，好遮掩禿頭，這種有介字形帽屋的幘就是「介幘」。群臣自然跟風四起，一時間仿效者眾。王莽心滿意足，自以為權威鞏固，遂放心以復古的理想主義大膽實施社會改革。

當然，社會經濟規律是不聽個人意志使喚的，本性乃一介迂腐書生的王莽，對政治、經濟的「天才」構想，顯然只是空想，等在後面的就是大災難。國家經濟崩潰，人民流離失所，天怒人怨，群雄並起，抗爭風起雲湧……最終王莽的新朝，毫無「新」意可言，徒剩早衰，迅速在風雨飄搖中土崩瓦解，王莽被殺，屍身大卸八塊，禿頭被割下梟首示眾，掛在城頭上飽嘗民眾憤怒的石頭和唾沫。

王莽的改制，注定和他的光禿頭頂一樣，都成了一場「空」。

史書上也有王莽染髮的記載，還描述其長相「鴟目虎吻」，顯然不是潘安、周瑜之類的俊朗型，他似乎對儀表非常在意，但又對自己的外貌不大滿意，為何拒絕使用假髮？可能覺得那是婦道人家的玩意兒吧。換個方式裝模作樣地遮遮掩掩，這又何必呢？一個又戴頭巾又染髮的王莽、一個珍愛外貌形象的王莽，其內心深處造假做作、掩耳盜鈴的糾結，外加風光不再、令人噴飯的尊容，時刻煩惱的他，委實可憐。結局如此，自在情理之中。

令人覺得意外的是，有些人竟會嫌頭髮太多！王莽出生前數十年，漢朝出了一位漢元帝，就是那位把王昭君嫁給匈奴和親，後來懊悔不已的劉奭。蔡邕的《獨斷》云：「元帝額有壯髮，不欲使人見，始進幘服之，群臣皆隨焉。」原來，元帝前額的頭髮特別厚，當時被認為是不聰明的表徵，因而他也用幘將頭裹住。大臣自然有樣學樣，紛紛東施效顰。值得一提的是，這位漢元帝的正宮皇后王政君，恰好就是王莽的親姑媽！

筆者又想起禿頭、不留髮的蔣中正，其統治臺灣時期，有些學校為了取悅他，居然動員學生個個剃光頭，美其名曰「中正頭」，今日想來不免讓人啞然失笑。

禿頭的原因和養護

禿頭，表面上是儀容問題，實則是健康問題。

做為中年男性脫髮中最常見的一種，雄性激素性脫髮或脂溢性脫髮，其病患的頭髮會過早「凋謝」，還伴有頭皮皮脂溢出、較多的頭皮屑。西元前四百年，醫學之父希波克拉底斯（Hippocrates）就已注意到男性脫髮與雄性激素有關。他發現被割掉睪丸的「閹人」不會禿頭，現今的醫學研究也已表明，頭髮的殺手其實是男人的指標荷爾蒙——以雙氫睪酮（DHT）為代表的雄性激素。DHT一旦過高，就會導致毛囊萎縮、頭髮生長期縮短。

DHT為何會升高呢？原來，毛囊內含有一種還原酶，它像一個觸媒，能將睪酮（testosterone）轉化為DHT。觸媒一旦增多，DHT便相應升高，脫髮就不可避免。這種還原酶在頭皮毛囊的分布也很有關係，相對於頭頂和前額部的毛囊，枕、頸、背部的毛囊較少發生脫髮現象。因此，我們通常看到「馬蹄形」頭髮——頭部的外圈有頭髮，中央和前額形成孤島，就與還原酶的分布有關。

怪不得男人是禿頭的最大受害者。恢復茂盛的頭髮，不但是脫髮男人的由衷盼願，也是眾多醫學專家力圖攻克的堡壘。惱人的是，面對這小小的毛髮問題，人類的對策卻寥寥無幾。當然，戴假髮最直接了當，但假的永遠是假的，不會改變脫髮此一尷尬的本質。此外，內分泌失調、種族和心理等因素都可能影響掉髮。不良的生活方式、飲食結構欠佳以及濫用髮妝品，也可能加速頭髮的脫落。

王莽稱帝前，長期為自己的政治企圖處心積慮、朝思暮想；稱帝後又為了政治藍圖嘔心瀝血、如履薄冰，等到改革失敗、統治失控後，又變得喪心病狂、如坐針氈、夜不能寐，這麼緊張、焦慮的心理狀態必然不利頭髮的生長。何況，他還有染髮的「好」習慣呢，那時的染料雖不像現代化工原料那麼毒，但極可能是混雜炭墨之類的合成品，終究是有損頭髮的異物。

有些學者認為禿頭的男人一般比較聰明，還列舉了不少言之鑿鑿的科學研究自圓其說，的確，雄性激素能促進大腦右半球的發育，而右腦主要負責識別圖像、幾何空間等形象思維，從這個角度來說有點道理。可惜，從王莽的例子看，他的「聰明」也許只是幫助他取得上位，改革的空想連篇，但對成長為一個成熟的政治家，則於事無補。

最適合禿頭生存的朝代

任何時代都會有禿頭男人，若可以選擇的話，很多禿男可能會想活在南北朝時代，那時的南方，宋、齊、梁、陳輪流做莊，「南朝四百八十寺，多少樓臺煙雨中」說明佛教的興盛程度，尤其是梁武帝時期，令許多信徒澎湃不已。那時候，和尚多如牛毛，在街上巷里接踵摩肩，還有政府供養，衣食無憂，如果男人對頭髮密度不滿意，可以乾脆剃掉，充當和尚算了，反正在路上和僧尼走在一起也不會突兀，魚目混珠足矣。

不過，筆者認為最利於禿子生存的朝代是清朝！當時全國的男人必須學滿族韃子一樣，把前顱、兩鬢的頭髮全部剃光，僅讓後腦留下頭髮，編成一條長辮垂下。清帝說：留髮不留頭，留頭不留髮！那些有禿頭困擾的男人們，是否會有些沾沾自喜、幸災樂禍呢？假髮是否該絕跡了呢？這種高壓統治竟然逐漸演變成生活習俗，衍生出髮辮情結。兩百多年後，清朝瓦解之際，不少奴化的漢人竟然對辮子不離不棄，完全忘了滿洲貴族在明末清初犯下的「揚州十日」、「嘉定三屠」等慘案！他們拖著油光可鑑的大辮子，敝帚自珍，心滿意足，當辮子稀疏了、枯朽了、被剪掉了，還專門跑去店鋪認真挑選假髮辮，好好裝扮一回，沉浸、緬懷一下做大清國民的快感。

看來，假髮從來都是有市場的。

1《莊子・天地》：「有虞氏之藥瘍也，禿而施髢，病而求醫。」

渾身青紫的傀儡漢平帝

皇帝仁惠，無不顧哀，每疾一發，氣輒上逆，害於言語，故不及有遺詔。～《漢書．平帝紀》

在漫長的古代社會，幼童始終生活在各種疾病的威脅中，他們是病魔嗜殺的目標，即使生在錦衣玉食的皇家，這種悲劇也不少見。

居高不下的皇子夭折率

皇帝們經常妻妾成群，多子多孫，然而這些子孫大都命運多舛，能健康地怡享天年者寥寥無幾，很多皇子、王子、公主年紀小小便撒手人寰。以清朝為例，據統計，十二世皇帝中，除了最後三世皇帝沒有後代之外，前面九世皇帝共生育子女一百九十五人，平均每位皇帝生育子女約二十一人，但其中不到二十歲即早殤的有八十二人，占總人數的百分之四十二。而這些早殤的皇子、皇女中，不到十歲便夭折的就有六十八人，占總人數的百分之三十五，早殤者的比例更是達到驚人的百分之八十三！

當然，傳染病是最可怕的殺手，比如天花之類。當古人慢慢學會用不太複雜的「種痘」法預防之後，這類病魔尚能暫時遏制。不過，有些人體自身的解剖結構異常，其導致的頑疾就不是古代乃至現代的藥物所能對治的。

西漢末年，有一位不幸的小朋友被歷史推向政治臺前。若不是政局的波譎雲詭，也許他就默默無聞地在自己的封地裡靜待病魔，然後悄無聲色地早早離開人世，在史書上只留下草草幾個字而已。

他叫劉衎，原名劉箕子，漢元帝之孫、漢成帝的侄子、漢哀帝的堂兄弟、中山孝王劉興之子。大多數朋友對西漢王朝的前幾位皇帝很熟悉，比如高祖劉邦、惠帝劉盈、文帝劉恆、景帝劉啟、武帝劉徹。武帝之後，先是幼子昭帝劉弗陵繼位，年僅二十歲就駕崩；接著是武帝流落民間的曾孫漢宣帝劉病已，漢元帝劉奭就是他的兒子。元帝之後，以荒淫無道聞名的成帝劉驁登基坐殿，他是元帝和皇后王政君所生的嫡子，一位沉湎於美色的失職皇帝，子女均為趙飛燕姐妹殘害殺死，在聲色場所進出大半輩子，忙著四處播種，沒想到四十多歲去世時居然沒有繼承人！

漢成帝統治時期，政治腐敗，經濟嚴重衰退，爆發農民起義，漢朝急劇走向衰落，直至病入膏肓。雪上加霜的是，皇室內部也正在進行微妙的宮廷鬥爭，世系開始混亂，由於成帝沒有血親存活，大臣們擁立其侄子劉欣為帝，是為漢哀帝。此時，老太后王政君的侄子、外戚王莽逐漸站上歷史舞臺，他以清廉正直、學識淵博、仁厚儒雅的面目粉墨登場，實際上包藏巨大的政治野心。

在王朝動盪不安的末世，統治者的心智往往也異於常態，不知道是否冥冥中自有天意。漢哀帝是一位縱情聲色的同性戀者，同樣不務正業，幾年後就嗚呼哀哉，僅僅活了二十六歲！

精明政客的如意算盤

此時，老王家已牢牢掌控朝政，大司馬王莽就是王家的傑出代理人。漢朝的命運該何去何從？太皇太后和侄子王莽可謂絞盡腦汁。

按照常理，皇帝去世，繼任者應該是直系子孫，不過可憐的漢哀帝也沒留下一男半女，那麼擁立他的晚輩皇族成員總可以吧？不！老謀深算的王莽直搖頭，這位王朝的實權操盤手和一千八百多年後的大清慈禧太后不謀而合：輩分太低的新皇帝與老太后的關係會太疏遠，又容易引入其母系家族的外戚新勢力，還不如找個同輩的，比較容易操控。於是，慈禧找來自家侄子兼外甥載湉（光緒帝）繼承堂兄同治帝的事業；而王莽呢，則找了漢哀帝的堂弟來當傀儡，這樣，王老太后依舊是新皇帝的祖母輩，他王莽呢，正好是皇帝的父輩。

如果是普通的權臣政客，智力大致與慈禧太后不相上下，立個小王子稱帝，將其玩弄於股掌之間也就夠了。可王莽畢竟是王莽，他的狡詐和野心可謂「彪炳史冊」。小皇帝如果健康活潑，到了十五、六歲懂事的年齡，肯定討厭權力被王家把持，慢慢羽翼豐滿，必然會糾集新勢力，甚至勾結宦官，把當權派殺得片甲不留！前朝如霍光家族的悲慘命運即是明證。看來，身體健康的小朋友不見得就是最佳人選。

如同一匹目標明確、目光陰森的大野狼，政治家王莽同樣具備難得的耐心。終於，他的眼光鎖定在一名小孩身上，他就是劉衎，當時只有八歲，父親中山孝王是漢成帝的弟弟。

幼童登基，人生的軌跡立刻就出現重大改變，要想有所建樹，哪怕是想安全地活下去都需要具備優異天賦（才智加體質），再配上天時地利人和，除了像康熙帝等少數人之外，大多數小皇帝都沒有上述條件，也就注定了悲劇的一生。

令人驚懼的怪病

當時劉衎的父親已經去世，劉衎承嗣了中山王的爵位。他的情況很特殊，這正是王莽看中的地方！

原來，據《漢書．外戚傳》記載，小劉衎「時未滿歲，有眚病」，「太后自養視，數禱祠解」。這「眚」字大有來頭，現代的解釋有「眼睛生翳、眼花、犯過錯、災難、疾苦」等義，可按照古代學者對《漢書》的註解，則為「身盡青也」、「名為肝厥，發時唇口手足十指甲皆青」。古人對這種怪病又驚又怕，但百思不得其解，只得籠統地歸於「災眚之眚，謂妖病也」。

劉衎未滿周歲就出現嚴重的病徵，常常渾身青紫，煞是恐怖，周邊人都以為他是妖魔鬼怪附體。王莽雖然也迷信，但經驗告訴他，這個孩童不健康，大概得了什麼疑難雜症或不治之症。數年後，王莽安置在宮內的線人告知，劉衎的身子的確很弱，發育明顯比普通兒童遲緩，說沒幾句話就氣喘吁吁、臉色發青。聽罷，王莽一拍大腿，大喜過望：踏破鐵鞋無覓處，得來全不費工夫，這正是我要找的人啊！不久，由王莽拍板的皇位繼承人就這樣定了下來，劉衎登基，是為漢平帝。

為了國家的長治久安，為了皇室的穩定有序，繼承者至少應體質強健，比如康熙皇帝就是因為出過天花而僥倖生還，反而獲得持久的免疫力，但競爭對手卻沒有，最終被扶上帝位，而且他正處於一個朝氣蓬勃的時代。反觀漢末，一切的政治作為倒行逆施，恰恰預示著「黑雲壓城城欲摧，山雨欲來風滿樓」。

小劉衎究竟罹患了什麼怪病呢？

青紫型先天性心臟病

從現代醫學的角度看，漢平帝劉衎很可能患有「青紫型先天性心臟病」。

人類的心臟是一部精密無比的上帝傑作。它由右心房、右心室、左心房、左心室構成，共四個隔間。通常情況下，在人體各處組織回流到心臟的血液叫「靜脈血」，由於廣為發送氧氣、養分，又吸收帶走了大量代謝廢物，如二氧化碳等，氧濃度低，顏色較深。通過右心房，他們進入右心室，再經肺動脈循環到達肺部，在此處獲得氣體交換。血液排走二氧化碳，重新飽吸氧氣後，變成「動脈血」，接著經左心房回到左心室，最後從主動脈噴射到全身各處，滋潤組織細胞。這就是人體基本的血液循環過程，心臟就是一個強而有力的幫浦。

先天性心臟病可分為「青紫型」與「無青紫型」。青紫型也就是皮膚、指甲、嘴唇呈現黑（或藍紫）色的意思，其發生原因是心臟有不正常的右心至左心的分流，使左心含有氧氣的動脈血摻雜了缺氧的靜脈血，使原有動脈血內的氧濃度降低，血液遂變得較為黑紫色所致。在青紫型先天性心臟病中最具代表性的就是法洛氏四重症（Tetralogy of Fallot），西元一八八八年，由法國內科醫師法洛（Étienne-Louis Arthur Fallot）對此症做出全面性描述，因此得名。

法洛氏四重症在解剖學上包含四種心臟畸形，即心室中隔缺損、主動脈跨位、肺動脈狹窄或右心室出口阻塞、右心室肥大，由此可見，這種畸形心臟噴出的血液，混雜了太多的靜脈血成分，血氧嚴重不足。在三至六個月的病童當中，青紫的病徵就常開始出現。

可以想像，隨著年齡增長，小劉衎的病症愈來愈明顯，稍做運動或稍多說話時，氧氣就供應不足，渾身上下發紫，且常有呼吸困難，為解決此問題，他會採取半蹲坐姿勢，或側躺屈膝靠胸姿勢，藉由肌肉收縮增加周邊血管阻力，減少右心向左心的分流，改善缺氧狀況，舒緩痛苦，這是病童們自己摸索的經驗，無需他人教導。

法洛畸形必須使用現代外科手術進行修補，然而在古代，最高明的醫師也束手無策，可憐的小病患們只能在病魔的折磨下，一天天走向死神的懷抱。據統計，有百分之二十五到三十五的人在一歲前死亡，百分之五十的病患死於三歲前，百分之七十到七十五死於十歲前。總之，百分之九十的病患都會夭折！

悲哀的王朝殉葬品

小皇帝痛苦不堪地活著。王莽則躲在暗處獰笑，從平帝劉衎繼位起，這種詭異而得意的獰笑就不曾停止過。

為了進一步鞏固自己乃至整個王氏家族的權位，王莽還硬生生把女兒嫁給病懨懨的小漢平帝。這場混雜了險惡政治和不治之症的醜陋婚姻，就這樣把兩條本該無緣的生命捆綁在一起。王莽外表仁厚，內心卻冷酷無比，之前為了博得社會聲譽，把犯法的兒子活活逼死，這回明知是婚姻悲劇，卻硬著頭皮、厚著臉皮把女兒送上必將守寡的皇后寶座。這又何妨？在他心中，兒女的性命、命運都不過是他手中的一張牌而已。

平帝的母親衛姬及其母家衛氏外戚，讓王莽坐立不安。王莽怕衛姬進長安後被尊為太后，遂不准她入京和兒子同住。衛姬想念年幼的兒子，幾次上書請求進京，王莽執意不肯，並借機殺盡平帝舅家，以防與他爭權。平帝耳聞目睹王莽的陰險刻毒，知道自己這皇帝虛位只是空殼，舅家一族幾被滅絕，母親衛姬雖倖免，母子卻被活生生拆散，骨肉不得相見，每念及此，痛不欲生。

平帝在位六年就鬱鬱寡歡地去世了，享年十四歲。王莽又從劉漢宗室找了個不到兩歲的「孺子嬰」做傀儡，自己當「攝皇帝」，一步步實現篡位的計畫。此時距離王莽篡漢，僅剩兩年。

北宋司馬光在《資治通鑑》裡認為王莽最後用毒酒殺死了漢平帝，這種說法未免太低估了王莽的政治智慧，當初他會選立漢平帝，自然已想到後路，這就是大自然的神祕力量。被他看中的傀儡皇帝，最重要的價值就是身患不治之症、命不久矣。因此，筆者更相信漢朝班固的記載：「皇帝仁惠，無不顧哀，每疾一發，氣輒上逆，害於言語，故不及有遺詔。」（《漢書．平帝紀》）

如果劉衎能遠離紛擾的朝廷，安安穩穩地繼續當中山王，儘管沉痾頑疾治不好，但好歹能在母親的關懷中安度餘生。可惜他生不逢時，被時代、被政治綁架，被人面獸心的王莽相中，身不由己地當上有名無實的皇帝，在痛苦和絕望中成為王朝的殉葬品。

梟雄曹孟德的DNA

姿貌短小，而神明英發。～《魏氏春秋》

毛澤東曾嘆道：「惜秦皇漢武，略輸文采；唐宗宋祖，稍遜風騷。」可見在古代，既雄才大略、戎馬倥傯，還能文采斐然的英雄實在太難得！這類風流人物的傑出代表就是魏武帝曹操了。

跨越近兩千年的基因比對

如果擁有曹孟德的遺傳基因，那麼在今天這競爭激烈的社會，無論如何也算稀有人才吧？自從前些年河南安陽縣疑似曹操墓被發掘後，其身世之謎就成為熱門話題，街頭巷尾都有道不盡的故事，科學家和歷史學家也絞盡腦汁。

由於曹家是皇族，子嗣繁多，歷代記載豐富，家族圖譜詳盡，從曹氏後人尋找蛛絲馬跡是可能的。再說，曹操的歷史評價一直多有爭議，願意假冒其後的人不多。人類基因學研究者從現存可信的曹操後裔家族中選出六支，提取男性血液標本後，遂組成一組大數據。人類有染色體四十三對，上面眾多的ＤＮＡ就是生命的密碼，而男性獨有的Ｙ染色體就是傳宗接代過程中頗為穩定而適合檢測的對象。

經過複雜的Ｙ染色體ＤＮＡ全序列檢測，科學家最終發現這些曹氏後人普遍屬一種極罕見的O2*-M268基因類型，比例在全中國人口只占到百分之五左右，且推算出他們祖先的交彙點在一千八百年至兩千年前，那正是曹操生活的年代。

有趣的是，這項研究真的揭開了曹操的身世之謎。史載，曹操之父曹嵩乃大宦官曹騰養子。長久以來，坊間傳說他們曹家是西漢重臣曹參之後，又風傳曹嵩是從夏侯家過繼來的；不過，安徽亳州曹氏宗族墓出土的牙齒把這一切都推翻了。該墓主為河間相曹鼎，曹騰之弟，曹操的叔祖父，《後漢書》有明確記載：「鼎者，中常侍（曹）騰之弟也。」曹鼎牙齒提取出的ＤＮＡ經化驗發現，正好也含有「O2*-M268」基因！可以想見，曹操之父確是曹騰、曹鼎家的人，極可能是無法生育的宦官曹騰從兄弟的子侄中抱養過來。以同樣方法檢測夏侯氏、曹參後人的ＤＮＡ，都找不到「O2*-M268」基因。也就是說，曹騰其實和曹參並無血緣，曹操大概想要彰顯身分，才大張旗鼓地宣稱自己是名臣之後。

能和名人掛鉤，尤其在血緣上，很多人都會覺得自豪。其實生命密碼或許能決定耳朵形狀、影響某方面的智能，但別忘了，這些都是生物特質，對群聚的人類來說，社會性才是最重要的。

曹操的父親不過是庸碌之輩，曹操眾子當中固然有不少文學家，但政治水準實在不敢恭維，曾孫輩還冒出一個莽撞的曹髦，率一幫烏合之眾企圖奪權，被「路人皆知」的司馬昭輕易弄死，真令曾祖汗顏啊！可見，一個人成不成功，關鍵還是看後天的社會歷練。

不以貌取勝的一代梟雄

《魏氏春秋》說曹操：「姿貌短小，而神明英發。」史書歷來對帝王之貌溢美有加，唯獨對曹操頗有微詞，看來孟德的確又矮又不帥，但「姿貌短小」只不過是他生物上的先天條件，「神明英發」則說明他氣質非常好，這就是孟德後天修養得來的了。

連曹操都對自己的相貌缺乏自信。據《世說新語》記載，有一次，曹操要接見匈奴使者時，忽然低頭一想，覺得自己的長相欠佳，讓人家匈奴來使見了，定會恥笑一番，有辱人格、國格，唉，自己的醜樣子實在和權傾朝野、威震四方的身分地位很不搭！於是，曹操決定讓當時的美男子崔季珪代打上陣，反正匈奴人也沒見過曹操，那時沒有文宣品，更沒有可供「人肉搜索」的網路，臨時以假亂真、魚目混珠，冒充一下也無妨。果然，接見使者之時，崔季珪穿上曹操的朝服，在大堂之上正襟危坐，曹操自己則扮成握刀的侍衛，站立一旁。整個過程很順利，匈奴使者進來，禮貌性地寒暄了幾句，交代完畢，轉身就走。事後，曹操趕緊命令密探追上匈奴使者瞭解狀況。密探三腳兩步就趕上了匈奴使者，問道：「見到我們的魏王，印象如何？」匈奴使者眨了眨眼，話中有話地說：「你們魏王看起來很儒雅，但是站在魏王身旁那個握刀的侍衛啊，別看他長得不怎麼樣，那才是真正的大英雄啊！」曹操聽了密探回報後，立刻派人把匈奴使者殺了。[1]

這一段的本意是想說曹操的狡猾、權謀和嗜殺，但也間接說明他的長相令人不敢恭維。儘管如此，對於這份祖先遺留下來的「恆產」，曹操喜歡也罷，排斥也罷，又能奈何？

嚴格來說，男人的相貌、身材並不是立足社會的首要資本，有了俊朗、偉岸的DNA，那是福分，但並非成功的保障。以曹操而論，雖然不是周瑜般的美男子，但見識過人、能文能武，且社會閱歷豐富，政治經驗老到，舉手投足之間自然流露一代梟雄之姿，由此綜合而成的相貌氣質，才能打動來訪者，相信自有讓女性動心之處。

遍覽歷代開國皇帝的肖像畫，如趙匡胤、朱元璋、努爾哈赤等，相貌基本上屬於粗獷型，其後人經歷幾次與外表端莊的女性DNA重組之後，相貌大多變得秀氣文雅，如自小長在深宮之中的宋徽宗、崇禎帝、光緒帝等，原本那股橫絕一世的雄風蕩然無存，至於政治智力，則早已衰退殆盡了。

---

1 南朝宋劉義慶的《世說新語》提到：「魏武將見匈奴使，自以形陋，不足雄遠國，使崔季珪代，帝自捉刀立床頭。既畢，令間諜問曰：『魏王何如？』匈奴使答曰：『魏王雅望非常，然床頭捉刀人，此乃英雄也。』魏武聞之，追殺此使。」

克服兔唇的魏詠之

家世貧素，而躬耕為事，好學不倦。生而兔缺。有善相者謂之曰：「卿當富貴。」～《晉書．魏詠之傳》

即使在文明進步的今日，一個人如果五官殘缺，也會承受極大的心理負擔，何況在相對蒙昧的古代。古人認為身體髮膚受之父母，殘損除了影響雅觀之外，還會招致沉重的輿論壓力，頭髮被剪掉都認為是莫大的恥辱，於是便出現了夏侯惇生吞箭傷眼珠、曹孟德割髮象徵斬首的故事。

兔唇草民的奮鬥史

只是若干器官殘疾，還能用衣著掩飾，可是有些殘缺偏偏就發生在臉上！

「兔唇」就是這樣一種不幸的先天畸形，舊時也叫「兔缺」或「缺唇」，罹患兔唇病童的上嘴唇是裂開的，好像兔子的上唇一樣，長在人類臉上，難免引人側目！古人以為這是婦女懷孕時看見了兔子，或者吃了兔肉的緣故。其西醫名稱叫唇裂（上唇有裂縫，並可分單側性唇裂和雙側性唇裂），它和顎裂（口腔內硬顎或內部的軟顎裂開）、唇顎裂（裂縫由上唇延伸至口腔內硬顎或軟顎部分）共同構成唇顎裂系列的先天缺陷，目前可由外科修補，不是什麼高難度手術。雖然，至今仍無法完全、準確地掌握兔唇的發生根源，但現代醫學發現約百分之三十唇裂病例是遺傳因素，其餘百分之七十都是環境、生活因素引發胚胎的染色體畸變導致的。

單純唇裂的患兒若顎部尚完好，縫合上唇的裂隙，在古代並非絕無可能，當然，聘請杏林高手中的高手在所難免了。兔唇修補術在中國早就出現，其治療方法也很直觀，無須複雜的思維和超凡的想像力，也不用精密的儀器、神奇的方劑，關鍵還是醫師的創傷縫合技術以及術後護理，只是醫療費不菲，不是任何人都付得起的。

現代某些職業招聘常會要求「五官端正」，否則便難以錄取。唐朝末年，有一個知識分子名叫方幹，學問很好，科舉考試難得中了進士，發榜時卻名落孫山。為什麼？原因就在於他是個兔唇患者。一個堂堂的天朝官吏形貌殘醜，在許多人看來未免有傷大雅，當然不可錄取。方幹直到晚年才遇到一位會補唇的外科醫師，把他的殘缺補好，當時有人為他取了個外號，叫「補唇先生」。

東晉王朝結束千餘年之後，完善的科舉考試制度為寒門子弟開啟了進入上層社會的大門，如果你認真讀書、考取功名，光宗耀祖還是大有希望的，「王侯將相，寧有種乎？」這樣的世襲規律早被打破。可是使如此，在公務員的招聘過程中，相貌仍然舉足輕重。明朝永樂年間，兵部居然曾提議在有世襲武官資格的人當中，凡有「兔缺」的，均不得世襲。明成祖朱棣卻不同意，他說：「武臣當察其智勇怯弱及武事如何，豈當論相貌？孫臏既刖，智尚可用！」意思是戰國時的軍事家孫臏雖然被削掉膝蓋骨，但智謀可用，照樣縱橫捭闔。倘若是外交禮儀的差事，倒也罷了，可當將領首要的是智謀、勇氣和武功，外貌並不重要，如果這幾樣都缺，光是相貌堂堂又有何用？我們又不是招聘儀仗隊員！兵部的提案嚴重歧視有生理缺陷的人，而且不實際，當然被朱棣一口否決。

力抗兔唇，扭轉命運

話說東晉末年，山東任城有個叫魏詠之的人，他就是一名兔唇患者。打從出生起，家境貧寒的他就飽受各種苦難的煎熬，諸如生活不便、旁人嘲諷、家長傷心、自尊受挫……還有一種對有志人士最大的打擊，那就是仕途無望！因為長相一直是古代公務員面試的重要門檻。

魏詠之生活的年代還沒有科舉考試，出仕只能靠家族門第、高人推舉（舉孝廉），或者是毛遂自薦。一介草民魏詠之自然和第一種方式無緣，只能靠「薦」了，這「薦」的資本只有本人的學識；於是，他懸梁刺股，奮發圖強，終於學富五車。

十八歲時，聽說荊州刺史殷仲堪帳下有個會治療兔唇的名醫，而且殷仲堪本人也是當時著名的大夫，又有戰國孟嘗君之風，魏詠之於是計畫到殷仲堪處求醫。父母認為家境清貧，難以籌措千里之遙的旅費，他激動地說：「我長相如此殘缺醜陋，還有活下去的必要嗎？」好不容易，家裡終於籌到數斛米做為旅途糧食，他便西上投靠殷仲堪去了。這次離家，魏詠之一方面是為了治病，另一方面，也是為了尋找出人頭地的機會。

蘇軾曾云：「麤繒大布裹生涯，腹有詩書氣自華。」這位魏詠之同學肯定也因飽讀詩書而自信過人、膽略過人。

如今，在亞洲地區大約每六百至七百名新生嬰兒之中，便有一名唇顎裂患者，發病率並不低，可以推測，在古代，這種病殘不算極其罕見，有足夠的病例數才能培養出足夠的手術醫師，從這個角度看，晉朝能出現治療唇裂的高手，合情合理。

到達荊州江陵之後，他主動到官舍求見殷仲堪。愛才的殷仲堪驚奇這樣不卑不亢的年輕人，也毫無封疆大吏的架子，邀請詳談。和他一番交流之後，殷仲堪十分欣賞他的學識、眼界和壯志，遂收留他為賓客，並且命醫師幫他治療。那位著名的外科醫師診斷之後說：「治療方法就是把兔唇的邊緣皮膚切掉，再把兩邊的新鮮傷口皮膚縫合修補，但手術後百日內只能喝粥水，而且絕不能張口微笑和說話，否則前功盡棄，你能堅持嗎？」魏詠之不假思索地毅然回答：「就算是為了治好這個病，讓我半輩子不能講話，我還有下半輩子可以發聲，何須計較這區區百日的閉口呢？」殷仲堪於是把他安置在遠離眾人的小房間，讓醫師仔細地治療護理。魏詠之果然在術後閉口百日，只喝稀粥，展現出超乎常人的堅忍不拔，終於得償所願。成功治好兔唇之後，殷仲堪給了他充足的旅費，讓他回家，以安父母親之心。[1]

看來這種手術不複雜，醫師熟能生巧，發展到清代就更為成熟了，清人顧世澄在《瘍醫大全》中記載：「整修缺唇，先將麻藥塗缺唇上，以一鋒刀刺唇缺處皮，即以繡花針穿絲線訂住二邊皮，然後擦上調血之藥，三五日內不可哭泣與大笑，又怕感冒打噱，每日只吃稀粥，肌肉生滿，去其絲線，即合一唇矣。」足見當時美容整形技術之水準，較之東晉，已有長足進步。其實早在康熙二十七年，琉球國就曾派魏士哲醫師來到福州，向當地名醫黃金發學習這種修補術，中國當時的兔唇修補術已領先世界。

那次西尋殷仲堪，的確讓魏詠之一箭雙鵰，既免費治療了兔唇，又搭上了殷仲堪這位「高人」的線，仕途有望，甚至出將入相都有可能。

不久，魏詠之擔任了主簿一職。有一年，他造訪當權的大軍閥桓玄，請求遷官。也許是他本來長相就平平，也許手術疤痕比較明顯，總之，桓玄認為他的精氣神意不夠俊秀，等魏詠之離開後，有點輕蔑地對旁人評道：「庸神而宅偉幹，不成令器（這個魏某人，個子倒是高大，可氣質平庸，成不了大器）。」於是把他調走並且不准遷官。不過，從挑剔的桓玄口中，人們並未看到過多諸如「相貌醜陋」、「人物猥瑣」之類的嘲諷，看來那次手術做得還算可以。後來，野心勃勃的桓玄謀反篡位、殺害殷仲堪，魏詠之便積極協助大將劉裕的反桓義舉。西元四〇四年，桓玄敗死，魏詠之當上建威將軍、豫州刺史。第二年，他進號征虜將軍，接著轉任荊州刺史，持節、都督六州，領南蠻校尉。一生閱人無數、老謀深算的桓玄，終究還是在一個原本五官不全的讀書人身上，看走了眼。

魏詠之身為布衣時，身殘志堅，不以貧賤為恥，等到高居顯位後，也不以富貴驕人，勤勤懇懇，心懷天下。他早年曾為殷仲堪的門客，後來竟然繼承他的荊州刺史之位。這是當初貧病交加的他帶著可憐的兔唇，懷著一絲希望，主動去找殷仲堪時，萬萬想不到的吧？後人談論此事皆感慨萬千、讚不絕口。

身為兔唇病人，魏詠之自幼就必須學會在外人詫異乃至歧視的眼光中生存，能夠在如此困難的境況下，沒有產生多疑、狹窄、孤僻、自卑等心理障礙，反而成長為一個闊達開朗、百折不撓，內心充滿社會良知、陽光和自信的優秀知識分子，實在難得！

人生旅途其實到處都是機遇，缺少的往往只是鍥而不捨的毅力和勇敢爭取的動力，不要輕易地對自己說「不可能」。

1唐房玄齡等《晉書．魏詠之傳》：「家世貧素，而躬耕爲事，好學不倦。生而兔缺。有善相者謂之曰：『卿當富貴。』年十八，聞荊州刺史殷仲堪帳下有名醫能療之，貧無行裝，謂家人曰：『殘醜如此，用活何爲！』遂齎數斛米西上，以投仲堪。既至，造門自通。仲堪與語，嘉其盛意，召醫視之。醫曰：『可割而補之，但須百日進粥，不得語笑。』詠之曰：『半生不語，而有半生，亦當療之，況百日邪！』仲堪於是處之別屋，令醫善療之。詠之遂閉口不語，唯食薄粥，其厲志如此。及差，仲堪厚資遣之。」

畫眸高手顧愷之

顧長康好寫起人形，欲圖殷荊州，殷曰：「我形惡，不煩耳。」顧曰：「明府正為眼爾。但明點童子，飛白拂其上，使如輕雲之蔽日。」～《世說新語・巧藝》

我曾在倫敦大英博物館看過珍貴的《女史箴圖》摹本。女史為古代女官名，以知書婦女充任，掌管有關後宮禮儀等事，或為世婦下屬，掌管書寫文件等事。畫家以日常生活為題材，筆法如春蠶吐絲，畫面典雅、寧靜又不失明麗、活潑。女史們下擺寬大的衣裙修長飄逸，配以形態各異、顏色豔麗的絲帶，顯出仙風道骨、雍容華貴的氣派。

是名畫家也是讀心高手

無錫盛產畫家，此畫原作者便是東晉時的無錫人顧愷之。他極擅人物肖像畫，其傳神功力令觀者拍案叫絕。除《女史箴圖》外，傳世的《洛神賦圖》也家喻戶曉，畫中的曹植形神兼備、栩栩如生，而洛水女神則顧盼生輝。

眼睛乃心靈之窗，顧愷之身為畫家更深諳其道。有人問他，肖像畫成後為何往往數年不點睛，他得意地說：「四體的美醜本來和畫的妙處無關，傳神寫照，盡在眼中。」他曾為南京瓦棺寺認捐巨款，靠的不是腰纏萬貫，而是不凡的身手。在廟裡面，他用一個月的時間閉戶畫了一幅維摩詰肖像，點完眸子那一刻，畫像竟「光照一寺」，施者芸芸，俄而得百萬錢。

不過，顧氏雖身懷絕技，但職業畢竟不是「畫師」，他的正職是大司馬參軍，後來甚至晉升到散騎常侍，對宦海之道想必也熟能生巧，官場上適當的巴結和恭維必不可少。

有一次，他想為皇帝的大紅人荊州刺史殷仲堪畫像，可是這樁政治小交易很困難。原來殷仲堪之父患病多年，孝順的殷仲堪曾親自調藥，不慎手上沾藥又去擦眼，結果弄瞎一目。這極可能是化學侵蝕性角膜炎導致，角膜是眼睛最前端的一層薄膜，如同照相機鏡頭，聚焦力很強，角膜受損有疤痕或不透明會使病人視野模糊，甚至失明。殷刺史不僅失去單邊視力，推測由於角膜混濁，眼球的黑瞳很可能被蝕成黃白色！

因此殷仲堪自慚形穢，收到邀請後，說什麼也不讓畫。顧愷之胸有成足地說服他：「你不讓我畫是顧慮到眼睛的問題，其實只要在眼瞳抹上飛白（中國畫中一種枯筆露白、虛實相濟的墨筆線條），你的眼睛就會像被輕雲遮蔽的月亮一樣，另有一番韻味呢。」殷仲堪終於點頭。畫好之後，大家都讚不絕口，顧愷之既忠實於他的原貌，又藝術而巧妙地修飾了他的不雅，其巧奪天工之術讓獨眼的殷仲堪喜上眉梢。由此可見，顧愷之很會讀懂別人的心，善解人意，且擅撫人心。

眼睛有毛病的古人很多，連養尊處優的皇帝都不能倖免。他們往往因而內心自卑，卻又敏感、多疑異常，不必要的誤會在所難免。可偏偏有些不識趣者，故意去搗馬蜂窩。南朝梁元帝蕭繹是一名獨眼龍，他的正妻徐昭佩姿容欠佳，不被皇帝禮遇，長期懷恨在心，遂不識好歹，數次戲弄蕭繹，又與和尚智遠道人、蕭繹的隨從暨季江等人私通。相傳，蕭繹每隔兩、三年才臨幸一次。因蕭繹瞎了一眼，於是徐氏每次聽說他要來時，必定只有半邊臉上妝，另外半邊臉素顏，以此來等待他。蕭繹發現之後，憤怒地拂袖而去。

後來蕭繹愛妾王氏去世，他將王氏之死歸咎於徐妃，遂令她自殺。徐昭佩自知不能活命，便投井而死。蕭繹本身是才子，把她的屍體還給徐家，說是「出妻」（解除婚約，遣返妻子），又寫了首〈蕩婦秋思賦〉斥責徐昭佩的淫穢行為，將積累已久的滿腹怨氣發洩出來，新仇舊恨一次清算。後人在《梁書》中評論：「徐妃之無行，自致殲滅，宜哉！」顧愷之是小心翼翼地規避對方的生理缺陷，反觀徐氏卻故意反其道而行之，難怪世人都覺得她死得活該。

某次，顧愷之將一整個櫥櫃的畫暫時寄放在桓玄家中，據說裡面都是最上等的畫作，從未面世過的，櫥櫃還貼上封條。但桓玄私德不佳，聽說櫥櫃中放的都是大師顧愷之得意之作，那還得了？

於是，便打開櫃子將畫取走，並欺騙顧愷之說他從來沒打開過。時人都知道是誰幹的勾當，顧愷之聰明絕頂，豈能不知？但是他並未張揚，反而裝出一副毫不懷疑的模樣，還自我解嘲說：「好畫能通神，想必是幻化成仙飛走了，就像凡人修鍊成仙一樣。」顧愷之深知桓玄的器量，他的說法自然是給這位「朋友」下臺階而已，表面上不傷人情面，而桓玄的所作所為，時人皆有目共睹，根本就用不著顧愷之口誅筆伐。

其實，顧愷之的做法頗值得借鑑，雖然我們不一定都是畫家，倘若你是一個能幹的老師或主管，向學生或下屬說明實情固然重要，但如何妥善表達，讓人不會感到不愉快，甚至反應過激，這就考驗各人的功夫了。如果你是一名良醫，告訴病人病情真相甚或不幸噩耗，都是難以避免的，但如何委婉轉達，讓人安然接受，真的就是一門藝術了。

隋煬帝的一口好牙

或問堅齒之道，抱朴子曰：

「能養以華池，浸以醴液，清晨建齒三百過者，永不搖動。」～《抱朴子・雜應》

帝王由於特殊的身分，歷史總是賦予非一般的意義，他們的遺骸也往往具有重要的社會科學、自然科學研究價值。古埃及人使用木乃伊技術保存遺體，現代人因此可以廣泛地蒐集他們的古代君王遺體信息。而中國呢？

隋煬帝身後殘留的兩顆牙

古代對屍骸的處理態度很微妙、很敏感，總之，傳統的觀念導致中國人並未致力研發類似木乃伊的防腐技術，絕大多數的屍體都是未經有效防腐處理而入葬的，再加上歷朝歷代的盜墓者猖獗，王朝更替後的新朝廷有時會對前朝的陵墓蓄意毀壞，十室九空的局面在所難免，現今有帝王屍骸出土簡直是罕見至極。

隋煬帝楊廣就是少數幾位能在現代科學的介入下，遺骸得以重見天日的帝王。二〇一三年四月十日，揚州曹莊隋煬帝墓以高票入選該年度十大考古新發現。打開沉睡千年的寒酸墓室，除了標有「故煬帝」字樣的墓誌、與帝王身分匹配的十三環蹀躞帶之外，兩顆牙齒也佐證著墓主人正是飽受爭議、被後世過度妖魔化的隋煬帝。據專家鑑定，這兩顆牙齒屬於五十歲左右的男性個體。煬帝生於西元五六九年，即位後東征西討、大興土木，搞得民怨沸騰，各地暴動風起雲湧，最終避難江都，被部下弒於六一八年，其享壽和出土的「牙齒年齡」基本吻合。

近距離觀察，一顆是右上頜第三臼齒，另一顆是右下頜第二臼齒。近一千四百年過去了，上段乳白的牙釉質居然還在，呈象牙色，而下段的牙根卻已腐朽，呈青銅色。至於煬帝身體的其他部分則隨著他朝思暮想的大帝國，早已灰飛煙滅了。

既往的考古發現中，古人的遺骸裡，牙齒往往保存得最完好，而骨架則常常腐朽不堪。三國時代以前，有些迷信說法認為高貴的玉器可以防止遺體腐爛。筆者參觀過廣州南越王墓，裡頭出土的金縷玉衣之內，並沒有古人幻想得以保存完好的屍體，只殘留墓主人下頜骨以及上面的幾顆牙齒。河北滿城數十年前也出土過西漢中山靖王劉勝的金縷玉衣。那位蜀漢先主劉備口中不時提起的榮耀先祖，儘管死後兩千餘年安睡其間，躲避過無數盜墓賊的騷擾，卻躲避不過自然界殘酷的規律。完好無損的金縷玉衣下面，連一塊骨頭都找不到。而眼前這位隋煬帝死後，由於歷史的原因，一再遷葬，屍身估計被擾亂多次，最後朽化得僅剩兩顆牙，看來不能倖免也在情理之中。

牙齒的獨特結構造就其「不朽」。牙冠是顯露在口腔的部分，發揮咀嚼功能；牙根則是固定在牙槽內的部分。牙釉質位於牙冠表層，半透明乳白色，是牙中高度鈣化的最堅硬組織。牙齒成為人類身體最硬的器官，正得益於此。經測算，世上最硬物質金剛石的硬度為十分，而牙釉質高達九點六分，它不會被細菌輕易分解，容易在複雜環境中保存下來。

古人護齒，花樣百出

古人對牙齒亦百般呵護，在西元前三千年就有護齒記載。《禮記》曾說：「雞初鳴，鹹盥漱。」後來的先民逐漸學會使用的漱口劑有酒、醋、鹽水、茶等，可解毒殺菌。茶又含氟和維他命，可防蛀，保持口腔清潔。後世的《延壽書》有用濃茶漱口的記載：「凡飲食訖，輒以濃茶漱口，煩膩既去，而脾胃自和，凡肉之在齒，得茶漱滌，不覺脫去而不煩挑剔也。蓋齒性便苦，緣此漸堅牢而齒蠹且自去矣。」

早在西元前數世紀，古人已開始用簡單的牙刷，如「楊柳枝」，這是一種將楊枝一端打扁成刷狀的牙刷，形如掃帚，還可蘸藥刷齒。除了楊枝牙刷、早期藥品以外，古代的人們還因地制宜找尋其他合適的潔牙材料，如槐枝、桃枝、葛藤等，都與楊枝一樣，使用起來有苦、澀、辛、辣的藥用味道。有的醫家還建議用「嚼」的方法來潔齒，比方咀嚼嫩樹枝以潔牙，似乎比「刷」更為方便、實用。

到了東晉，道家倡導的護齒潔牙方法則是「叩齒」和漱口。葛洪在《抱朴子》建議用「醴液」漱口，「醴液」可能就是早期的藥用漱口水。[1]北齊顏之推在《顏氏家訓》也力薦葛洪的方法，每天清晨叩齒三百下，可見這些方法效果不錯。[2]

中國人對牙齒的保護可謂重視已久，連帶對日本人也有不小影響力。日本發行過一千日圓的紙鈔，上面的人物就是寫《我是貓》的名作家夏目漱石，本名夏目金之助，精通漢文化的他仰慕東晉孫楚說過的一句話：「漱石枕流。」（枕流是為了洗滌耳朵，漱石則是為了砥礪齒牙），才取了筆名漱石，由此可見，含漱石子可能也是古人發明的潔齒方法之一。到底這些古法效果如何？尚有待研究。至少，從中可看出人們積極防治牙病的雛形。

生在鐘鳴鼎食之家的隋煬帝，享受著各種當時最頂級的護齒手段，想必長著一副又白又硬的好牙。隋煬帝後半生的所作所為，固然難稱不朽，但其功業也不宜一筆抹殺。他不滿二十歲即領兵南伐陳朝大勝，力助父皇隋文帝統一全國，結束三國之後數百年的分裂。雖然橫徵暴斂，但沒有他，也就沒有世世代代溝通南北的大運河，更沒有煬帝身後的大唐盛世。大運河依舊行舟揚波，而「寒鴉飛數點，流水繞孤村。斜陽欲落處，一望黯銷魂」這樣的詩句，竟就出自那「荒淫無道」的暴君齒間！只見幾千年來，雄才大略又文采斐然的君主，實不多見。千古一帝，壯志雄心，身後只遺兩齒，不勝唏噓！

可惜，煬帝恃才傲物，剛愎自用，只進不退，好大喜功，結果辛辛苦苦打造的大隋王朝像暴秦一樣濫用民力，也像暴秦一樣二世而亡，最終身死國滅，身敗名裂，果真應了孔子那句老話：「齒剛則折。」

---

1 葛洪《抱朴子．雜應》：「或問堅齒之道，抱朴子曰：『能養以華池，浸以醴液，清晨建齒三百過者，永不搖動。其次則含地黃煎，或含玄膽湯，及蛇脂丸、礬石丸、九棘散。』」

2 北齊顏之推《顏氏家訓．養生》：「吾嘗患齒，搖動欲落，飲食熱冷，皆苦疼痛。見抱朴子牢齒之法，早朝即叩齒三百下爲良，行之數日，即便平癒。今恆持之。」

多「愁」應笑我，早生華髮

不知明鏡裡，何處得秋霜。～李白〈秋浦歌〉

白髮本是自然現象，但恨者怪其有礙觀瞻、突顯衰老，愛者悅之增補閱歷，並可藉此風雅一番。

少年白頭爲哪般？

白居易年約四十，發現白頭髮，遂感慨：「白髮生一莖，朝來明鏡裡。勿言一莖少，滿頭從此始。」而「白髮三千丈，緣愁似個長」的李白「不知明鏡裡，何處得秋霜」。杜甫更以「艱難苦恨繁霜鬢，潦倒新停濁酒杯」名冠七律。

近日讀李賀詩，驚覺其有「日夕著書罷，驚霜落素絲」之句，詩人此君享年不過二十六歲，居然早早暗喻白髮滿頭！再瞧瞧自己，唉！古往今來，白髮可不是中老年朋友的專利啊！

蘇軾吟唱「誰道人生無再少」時四十七歲，中年人似有資格多生白髮，但該時期他也感慨過「多情應笑我，早生華髮」，看來白髮早已有之。三十八歲時，蘇軾在悼念亡妻的〈江城子〉中唱道：「縱使相逢應不識，塵滿面，鬢如霜。」人未老而髮先衰矣！

還有更早衰的，韓愈曾自嘲「吾年未四十，而視茫茫，而髮蒼蒼」，「自今年來，蒼蒼者或化而為白矣，動搖者或脫而落矣；毛血日益衰，志氣日益微。」寫這篇〈祭十二郎文〉時，猜他貴庚？三十五歲！這位滿頭飛雪的青年作家這一年在政治上遭遇了滑鐵盧，被貶到距離長安三千里外的廣東陽山，禍不單行。古人對白髮如此「重視」，一方面是有感於少年之離去，衰老之逼近；另一方面也許更重要，他們往往有感於壯志未遂而老年將到。

青年、少年白髮有遺傳因素、心理因素，也有營養因素（如缺少蛋白質、植物油、B族維他命、銅、鈷、鐵等金屬元素），長期罹患慢性病也可導致。情緒起伏劇烈無疑是黑髮殺手，很容易使機體內環境功能失調，黑色素分泌減少。壓力過大、焦慮過久、悲傷過度等嚴重精神創傷，甚至可使人在短期內出現大量白髮，相傳春秋時楚國伍子胥逃難，一夜就愁白了頭，不是沒有道理。

至於用腦過度是否也導致少年白髮，目前尚未有準確定論，不過，從文學的角度審視，許多人還是相信諸如蘇軾、白居易等博覽群書、苦心孤詣者，很容易因為過勞而「鬢已星星也」。

李、杜潦倒半生，李賀沉淪下僚，蘇軾、韓昌黎一貶再貶，這些志向遠大的大文學家，一心想安社稷，濟蒼生，可迎接他們的卻是無情的冷板凳。縱使幾度掙扎，最終也沒爭得用武之地，反倒吃盡苦頭。理想和現實的落差過大，彷彿一盅難嚥的苦酒，怎不使人沮喪憂鬱，鬢落繁霜呢？

南唐後主李煜，在淪為階下囚後吟出「一旦歸為臣虜，沈腰潘鬢消磨。」沈腰，指南朝文人沈約的老毛病，意指腰圍急劇縮減；潘鬢，則是西晉文學家潘岳筆下的白髮。李煜曾對自己的風神氣質頗為自信，此刻，卻只能慨嘆身體消瘦、白髮蒼蒼。是啊，怎樣的傷痛會比變成亡國奴更沉重，又有什麼樣的精神折磨比鍾愛的河山、女人被強暴來得更慘烈？

參透人生，參透白髮

南宋愛國詩人陸游曾說：「華鬢星星，驚壯志成虛，此身如寄。」與他性情、遭遇頗為相似的辛棄疾在〈賀新郎〉一詞中提到：「白髮空垂三千丈，一笑人間萬事。」人生在世，不如意者十有八九，不必蹉跎歲月的無情、年華的衰去、職場的無為，能夠有尊嚴地活著，就是最大的成就。人生多少事，都付笑談中，也許這才是最豁達的境界，也是減少白髮的妙方。

西晉文學家左思曾寫出〈白髮賦〉，以擬人化的方式與白髮對話。面對生於鬢垂的白髮，作者化身的「人」覺得「穢我光儀」，實在不雅，打算「將拔將鑷」除之而後快，面對代表衰老的白髮，人希望去白留黑，青春永駐，本也無可厚非。但白髮不甘心，「慦然自訴」，反詰問於人：「朝生晝拔，何罪之故？」面對白髮的質問，人耐心地回答：「自古英雄出少年，秦國的甘羅十二歲乘車出使趙國，漢朝的賈誼年少才高，也著稱於朝。看看這些少年得志者，他們的頭髮多麼烏黑濃密？拔白留黑，我說了算！」白髮臨拔，大哭道：「我好冤枉呀，您真糊塗！甘羅因智慧善辯受重，不是因青絲滿頭而出名；賈生因為才幹優異受禮遇，不是因烏髮而被拔擢。您真的懂得歷史嗎？」[1]白髮所言頭頭是道，人在社會上的最大資本，不是青春，而是真才實學。

其實，生命是逐步成長、成熟、衰老的過程，雖然人總是很貪心地希望永遠年輕，生命卻不聽從人的意志，誰也無法擺脫自然律。取代西漢的新朝皇帝王莽，飽讀詩書，按理說最懂自然律了，然而到了政權飄搖時，他卻聽從迷信，以大婚沖喜，年逾花甲「乃染其鬚髮」假扮年輕，幾乎成了史上最早的染髮廣告。但純屬欺世盜名、自欺欺人，終究惹得一片罵聲和千古譏嘲！

現實中最難得的是看透生死的達觀、專注內涵的自信。年少白頭，年老禿頭，不過是自然律，是人生歷程的必經階段，沒必要耿耿於懷。劉禹錫晚年面對稀疏的白髮，依然樂觀地說：「莫道桑榆晚，為霞尚滿天。」讓一切白髮、稀髮也好，皺紋也罷，都自然地存在，或許才是最恰當的。

---

1 西晉左思〈白髮賦〉：「星星白髮，生於鬢垂，雖非青蠅，穢我光儀，策名觀國，以此見疵，將拔將鑷，好爵是縻，白髮將拔，惄然自訴，稟命不幸，值君年暮，逼迫秋霜，生而皓素，始覽明鏡，惕然見惡，朝生晝拔，何罪之故？……咨爾白髮，觀世之途，靡不追榮，貴華賤枯，赫赫閶闔，藹藹紫廬，弱冠來仕，童髫獻謨，甘羅乘軫，子奇剖符，英英終賈，高論雲衢，拔白就黑，此自在吾，白髮臨欲拔，瞋目號呼，何我之冤，何子之誤，甘羅自以辯惠見稱，不以髮黑而名著，賈生自以良才見異，不以烏鬢而後舉。」

大脖子宰相王欽若

欽若狀貌短小，項有附疣，時人目為「癭相」。～《宋史‧王欽若傳》

北宋初年，有一位寄人籬下的門客，面對附庸風雅的主人，只能以吟詠詩文博取歡心。他悶悶不樂，更他不堪的是同僚的嘲笑，原來此人其貌不揚且「狀貌短小，項有附疣」，嘲笑鋪天蓋地，黑壓壓地湧來，他卻只能淚往肚裡吞。或許這個孱弱的青年，已暗自決定非出人頭地不可。

大脖子，好無奈

很多年後，靠著機遇和努力，這位有點生理缺陷的人居然真的登上宰相高位，於是其姓名和不雅容貌都留在《宋史》裡了。他叫王欽若，發跡後，人稱「癭相」。

中國古代重要的字書《玉篇》載：「癭，頸腫也。」中醫解釋，癭即頸瘤，指脖子上的瘤子或腫大的頸部。古人對該症狀頗為熟悉，明代教育家劉元卿在《賢奕編》有一文〈南岐人之癭〉說：「南岐在秦蜀山谷中，其水甘而不良，凡飲之者輒病癭，故其地之民無一人無癭者。」看到外地人進山時，南岐那些大脖子山民就會聚在一起看熱鬧，指手畫腳地嘲笑道：「你們外地人的脖子好奇怪啊！怎麼如此細小？」言下之意，正常人的脖子就應該像他們一樣粗大肥壯。這則寓言諷刺閉關自守者孤陋寡聞，目光短淺，甚至演變成是非顛倒，黑白混淆。

其實，古人對該病並不陌生，明代之前的書籍中早已頻頻出現，至晚在戰國時代，醫師就能對癭病做出正確診斷。可惜，世世代代生活在深山老林中的南岐人對此幾乎一無所知，身患怪病仍自我感覺良好。

無獨有偶，近年四川廣漢三星堆出土的青銅立人像，除了五官奇異之外，更兼有脖子粗大的形象，似乎印證著什麼。古代四川即通常所說的巴蜀地區，雖然是天府之國，但那是秦漢開發的成果，而在先秦時代依然是一片未開發的處女地——林木繁盛而蠻荒閉塞，對外交通要道極少。自幼長於四川的偉大詩人李白曾在〈蜀道難〉中追懷感嘆：「蜀道之難，難於上青天！蠶叢及魚鳧，開國何茫然！爾來四萬八千歲，不與秦塞通人煙。」在這種情況下，古代蜀地先民患有南岐人的癭病，也在常理之中。《聖濟總錄・癭瘤門》和《淮南子・地形》都提到癭病以深山密林發病最多。[1]

那麼，癭病是否總和窮山惡水有關呢？為何這些山民患病而渾然不覺？關於「癭」的病因，中醫理論曾多方論證，我們首先得佩服古人的實踐總結能力，早在兩千多年前的戰國時代，《呂氏春秋・季春紀》就提到缺水之處，多患禿頭、癭疾的人。儘管古人難以解釋其中真正的因果關係，但已意識到「癭」和水源有某種關聯，這一點真是難能可貴。

找到病因的蛛絲馬跡後，經過細心觀察和經驗積累，古人逐步總結出治病良方，為歷代醫家所收錄並發揚光大。晉代葛洪的《肘後備急方》已提出用昆布、海藻治療癭病。後來的《千金要方》及《外臺祕要》也記載了數十個治療癭病的方劑，其中常用的藥物有海藻、昆布、羊靨、鹿靨等。羊靨、鹿靨即羊和鹿頸部的甲狀腺！今天我們早已熟知海藻、昆布都含有豐富的碘元素。「癭」是何物，已呼之欲出。

多吃碘就沒事

從現代醫學分析，「癭」多指「地方性甲狀腺腫」（非毒性甲狀腺腫，常為地方性分布，多見於山區和遠離海洋的地區，與飲食習慣有關）。甲狀腺雖小，卻是人體至關緊要的器官，它分泌的「甲狀腺素」須臾不可缺少，是我們賴以生存的物質。甲狀腺位於頸部前方，喉頭下方兩側，正常情況下觸摸不到，摸得到或肉眼看得到表示有甲狀腺腫。診斷時醫師會要求病人吞嚥，若頸部腫塊會隨吞嚥上下移動，表示此腫塊就在甲狀腺體上。

現在一般人都知道碘與甲狀腺有密切關係。因為碘是甲狀腺製造甲狀腺素的原料，過與不及都會引起甲狀腺疾病。碘是一種微量元素，在海水中每公升約五十至六十微克，與人體血清濃度大約相同，泥土裡則為每公斤三百微克，因此碘大量存在於海洋植物中，如昆布、海帶、紫菜、海苔，動物如蝦、蟹、海水魚。人體每天碘需要量約四十至一百二十微克，就可避免甲狀腺腫。碘在一般的飲用水中含量少，大部分來自食物。

碘缺乏會導致甲狀腺腫，這是因為原料不足，甲狀腺素合成減少，腦垂體這個隱蔽器官偵察到此警報後，遂加大「促甲狀腺素」的分泌，試圖迫使他的下線——甲狀腺生產出更多的甲狀腺素，最終刺激甲狀腺代償性膨大，以此來維持人體正常的內分泌功能。

而碘缺乏多見於山區和遠離海洋的地方。南岐州的州治梁泉縣（今陝西鳳縣鳳州鎮），幾百年前這個地區隱沒在秦嶺的崇山峻嶺中，當地食物、水源缺碘，造成村民得了「大脖子病」。這種情況在落後、閉塞地區更常見。看來，劉元卿並非虛構。

值得注意的是，「地方性甲狀腺腫」患者早期並無明顯症狀，甲狀腺可呈輕、中度瀰漫性腫大，質軟，無壓痛。極少數明顯腫大者可出現壓迫症狀，如呼吸困難、吞嚥困難、聲音嘶啞、刺激性咳嗽等。若抽血化驗，大多數人的甲狀腺素水準基本正常，但約百分之五的患者由於甲狀腺代償功能不足，出現了甲狀腺素水準下降（甲狀腺功能減低），影響智力及生長發育。由此可見，當年的南岐，由於大多數山民的生理功能沒有受損，不像甲亢和甲減患者那般飽受煎熬，因此更易形成健康無事的錯覺，但長久下來則對身體造成威脅。

回過頭來再說那位「癭相」王欽若。他為挑撥宋真宗與寇準的關係，指責澶淵之盟為城下之盟，令寇準罷相。不久，真宗夢見神人賜「天書」於泰山。他為迎合皇帝，偽造天書，爭獻符瑞，封禪泰山，號為大功業。後來他領銜編纂《冊府元龜》，又功攬於己而咎歸於人。史書說他為人奸邪險偽，為當時「五鬼」之一。

這樣的奸佞小人可不是因為見識短淺而黑白不分呢，其扭曲的心靈大概與早年被眾人嘲笑有關。自卑加上怨恨，竟讓他變成怪胎！殊不知，當初他只消多吃點海產品，也許就能把「癭」治好了。

1 《聖濟總錄．癭瘤門》：「山居多癭頸，處險而癭也。」《淮南子．地形》：「險阻氣多癭。」

岳飛的將軍肚

帝初為飛營第，飛辭曰：「敵未滅，何以家為！」～《宋史・岳飛傳》

古今在習慣和觀念上差別很大，男人的儀表就是一例。近日觀看宋人的《中興四將圖》，上有岳飛、劉光世、韓世忠、張俊四位南宋開國名將的畫像，連同各自的侍衛一共八人。顯然，畫師極力想要表現他們的勇武俊爽，但其中竟有六人鼓著「將軍肚」，尤其是岳飛和劉光世！岳飛被臨摹時不過三十多歲，如果掀開袍服，裡面肯定沒有萬眾期待、稜角分明的六塊肌，卻暗藏一灘肥油。畫家自以為了得的傳神之筆，如今看來竟有點忍俊不住。倘若今人想在凌煙閣上懸掛畫像，除了容貌得略為修飾，其體態必定得好好「修圖」了。

將軍肚，在古人眼中不僅無需吐槽，而且似乎還頗值得炫耀，隱含著健康和社會地位。秦始皇兵馬俑的出土讓人一睹秦軍的風采，但在我看來，那些栩栩如生、披掛整齊、生前戰功顯赫的軍官俑，幾乎都瞪著丹鳳眼、挺著將軍肚。可能在秦人眼中，這算是一種美。至於普通兵士，也不乏腹中微鼓之輩。身為威武的御林軍，秦王肯定覺得這絲毫不影響軍容，或許還增添了男性的陽剛美。

當下，這個鼓鼓囊囊的富態肚子雖然是某些成功人士的象徵，但也讓一些愛美的男士苦不堪言。為何會產生「將軍肚」、「啤酒肚」，今人和古人有無相同的原因？

將軍肚，不簡單

在日常生活中，我們的確看見一些嗜酒如命的男士，其腹中塊壘實在令人難以消受。也有人可能會覺得，古時軍人多好酒，衝鋒陷陣前又需要用酒精來激發鬥志和狠勁，長年累月過量攝取可能會導致脂肪肝，使肚子膨大。可不是嗎？三國劉備口中時常追懷的先祖——中山靖王劉勝，漢武帝的同父異母兄弟，他的金縷玉衣被考古學家完整還原，只見腹部玉片還特意製成隆起狀，想必酒色主人生前就挺著「將軍肚」。他的陵寢還挖出大量的酒器和酒缸，兩千年後依然透著誘人的酒香，彷彿還可依稀聽到劉勝與賓客們在未央之夜觥籌交錯，猜拳、行酒令、投壺，玩得不亦樂乎。令人聯想起司馬遷在《史記》裡介紹他的「樂酒好內，在子枝屬百二十餘人」，這一切似乎頗有道理。

酒精固然難辭其咎，其主要成分乙醇含高熱量，易轉化成脂肪堆積於肝臟和腹部，但從解剖學角度看，肝臟長在右上腹，一部分被肋骨遮蓋，肝病（包括脂肪肝）再嚴重、肝腫瘤再大，也很難直接形成整個腹部均勻鼓圓的「將軍肚」或「啤酒肚」效果，除非是罕見巨瘤。肝病導致的腹腔積液，倒可間接出現腹部膨隆，但此時患者已病入膏肓，恐怕無人相信媲美凌煙閣功臣的中興大將、所向披靡的虎狼之師，竟是一群病夫吧？

年幼、年少時，身體能量代謝快，脂肪固然沉積得少，但到了三十歲左右，就開始逆轉了。將軍肚的根本原因在於腹肌鬆弛與脂肪過厚，基本上應該歸咎於缺乏腹部鍛鍊。有人並不喝酒，自以為不會發胖，但由於辦公久坐，缺乏運動，不知不覺間腹部脂肪開始囤積，且年齡愈大愈明顯。

防病治病、延年益壽是人之常情，但古人講究養生卻不重視健身，武將亦然，力能扛鼎、百步穿楊並不等於塑身，更不等於有意識地鍛鍊腹肌。

此外，睡眠減少、睡眠品質下降也會使內分泌失調、激素紊亂，誘發脂肪沉積，令身材走樣。在壓力的作用下，機體神經的內分泌狀況產生異變，腎上腺皮質激素和性腺激素分泌增加，促使脂肪積累在腹部，造成「向心性肥胖」，也就是「將軍肚」。據相關資料顯示，二十五歲以下的男性深度睡眠約占晚上睡眠總時間的百分之二十；二十五至三十五歲時降低到百分之十二；三十五歲以上則深度睡眠時間不到百分之五；一旦過了四十五歲，幾乎完全喪失深度睡眠能力。深度睡眠時間變少，必然減少生長激素的分泌，而生長激素的主要作用便是促進骨骼及肌肉生長，同時加速體內脂肪燃燒，客觀上保持體態的健美。因此，睡眠質量下降很容易導致身材臃腫。

那些深謀遠慮的將帥，如岳飛等，大多人近中年或年逾不惑，又肩負著國家的重任，既要運籌帷幄、絞盡腦汁抵抗北方敵人的進攻，還要小心翼翼提防朝廷內部小人的算計，生生死死、興亡盛衰，或封侯掛印，或身敗名裂，往往就繫於一念之間，其內心承受的壓力不是一般人可以想像的，寢食難安恐怕是常態，除非像唐朝郭子儀那樣功成名就又長袖善舞，還交出兵權換取安度晚年。

那些出生入死的下級士卒，難免有緊張、恐懼、迷茫、興奮、狂熱，這些和平年代的老百姓難以體驗到的異常心理狀態，時常困擾著他們，作息時間又往往因為作戰計畫而再三變動，由此使人體的生物時鐘不免紊亂，即使不喝酒，光是苦練拚殺技術，身材也未必能保持健美。

至於那位徹夜飲酒博弈的劉王爺，縱情娛樂又飯來張口、衣來伸手，其睡眠自然不同於普羅大眾，長成「將軍肚」更在情理之中。

雖然以上所述，將古人「數落」了一番，但其實古人也有值得我們學習的榜樣呢！南北朝時東晉的陶侃，就是一位古代少見的主動健身者，這位老兄主政廣州期間，據《世說新語》所載，每天把一堆磚從這屋搬到那屋，傍晚又搬回原位。持續的屏氣下蹲、站立抬腰、彎腰四十五度斜角的動作，恰恰是對腹肌最有效的有氧鍛鍊。此外，在健身之餘還可保持戰備狀態、提升戰鬥意志，因此他最後終成名將，且位極人臣。[1]可惜後人很少記住他，只記住他「採菊東籬下」、「平生不止酒」的慵懶曾孫——陶淵明，想必陶大詩人到中年後，應該也是大腹便便吧？

---

1 唐房玄齡等《晉書．陶侃傳》：「（陶）侃在州無事，輒朝運百甓於齋外，暮運於齋內。人問其故，答曰：『吾方致力中原，過爾優逸，恐不堪事。』其勵志勤力，皆此類也。」

蔣公之齒，未老先衰

去年落一牙，今年落一齒。俄然落六七，落勢殊未已。～韓愈〈落齒〉

一九三六年十二月十二日，隆冬凌晨，西安臨潼華清池突然響起凌厲槍聲。東北軍張學良所部攻入民國首腦的下榻處，當士兵打死蔣中正衛士，衝進他的臥室時，發現制服、帽子還在，被窩還是暖的，看來才剛離開，他們還發現桌上的假牙沒帶走。蔣委員長倉皇出逃，可真狼狽啊！

西安事變的小細節

上午時分，躲在岩石後，凍得瑟瑟發抖的委員長還是淪為階下囚。曾有傳聞稱蔣絕食抗議，但當事人回憶，他其實是因為沒帶假牙，不能咀嚼東西，無法進食而已。西安事變，筆者自小便耳熟能詳，不過只大致瞭解歷史的梗概，等到長大後，才注意到一個令人頗為詫異的細節。

假牙？蔣中正當時不過四十九歲，正值壯年，又是堂堂一國元首，怎會如此未老先衰？裝全口假牙就意味著滿口牙齒差不多都掉光了，現在看到那些裝假牙的老人大多已是耄耋之年，蔣中正為何這麼快就把整排牙齒透支掉？

其實，蔣中正在歷史上的「病友」真不少。中唐大詩人韓愈三十多歲時便自謂「視茫茫，而髮蒼蒼，而齒牙動搖」（〈祭十二郎文〉）。雖不算老，卻著有〈落齒〉詩：「去年落一牙，今年落一齒。俄然落六七，落勢殊未已。」想必韓愈心中滿是無奈。他曾有一首詩誇讚別人一口好牙，又充滿自嘲之情，「羨君齒牙牢且潔，大肉硬餅如刀截」[1]……韓愈享年不過五十六歲，不知道去世時還剩幾顆牙。

有些患有牙疾的名人就沒這麼豁達了。據《晉書．溫嶠傳》記載：「嶠先有齒疾，至是拔之，因中風，至鎮，未旬而卒，時年四十二。」原來那位晉代名臣溫嶠因不堪忍受牙疾之苦，痛不欲生時，自行將病牙拔去，結果因感染細菌而死，可惜可惜！

類似的病例很多，這些名人要嘛身居高位，要嘛衣食無憂，為何自己賴以生存的牙齒，自己和食材接觸的第一道門戶，竟然壞得一場糊塗呢？

牙周病，動搖牙本

牙齒是人類最堅硬的器官，貌似堅不可摧，不過這說的是牙冠上面那層琺瑯質而已。和任何政權、制度一樣，談到腐朽崩塌，通常還是從根基開始。

這就不得不說說牙周病了。牙周病是指發生在牙齒支持組織（牙周組織）的疾病，包括影響牙齦組織的牙齦病和波及深層牙周組織（牙周膜、牙槽骨、牙骨質）的牙周炎兩大類。牙周病是常見的口腔疾病，是引起成年人牙齒喪失的主要原因之一，也是危害人類牙齒健康的主要口腔疾病，不僅影響美觀、損害咀嚼功能，嚴重者還會對全身構成威脅。

該病可怕之處在於掉的往往不是一顆牙，而是一組牙、整排牙，甚至是滿口的牙！因為牙周是牙齒賴以生存的土壤，如果水土都流失了，樹木要長在哪兒呢？牙周病的病因很多，主要是口腔衛生做得不夠，導致局部的牙菌斑（指黏附於牙齒表面的微生物群，不能用漱口、以水沖洗來去除，現已公認它是引起牙周病的致病主因）、牙石（沉積在牙面上的礦化物質）、食物軟垢等物質堆積，長期刺激引起牙周組織的慢性炎症，並誘使牙槽骨退化、牙根外露、牙齦萎縮，進而牙齒鬆動、脫落。

此外，咀嚼咬合時，若咬合力過大或方向異常，超越了牙周組織所能承受的合力，也會致使牙周組織發生損傷，加重病情。

在古代乃至近代，多數人的口腔保健意識較差，許多科學護牙用品尚未發明，口腔衛生自然不到位，再加上生活習慣不佳，遂早早透支了牙齒的生命力，並非只是年老體衰的自然規律才導致掉牙的。

掉以輕心，自食惡果

回過頭來再談蔣中正。青年時代的他也是吃過苦頭的，當年，他在日本上的是軍校——振武學堂，而且還是肄業，該校與蔣一貫自稱就讀的「日本陸軍士官學校」相比，等級低得多，伙食常是日本兵不屑一吃的舊糧陳米（比老家浙江奉化的境況還糟），條件苦不堪言。在當時的日本軍隊裡，每個士兵每餐規定只能吃一碗米飯，而且僅有幾片鹹魚和鹹菜下飯，只有特殊節慶和週末，他們才能吃到新鮮蔬菜和肉。過分粗糙的糧食、單一的飲食結構，很可能對牙齒、牙周組織都產生不良的影響。

此外，與宋美齡女士結婚前，蔣中正的私生活頗為浪蕩，生活習慣更是惹人詬病，十里洋場、風月場所據說都留下他早年的瘦長身影，這也對口腔健康相當不利。

牙周病早期毫無症狀，等到出現症狀時，往往病情已經不輕，刷牙或吃蘋果時牙齦出血，是最常見的早期臨床症狀；接著牙痛、牙齦溢膿、咀嚼無力、口臭等隨之而來，如果一再貽誤治療時機，那麼牙齒鬆動、掉牙就不可避免了。許多人由於對此掉以輕心，等到嚴重不適就診時，早已回天乏術，蔣中正大概就是這樣的病人。

史書記載，蔣中正的牙齒早就有問題了。

一九二六年他率軍北伐，六月下旬，軍隊到達長沙安營紮寨時，他牙痛難忍。有人推薦了湘雅醫院，該醫院是美國醫師胡美（Edward H. Hume）博士在二十年前一手創立的。那時中國才剛引進西醫，中西醫之爭正趨白熱化。在牙痛的問題上，蔣中正並不排斥西醫；於是，湘雅的醫師很快為蔣拔掉壞牙，而蔣也表示感謝。胡美等人請求蔣中正擔任湘雅醫院的資助人。蔣說：「感謝你們西方人為幫助中國人所做的一切，但是我們不能再支持帝國主義了。」

此時正好國民政府在南京建立，蔣希望教育部選擇一組醫學院進行國有化，於是他問如果被選中，湘雅董事會的成員會同意改名「國立湘雅醫院」嗎？美國醫師聞之，爽快答應。在那個年代，許多人還對西醫抱持懷疑，對西方文明既排斥又害怕。蔣中正很精明地將西醫中的科學成分和意識形態區分開來，對西醫進行一番新的政治包裝：西醫不再也不應該是是西方的、洋人的、充滿陰謀的，而應該是中國的、現代的、日常的。以上記載，見於胡美博士自撰的《道一風同：一位美國醫生在華三十年》。

此行，蔣中正可謂一舉兩得。不過此後，他病齒的頹勢仍難以阻擋，遂迫不得已，裝上假牙。即使裝了假牙，也不見得一勞永逸。一九三七年五月二日，中央航空學校第六期乙班飛行生畢業，蔣原本打算親臨會場訓話，無奈牙病再犯，只好作罷，撰寫了一篇〈革命空軍的新精神〉，讓人代讀，文中還不無遺憾地說：「本校長因為牙疾沒有痊癒，不能親自致訓。」

因禍得福，禍福相依

鑑於早早罹患牙疾，蔣中正貴為一國之尊後，對食材的要求很是嚴格。為了確保其營養攝取，侍衛們絞盡腦汁，經常翻新花樣，做一些適合他口味的菜餚。芋頭質地細軟，入口軟爛，便於下嚥，具有滑、軟、酥、糯的特點，製作菜餚適合煨、燒、燴、烤，也可以炒、拌、蒸，是非常利於人體健康的食物，尤其因為軟爛易嚼、營養豐富，同時含氟，對牙齒有好處，於是成為蔣府菜譜的主要食材。有一道「雞汁芋頭」，做法是將奉化的芋頭烤過後，再用雞汁熬製，入口非常軟糯。對這道菜的喜好伴隨了蔣的一生。

西化很深的宋美齡在各方面都對蔣中正的影響很大，也由於身體因素，蔣在飲食上更趨於科學化、精細化，逐漸成為節制主義者，他曾說：「少食多得。」認為很多疾病都是由於吃得太多引起的，這在當時非常難能可貴。

基於同樣的原因，蔣中正很少吃肉，結果吃雞蛋就成了解饞、補充蛋白質的辦法。他愛吃「黃埔蛋」，做法是把雞蛋打碎，用力打勻，加蔥花、料酒、胡椒粉，等油六分熱時用急火煎炒而成，蛋既炒又煎，外焦裡嫩，算是相當特別的一種做法，味道很鮮美。國民政府時期，在他的指示下，這道菜還被列入接待外賓的國宴菜單。製作黃埔蛋的特別之處，多少帶有蔣本人的懷舊情懷吧！

從日常習慣看，蔣中正比較刻板；但從食療養生角度看，他不乏科學合理之處。據說「少食忌飽，適可而止」就是他的長壽心得。因為青壯年時身體出狀況，他對膳食、作息格外講究，最後活到將近九十歲高齡，多少帶點因禍得福的味道。

水能載舟，亦能覆舟。雖是政治家，但蔣中正似乎並未從政治上記取牙周病的教訓。國民政府的根底是否牢靠，他知道得有多深？西安事變不就敲響了警鐘嗎？二十世紀三、四十年代，代表江浙財團利益的蔣政府在老百姓心目中的印象並不算很好。抗日戰爭勝利後，官吏貪汙成風更讓國民政府的形象掃地，但蔣政府輕視民意，導致民心盡喪，統治根基每況愈下，雖自恃兵力強大，但幾年時間，擁有美式裝備的八百萬軍隊就被「小米加步槍」的中共武裝打得滿地找牙，最終退守臺灣，豈不悲哉？

1 韓愈〈贈劉師服〉：「羨君齒牙牢且潔，大肉硬餅如刀截。我今呀（一作牙）豁落者多，所存十餘皆兀臲。匙抄爛飯穩送之，合口軟嚼如牛齝。妻兒恐我生悵望，盤中不飣栗與梨。祇今年纔四十五，後日懸知漸莽鹵。朱顏皓頸訝莫親，此外諸餘誰更數。憶昔太公仕進初，口含兩齒無贏餘。虞翻十三比豈少，遂自惋恨形於書。丈夫命存百無害，誰能點檢形骸外。巨緡東釣儻可期，與子共飽鯨魚膾。」

貳

醫／食

向來是同源

細數天下名「羊」

羊食百草，其奶滋補，食著常健。～《本草綱目》

說起羊，大家自然最先聯想到羊肉，中醫對它推崇有加。古時候姓羊的名人也不少，就讓我與大家聊聊和羊有關的各種歷史人物和醫藥趣事。

羊祜送藥懷柔

今天姓羊的人很少，曝光率也不高，但在古代，羊姓可是名門望族。魏晉三國時的名將羊祜，官拜鎮南將軍，其外祖父是著名文學家蔡邕，姨媽是女詩人蔡文姬，姐姐是權傾朝野的司馬師之妻，但這並非他深得司馬家族信任的主因。

身處晉吳前線襄陽，他以傑出的軍政才幹為西晉吞併東吳一統江山立下汗馬功勞。兩軍對峙之際，最著名的事件是東吳主將陸抗（陸遜之子）患重病，羊祜派人送去良藥，云：「這是我最近配製的藥，還未服，聽說您病了，就先給您送來。」陸抗的部屬怕藥有毒，勸陸抗勿服，陸抗服之不疑，並說：「羊祜是個磊落君子，哪是會下毒的卑鄙小人？」這正是羊祜的人格魅力所在，連對手都欽佩不已。

羊祜其實很會用懷柔、攻心之計。在荊州邊界，他對吳國的百姓與軍隊很講信義，每次和吳人交戰，都預先和對方商定交戰時間，從不突然襲擊。曾有部下在邊界抓到吳軍兩位將領的孩子，羊祜知道後，馬上命令將孩子送回；後來，有吳將前來歸降，那兩位少年的父親也率部屬一起歸降。羊祜的部隊行軍路過吳國邊境，收割田裡稻穀以充軍糧，但每次都根據收割數量用絹償還。他的這些做法，使吳人心悅誠服十分尊重，不直呼其名，只稱「羊公」。

在駐地，羊祜更重視百姓的民生，廣播恩澤，可惜英年早逝，死前定下了滅吳的遺策並薦賢舉能。死後立碑，百姓「望其碑者莫不流涕」，是為「墮淚碑」。數百年後，唐朝詩人孟浩然登山觀之，遂在其名篇〈與諸子登峴山〉中吟道：「羊公碑尚在，讀罷淚沾巾。」然而涕下的何止孟夫子一人。李白、張九齡、孟郊、蘇軾、歐陽修等幾十位大文人在此都有吟唱。李白先後三次寫過墮淚碑，在詩作中發出感慨：「空思羊叔子，墮淚峴山頭。」

大將軍當了一回醫師，獅心殺伐與仁心回春集於一身，非為挽回敵酋健康，實為換取敵方人心，不是宋襄公式的愚昧慈悲，而是政治家的高瞻遠矚。

羊志哭妾，羊斟叛變

姓羊的也真有人從事專業醫療行業。南北朝的劉宋政權出了一大堆心理變態的瘋狂皇帝，孝武帝劉駿就是其中之一。劉駿的淫暴暫時按下不表，且說某回他的愛妃身亡，他多次領群臣到愛妃墳前痛哭，並以痛哭的悲傷程度做為衡量忠誠的標準。御醫羊志剛好在場。劉駿讓他哭妃，以重賞為誘，這位羊醫師竟應聲嚎啕大哭，捶胸頓足，涕泗交橫，痛不欲生。昏君遂大悅。事後有人問他：「你怎能臨場就立刻哭出來？」醫師無奈道：「哭亡妾耳。」原來羊志的愛妾也剛死，他只是圓滑地觸景生情兼移花接木罷了。醫師當了一回哭喪人，非懸壺濟世，不過欺世盜名，表演愈是成功，人格愈見扭曲，政權也就愈加顯得腐朽，可見劉宋豈能持久？

姓羊的還有人當過統帥的貼身司機兼戰車隊長。春秋時鄭、宋交戰前，宋軍主帥華元犒軍，不知為何，替他駕駛戰車的羊斟卻沒分到肉羹。羊斟懷恨在心，到了作戰時，羊斟載著華元開足馬力衝向敵陣……對不起，不是奮勇殺敵，而是一溜煙陣前叛變，直接將華元當戰俘獻給鄭軍。好大的一份獻禮！於是，宋軍大敗。軍人不以盡忠國家為職守，糾纏於私心。這戰車司機莫非是敵軍臥底？誰也不得而知，反正史上罵聲一片，說他罪大惡極、枉為人也！順便補一句，那天華元殺的是羊，羊斟耿耿於懷的其實是一碗羊羹！

多寶之羊

漢語的「鮮」字，由魚和羊組成，可見在遙遠的古代，羊肉的鮮美早就打動大家的味蕾。東晉將領毛脩之被北魏俘虜，他雖為將軍，但擅長烹調，後來便找時機燉了一碗羊肉湯給尚書崔浩吃；崔浩一看，食指大動，一嘗，更是讚不絕口，認為這是天下第一美味，便把毛將軍推薦給了太武帝拓跋燾。拓跋燾吃了毛脩之的羊肉湯後，也點頭稱讚，便命毛脩之為太官令，俘虜搖身一變，成了皇帝的私人廚師。從此，毛大廚平步青雲，再次涉足政壇，仕途上一帆風順，一直做到尚書、光祿大夫、南郡公。

羊肉是古代的高尚食材，不僅鮮美，而且映襯食者的高貴，難怪心胸狹隘的羊斟會幹出如此不恥的鬧劇！其實，羊應該是一種尊貴動物，因其肉既可滿足人類刁鑽的口舌，又可入藥，《本草綱目》載：羊肉「暖中補虛，補中益氣，開胃健力，益腎氣」。相傳隋朝名醫巢元方給開鑿運河的麻叔謀瞧病，以羊肉為藥，藥未盡即癒。

羊肝也是美味。宋太祖趙匡胤因此睡到半夜突然醒來，舌尖上滿是對羊肝的懷念，很快就垂涎欲滴。他此時非常想吃，卻猶豫不決，不肯下令；左右侍從被叫進來，又沒有收到明確指令，個個一臉茫然，隨後趙匡胤很風趣地說道：「我如果說了，想必日後每天晚上就有一隻羊被你們殺死！多浪費啊！」一國之尊在美食面前懸崖勒馬，史上記載的似乎僅此一例。

除了好吃，羊肝也是藥材。西醫認為它含鐵豐富，適量進食可防止貧血；羊肝富含維他命 B_2，能促進身體的代謝；還含有豐富的維他命A，可防止夜盲症和視力減退，有助多種眼疾的治療。中醫也認為羊肝有「養血、補肝、明目，主血虛萎黃、羸瘦乏力、肝虛目暗、雀目、青盲、障翳」等功效。

「羊食百草，其乳滋補」。羊乳自古就被視為極佳的營養補品。古今醫學都證實，羊奶不但營養價值高，而且具有消炎、護膚、抗衰老的保健功能。世界公認最接近於人奶的就是羊奶。羊血性味鹹平，有止血、祛淤之功效，可用於吐血、婦女崩漏、產後出血、外傷出血、跌打損傷等症的治療。羊角有鎮靜、退熱、安神、益氣、明目、平肝、益氣之效，適用於頭暈目眩、經痛、產後腹痛、驚風癲癇、高熱神昏、頭痛目赤、驚悸抽搐等症。羊骨性味甘熱，具有補肝腎，強筋骨，補精血的功能。

較之那些醫師不像醫師、軍人不像軍人的傢伙，樸實無華的羊，一身多用，渾身是寶，比他們可謂有天壤之別了！

華清池畔的溫泉史話

唯此溫泉，是稱瘉疾，朕不能獨受其福，思與兆人共之。～〈溫泉言志〉

泡溫泉的確是件愜意的事，無論是否要治病，穿過水氣的氤氳，溫泉總會讓人釋放心靈，達到身、心、靈合一的人生至境，甚至獲得靈魂的皈依。

金漿玉液，怡神駐壽

據說因學習、工作特忙，一向重視實用主義的北宋政治家王安石常以邋遢形象示人，衣服又皺又髒，臉上汙垢凝成一片黑色，別人還以為他病入膏肓。他大概很少洗澡，不過面對溫泉，再頑固、再執拗的他也受不了誘惑，寫下「誰燃丹黃焰，爨此玉池水。來客爭解帶，萬劫付一洗。」大概不用旁人勸，他自動就會縱身一跳。在他看來，溫泉不僅洗去髒汙，還可滌蕩病痛和政壇惡鬥帶來的鬱結。

如此高級的享受，帝王們當然不會錯過。溫泉的療養、醫用價值早為古人所熟知。現代醫學認為溫泉的作用主要有物理學與藥物學兩方面，其溫熱和舒張力能活躍人體的血液循環，促進新陳代謝，提高皮膚機能，同時也能鎮靜止痛，緩解肌肉緊張，消除疲勞，使人舒適，解除慢性疲勞。而藥學作用則視各類溫泉的不同成分而有所差別，如硫磺泉能治疥瘡、預防寄生蟲皮膚病，而以氯化鈉離子為主的食鹽泉則能增進新陳代謝，適合關節炎和神經痛患者。有些礦物質能潔淨肌膚，可軟化角質、延緩衰老、光滑皮層。

關中地區是中國的帝王谷，此處的溫泉開發甚早。秦始皇當年就在臨潼附近修築離宮，引泉入室，起名「驪山湯」。八百年後，唐太宗也在驪山溫泉營建湯泉宮（華清宮前身），並在「星辰湯」裡享受溫泉浴。沐浴過後，殫精竭慮的李世民擔心老百姓說他奢華腐化，遂用絕妙的書法功力，親筆寫下〈溫泉銘〉。文中鄭重解釋他自即位以來，日理萬機，積勞成疾，才用泡溫泉來治病，每次浴後，病情就有所緩解。他將泡溫泉說得像是不得已而為之，又隱晦地道出自己為國事夙興夜寐，不失為佳作一篇。[1]

大概溫泉療效甚佳，李世民也不禁讚嘆道：「不以古今變質，不以寒暑易操。無宵無旦，與日月同流；不盈不虛，將天地而齊固。永濟民之沉痾，長決施於無窮……人世有終，芳流無竭。」彷佛皇家溫泉是大眾池似的，這「民」字到底說的是他自己還是民眾，恐怕只有帝王心裡才知道了。洗罷舒適無比的溫泉，千古明君李世民大概精神更充沛，可以好好經營他的「貞觀之治」了。

溫泉人人愛

其實對溫泉功效的推廣，最主要的還是源自民間。詩仙李白捧讀南朝文學家盛弘之的《荊州記》後，為其所描述的湯池勝景所吸引，遂遊賞洗浴，留下「癒疾功莫尚，變盈道乃全。濯濯氣清泚，晞髮弄潺湲」（〈安州應城玉女湯作〉）的詩篇。玉女湯在今湖北應城縣西，溫度平均六十度左右，能將雞蛋煮熟。泉眼自然噴發，隆冬季節，薄霧瀰漫，熱浪蒸騰，蔚為壯觀。

《三國演義》開卷語「滾滾長江東逝水，浪花淘盡英雄」的作者明代學者楊慎，因得罪當紅太監，被「廷杖」（脫褲子打屁股）得皮開肉綻，貶到雲南南部。雖然傷口癒合，但遇到陰天雨季，骨頭便痠痛難忍。他就在那裡找到「安寧溫泉」，一邊養傷，一邊修心養性，一邊著書立說，還賦詩云：「何如碧玉溫泉水，絕勝華清礜石池。已挹金膏分沆瀣，更邀明月濯漣漪。」好像因禍得福。的確，此處的溫泉水由池底卵石縫隙中滾滾而出，每分鐘以六立方公尺水量向外湧，似串串明珠浮出水面。水溫為攝氏四十二度至四十五度，無硫磺味，含鈣、鎂、鈉、鉀等化合物及微量放射性元素，屬無硫磺碳酸泉，既適飲用，又宜沐浴，對關節炎、神經痛、皮膚病都有輔助治療作用。

歷史上有些王公貴族為了一己之私，與民爭利，把大自然對世間生靈的恩賜竊為己有，把好端端的溫泉圍起來，大興土木，壟斷獨享，這大概是承襲西周時周厲王的遺風吧？這老兄實行「專利」政策，將山林湖澤改由天子直接控制，不准平民進入謀生，真是臭名昭著！

往往也只有那些大眾溫泉能夠延續後世，至於被皇家嚴格控制、過度開發的貴族溫泉，反而早早枯竭了。

暗藏奪命殺機

泡溫泉固然舒服，但不是所有人都適合。滿清開國之父努爾哈赤在寧遠兵敗袁崇煥之後，據說退到遼寧本溪的溫泉寺療養戰傷，但身體狀況並未好轉，不久即一命嗚呼。如果他真的在戰鬥中被明軍火砲所傷，那麼泡溫泉就非常不智了。因為溫泉雖然活絡筋骨，其所含的硫磺及其他物質固然可消炎殺菌，但只對一般皮膚病有效，對嚴重的開放性破損傷口，不僅於事無補還會雪上加霜。溫泉到底不是抗生素啊！

大概深受父親影響，努爾哈赤之子皇太極也對泡溫泉情有獨鍾。不過從文獻記載看，他常「病風眩」，崇德六年（西元一六四一年）為了扭轉前線的危急局勢，皇太極流著鼻血，連續六個日夜長途奔馳六百里，到達前線。看來，他患有高血壓等心腦血管病的可能性很大，在「聖躬違和」時，他跑去「幸安山溫泉」（位於遼寧鞍山）。[2]可惜溫泉不能讓他延年益壽，兩、三年後便暴斃宮中。這類患者泡溫泉必須十分小心，因高水溫會使血管擴張、心跳加速、心肌耗氧增加，而從溫泉出來，遇外界冷空氣時，血管會迅速收縮，容易引起腦中風或心肌梗塞。

斷送江山的溫泉迷

兩位清朝開國元勛的死，溫泉意外成為嫌疑犯。縱觀歷史，泡溫泉把自己泡死了事小，有人還把國家也泡殘了。唐太宗的曾孫唐玄宗李隆基儘管開創盛世，但晚年驕奢淫逸，縱情享樂，與楊貴妃在華清宮的纏綿故事街知巷聞，華清宮是他把曾祖父的湯泉宮擴建而成。玄宗是溫泉迷，但在〈溫泉言志〉中仍假惺惺地與民同樂，[3]他深諳溫泉「績為蠲邪著，功因養正宜」的功效，邊洗邊欣賞華清宮「桂殿與山連，蘭湯湧自然。陰崖含秀色，溫谷吐潺湲」的美景，過後又寫成御詩，真是不亦樂乎！

這已經不僅僅是「溫泉」了。據唐人鄭處誨《明皇雜錄》載，唐玄宗多次蒞臨華清宮，在投其所好的安祿山等人慫恿下，命人大規模擴建湯池，裝修得富麗堂皇、美輪美奐，用白玉石製作成魚、龍、兔、雁等物，活靈活現，還裝飾有石梁、石蓮花，雕鐫巧妙，鬼斧神工。玄宗脫衣入溫泉，泡於其中，一張眼，但見石蓮花半出水面，石魚、石龍、石兔、石雁們似乎在泉中浮游、飛動，簡直如入仙境！不過，如此精美並未能讓皇帝就此罷休。沉迷享樂的人，想像力自然和一般人不同，湯池面積巨大，上面點綴幾個石頭雕塑肯定不過癮，玄宗邊泡邊琢磨，終於又突發奇想，命人把珍愛的「銀鏤漆船」及「白香木船」，一起放在水中，上面的楫櫓皆用名貴珠玉裝飾。他想，既然人人都稱呼我為「聖上」，那麼就在這溫泉中模擬成仙吧；於是，他乾脆讓人把大量珍珠和丁香傾卸在溫泉中，壘成兩座假山，命名為「瀛洲、方丈」，徹底在傳說中的渤海神山裡飄飄欲仙。[4] 好一派天上人間，溫泉裡的珠寶經常沿著排水系統流到民間住宅區，讓附近的貧民在溝渠中拾得，一夜暴富。[5] 簡直奢華得媲美行為藝術了！

李、楊二人臨幸溫泉無數，樂不思蜀。「春寒賜浴華清池，溫泉水滑洗凝脂」，「春宵苦短日高起，從此君王不早朝」，國事拋忘，國防廢弛，直到安祿山「漁陽鼙鼓動地來，驚破霓裳羽衣曲」，玄宗才從溫泉中如夢初醒，但大唐危局已一發不可收拾。

愜意的溫泉，到底是明君的賢內，還是昏君的幫凶呢？

---

1 唐太宗〈溫泉銘〉：「金漿玉液，可以怡神駐壽。朕以憂勞積慮，風疾屢嬰。每濯患於斯源，不移時而獲損。」

2 見《清史稿》。

3 唐玄宗〈溫泉言志〉：「唯此溫泉，是稱癒疾，朕不能獨受其福，思與兆人共之。」

4 鄭處誨《明皇雜錄》：「玄宗幸華清宮，新廣湯池，製作宏麗……以白玉石爲魚龍凫雁，仍爲石梁及石蓮花以獻，雕鐫巧妙，殆非人工……又以石梁橫亘湯上，而蓮花才出水際。上（玄宗）因幸華清宮，至其所，解衣將入，而魚龍凫雁皆若奮鱗舉翼，狀欲飛動……又嘗於宮中置長湯屋數十間，環回甃以文石，爲銀鏤漆船及白香木船，置於其中，至於楫櫓，皆飾以珠玉。又於湯中壘瑟瑟及丁香爲山，以狀瀛洲、方丈。」

5 王仁裕《開元天寶遺事》：「珠纓寶絡流生街渠。」

荔枝迷的大唐盛宴

紅顆珍珠誠可愛，白鬚太守亦何癡。十年結子知誰在？自向庭中種荔枝。～〈種荔枝〉

小時候，爸爸經常教我背誦古詩文，也許正是潛移默化的影響叩開了我的文學之門。除了〈木蘭辭〉外，印象最深的就是白居易的〈荔枝圖序〉。

快遞保鮮嘗荔枝

身為廣東人，我本來就對荔枝不陌生，但白氏這篇琅琅上口的小文卻有非同尋常的價值，背後大有故事。樂天開篇直說「荔枝生巴峽間」，可不是嶺南哦，估計身為北方人的白居易不知道兩廣、福建一帶也出產荔枝，且質量一點都不遜色。荔枝乃宮廷珍貴果品，歷代皆是。讀罷晚唐杜牧的「一騎紅塵妃子笑，無人知是荔枝來」，我也不禁對唐明皇、楊貴妃的貪歡誤國憤慨不已，不過又心生疑問，既然荔枝「若離本枝，一日而色變，二日而香變，三日而味變，四五日外，色香味盡去矣。」那麼以古代的運輸、保鮮技術，嶺南荔枝運到數千里外的長安，無論如何快馬加鞭，總賽不過時間和造物主，這荔枝到達長安時恐怕早就腐爛不堪吧？

幼年的我對巴峽一無所知，帶著問號勤翻書才得知，那是重慶與湖北交界處。後來才知道唐朝進貢的荔枝正是主要產於巴峽，而且皇帝嚴令當地使用軍馬和軍用高速公路，以日行八百里的火速，日夜兼程，飛馳轉送！這比起嶺南，距離要大大縮短，輔以陰涼的竹筐運載，勉強保持新鮮還是可以的。「可惜，這種軍事效率沒有用在對抗安祿山的叛軍身上啊！

古人很喜歡把政治腐敗和紅顏禍水掛鉤，多少有點為尊者諱的意味，明明心裡知道是皇帝的責任，卻不好意思直說，於是楊貴妃、妲己、褒姒之流便背上歷史大黑鍋，被某些文人深惡痛絕，欲除之而後快，幸好荔枝沒有遭此厄運，依舊老少咸宜、人見人愛。

荔枝誘惑無法擋

白氏比喻的妙筆生花，可謂居功至偉，「漿液甘酸如醴酪」還不讓你食指大動？「瓤肉瑩白如冰雪」，光這賣相也足以讓人垂涎欲滴、浮想聯翩吧？「殼如紅繒，膜如紫綃」，如果有點文學歷史情懷，大概你會在品嘗之前，先把玩一下，將穿越時空的、華美精緻的綾羅綢緞放到想像的海洋中，閉上眼，神遊一番。

北宋蘇東坡被貶廣東惠州時，也嘗到了荔枝的鮮美，立刻讚不絕口。相信他肯定讀過白居易的〈荔枝圖序〉，本人又好美食，絕對會對荔枝的色香味抱有美好的幻想，此時，想不到在那樣一個連肉食都難以尋到的蠻荒之所，居然有如此的美味在守候著大文豪，他焉能不喜？那段日子，他是否也想到該嘲笑一下那些遠在中原腹地的政敵呢？呵呵，爾等可無福氣品嘗鮮荔枝也！據現代研究，荔枝最適於年平均攝氏二十一至二十三度的環境下存活，二十度以下便不能生長結實。在西安、開封等冬季有霜雪的地方，它無法生長。

東坡難以自抑對荔枝的偏愛，魂牽夢縈之餘不免大書特書，如〈新年五首〉：「荔子幾時熟，花頭今已繁。」〈贈曇秀〉：「留師笥蕨不足道，悵望荔子何時丹。」最膾炙人口的就是〈食荔枝二首〉其二：「日啖荔枝三百顆，不辭長作嶺南人。」

我初讀之不禁一驚，廣東人有所謂「一顆荔枝三把火」之說，就是從民間中醫的角度看，吃荔枝過多是會「上火」的，大概是指口舌生瘡之類。這蘇軾也太狂了吧？據說，他在南方的窮鄉僻壤中，家徒四壁，為了解饞，竟然收購店家偶爾宰殺山羊後丟棄的羊骨，烹熟剔得殘餘肉渣，大呼美味！難道他把廉價的荔枝當飯吃不成？

後來我發現，有人居然足以讓自負的蘇東坡自愧不如。

據著名作家梁文道先生介紹，此君便是明代宋珏，福建莆田人，自號「荔枝仙」，彰顯自己對荔枝的痴迷，著《荔枝譜》一本，對荔枝誇得玄之又玄：「荔枝之於果，仙也，佛也，實無一物得擬者。」似乎任何人間美味與之相比，均望塵莫及。他還說：「余生於莆，既幸與此果遇，且天賦啖量，每啖日能一二千顆。值熟時，自初盛至中晚，腹中無慮藏十餘萬。」原來，這位「荔枝仙」肚量如海，好像專為荔枝而設，自誇每日食一、二千顆也是等閒之事。荔枝成熟時節，從初上市到採摘完，他腹中至少有十幾萬顆荔枝進帳！真是快活似神仙！[2]

豈可海量啖荔枝？

其實，品嘗任何食品都應該適可而止。我們無從知道這位「荔枝仙」生平的細節，更無從尋覓他生老病死的瞬間，只是從現代醫學的角度分析，暴飲暴食終究有損健康，荔枝也不例外。希望他只是在文章中發揮文學的想像，誇下浪漫主義的海口罷了。

鮮荔枝的含糖量很高，空腹大量食用會刺激胃黏膜，出現腹脹等不適，而過量的糖分存在於血液內，導致黏滯度過高，也會產生「高滲性昏迷」，糖尿病患者尤其需要小心。

還有些人大量進食荔枝、飯量減少後，突發低血糖症，呈現頭暈、口渴、噁心、出汗、肚疼、心慌等徵象，嚴重者會暈倒、抽搐、昏迷，醫學上稱為荔枝急性中毒，也叫「荔枝病」。

原來，人體內可用於產生能量的是葡萄糖，而荔枝的糖分是果糖，當人體攝入果糖後，要用轉化酶把果糖轉化為葡萄糖後才能被人體利用。荔枝吃得太多，轉化酶供不應求，不但不能把果糖轉化，反倒會刺激胰島素過多分泌，過量消耗葡萄糖，導致血液內葡萄糖不足，出現一系列低血糖表現，這就是荔枝病的來龍去脈。

任何事物都是利弊相存的，看你如何運用取捨而已。中醫認為荔枝果實補肝養血，健脾理氣，主治肝血虧虛，眩暈失眠，脾氣虛弱，大便洩瀉，胃脘寒痛，呃逆，產後水腫等。《本草綱目》記載：「荔枝核治疝氣痛、婦人血氣刺痛。」《本草備要》也載：「荔枝核入肝腎，散滯氣，辟寒邪，治胃脘痛，婦人血氣痛。」看來，荔枝這種植物也不僅止於能滿足人類的口福。

明代還有一位著《荔枝譜》的文人，叫徐𤄎，他說：「當盛夏時，乘曉入林中，帶露摘下，浸以冷泉，則殼脆肉寒，色香味俱不變。嚼之，消如降雪，甘若醍醐，沁心入脾，蠲渴補髓，啖可至數百顆。」文筆頗為優美，不輸白樂天。他還補充要是怕吃得太多腹脹，可以略略加點鹽，有消滯之功。這種民間方法是否奏效？見仁見智。即使有效，也不該有恃無恐，暴吃荔枝。徐𤄎能一次吃幾百顆不出事，但不代表你也能。

荔枝是大自然演化而來的一種獨特生命，並不是生來特意為人類效忠的。人類要採之為食，則必須合理地取其精華，揚長避短，食之有道，吃之有度。

白居易撰〈荔枝圖序〉婦孺皆知，可你讀過他的〈種荔枝〉嗎？「紅顆珍珠誠可愛，白鬚太守亦何癡。十年結子知誰在？自向庭中種荔枝。」荔枝像一顆顆豔紅的珍珠般，煞是可愛！可我這白髮蒼蒼的太守也未免太癡心了，荔枝樹種下來，十年後才會開花結果，到那時都不知道身在何處了？這會兒還在庭院中種著荔枝樹，自得其樂呢。

白氏是在重慶一帶為官時寫作荔枝詩文的，這段時間不長，不久就調任他處，估計再也難以與荔枝相見歡了。但沒關係，真正有修養的人喜歡一物，是不會無休盡地占有、滿足欲望的，有時候隔著時空，偷偷想念一番，追憶一下，品味一回，也是人間大樂事、大雅事。白居易大概也是這樣的人吧？

1《新唐書．楊貴妃傳》：「妃嗜荔枝，必欲生致之，乃置騎傳送，走數千里，味未變，已至京師。」

2《荔枝譜》：「荔枝之於果，仙也，佛也，實無一物得擬者……余生於莆，既幸與此果遇，且天賦啖量，每啖日能一二千顆。值熟時，自初盛至中晚，腹中無慮藏十餘萬，而喜別品，喜檢譜。」

夜不成眠的詩聖杜甫

細草微風岸，危檣獨夜舟。星垂平野闊，月湧大江流。～〈旅夜書懷〉

一千多年前的唐朝深夜，一葉孤帆行於水上，萬籟俱寂，星星都沉睡了，大詩人杜甫聽風望月，江山萬里雄闊，到底還是盛唐過來的！此刻的他詩性綿綿，輾轉反側，賦詩一首：「細草微風岸，危檣獨夜舟。星垂平野闊，月湧大江流。」有誰知道，如此佳句其實是詩人用失眠之苦換來的。

惱人的失眠夜

細細讀來，杜甫許多佳作竟都是在夜裡吟誦出來的，如〈春夜喜雨〉：「好雨知時節，當春乃發生。隨風潛入夜，潤物細無聲。野徑雲俱黑，江船火獨明。曉看紅溼處，花重錦官城。」又如〈江月〉：「江月光於水，高樓思殺人。天邊長作客，老去一沾巾。玉露團清影，銀河沒半輪。誰家挑錦字，滅燭翠眉顰。」又是一個難熬的不眠之夜！

今天的都市精英也常遭遇此困擾，有人數星星，有人數綿羊，有人數一二三四，而我們可愛的詩人賦閒蜀中，卻用賦詩來打發長夜，或許他認為這樣刻意的智力遊戲可讓自己的腦子更累些，更容易入睡吧。起床欣然運筆，或不吐不快，心中的喜悅也好，惆悵也罷，又忍不住一瀉千里。

失眠是人類共有的生理現象。現代醫學認為睡眠障礙的主要特徵是不易入睡和難以維持睡眠，是睡眠品質或睡眠時間不足的一種主觀體驗。失眠可分為入睡性失眠、睡眠維持性失眠和早醒性失眠。患者往往不能熟睡、早醒、醒後無法再入睡，甚至頻頻從惡夢中驚醒，自感整夜都在做惡夢，睡過之後精力沒恢復。長期失眠會引起疲勞加劇、全身不適、無精打采、反應遲緩，甚至頭痛、記憶力不集中，最大影響是精神方面，嚴重者會導致抑鬱、焦慮、煩躁、多疑、多慮、幻聽、幻想，對生活和工作構成重大的打擊。中醫認為失眠即「不寐」，多由七情所傷，思慮勞倦或暴受驚恐，或稟賦不足、年邁體虛所致，其病機為氣血、陰陽失和、臟腑功能失調，病者心神被擾，神不守舍。

不要以為失眠是一件文人的雅事，其苦不堪言相信人人都有經驗。更可憐的是，詩人頻頻遭遇這種精神、肉體折磨。研究者發現杜甫的失眠詩約有一百一十首之多，包括難以入睡、易醒、早醒、夢後難眠、徹夜未眠、長期失眠等，可以說，失眠詩和其心靈息息相關，研究這些詩，可以深入認識詩人的胸懷。失眠的成因與心理因素的關係密切，筆者更願意從西醫的角度試圖探討杜甫失眠的病因。

詩人失眠，原因紛繁

失眠的成因很複雜，首先來看環境因素，杜甫大半輩子顛沛流離，經常拖家帶眷、入不敷出，至於居所則窮酸至極。一般人都希望有軟軟的枕頭、舒服的床鋪、不熱不冷的環境伴自己走入夢鄉，可杜甫呢，早年困居長安時就頗為拮据，「霜嚴衣帶斷，指直不得結。」（〈自京赴奉先縣詠懷五百字〉）此後更發生幼子餓死的慘劇，經濟條件令他注定無法享受舒適的居住環境。安史之亂爆發後，戰亂頻繁的日子更成為詩人的家常便飯，他棄官避難四川，「況我墮胡塵，及歸盡華髮。經年至茅屋，妻子衣百結。慟哭松聲迴，悲泉共幽咽。平生所嬌兒，顏色白勝雪。見耶背面啼，垢膩腳不襪。床前兩小女，補綻才過膝。」（〈北征〉）他僅以種植、採摘中藥為生，「屋上三重茅」還很不牢固，隨時會被狂風刮走，且「布衾多年冷似鐵，嬌兒惡臥踏裡裂。床頭屋漏無乾處，雨腳如麻未斷絕。」（〈茅屋為秋風所破歌〉）環境如此惡劣，怎不會「自經喪亂少睡眠」呢？

其次，他為官時的壓力頗大，這和心理因素有關。〈春宿左省〉訴說他值夜班時失眠，「不寢聽金鑰，因風想玉珂」，他夜不敢寢，彷彿聽到宮門的開鎖聲，晚風颯颯，又想起上朝的馬鈴響。「明朝有封事，數問夜如何」，一夜心緒不寧，惦記明天的朝堂公事，多次探問夜漏，心中七上八下。其居官勤勉、盡職盡忠可見一斑，但確實「壓」力如山啊！看來並非每個文人都適合當公務員。

其三，由於遭遇諸多不幸，他的情緒經常焦慮不安。戰亂爆發前，唐王朝已危機四伏，社會動盪不安。杜甫自京師赴奉先縣探親，念叨著家人，「老妻寄異縣，十口隔風雪。誰能久不顧，庶往共饑渴。」（〈自京赴奉先縣詠懷五百字〉）不料剛到家，便「入門聞號啕，幼子餓已卒」。他又傷心又愧疚，「吾寧舍一哀，里巷亦嗚咽。所愧為人父，無食致夭折。」那個原先以為的「團圓」夜，杜甫絕對睡不著。

安史之亂後，他身陷賊手，與親人失散，囹圄中寫下「今夜鄜州月，閨中只獨看。遙憐小兒女，未解憶長安。」（〈月夜〉）焦躁的心，自然更無法入眠。此外，他又是家國情懷極濃、以天下社稷為己任，深具良知的知識分子，以往見到「朱門酒肉臭」，就想起「路有凍死骨」，如今心中百感交集，寢臥不安，唯有嘆息「永夜角聲悲自語，中天月色好誰看」了。

其四，過度的喜悅和興奮也會導致失眠。杜甫突然得悉朝廷平叛勝利，喜從天降，遂寫下平生第一快詩〈聞官軍收河南河北〉：「卻看妻子愁何在，漫卷詩書喜欲狂。白日放歌須縱酒，青春作伴好還鄉。」他高興得涕淚交加，興奮得幻想從蜀中飛抵中原。那天晚上，想必詩人又失眠了。

最後，病痛的折磨也是常失眠的原因。〈同元使君春陵行〉云：「我多長卿病，日久思朝廷。肺枯渴太甚，漂泊公孫城。」又如〈客堂〉詩中云：「棲泊雲安縣，中消內相毒。」所謂的「長卿病」是指漢代文人司馬相如，字長卿，患有「消渴」之症，中醫的「肺渴」、「消渴」差不多就是西醫的糖尿病，病人有多飲、多食、多尿、消瘦等症狀。

失眠困苦，雪上加霜

長期罹患糖尿病者，夜間可能常有尿意，再加上周圍神經容易受損，發生感覺異常，於是常會合併「不寧腿綜合症」（restless leg syndrome），也就是想入睡休息時，小腿出現難以忍受的搔癢或疼痛不適。由於當時醫療條件的限制，加上生活困頓，杜甫患有糖尿病又缺乏有效治療，一拖再拖，晚年夜間下肢出現病變也不奇怪，焉能安睡？

得了失眠，苦吟倒不失為一種宣洩管道，不過相比之下，還是蘇東坡的舒緩方法更健康、更值得提倡。被貶官後，其實誰也不舒服，「月色入戶」，東坡不眠，遂「欣然起行」，「至承天寺尋張懷民」夜遊，他徹底解放，真正解脫，當一回愉悅「閒人」，估計翌日失眠會有所減輕。杜、蘇二人境況類似，窮苦潦倒，然而杜甫一味沉鬱頓挫而東坡學得超然物外，生活質量大概迥異，至少東坡應該沒那麼多難熬的失眠之夜。

晚年杜甫貧病交加，本來身體已極度衰弱，經濟來源幾乎斷絕，同時患上無法克服的失眠，這只能加速他的生命終結。「親朋無一字，老病有孤舟。戎馬關山北，憑軒涕泗流。」在登上岳陽樓觀洞庭湖後不久，偉大的詩人便傷懷地與世長辭了。

令柳宗元一蹶不振的腳氣病

僕自謫過以來，益少志慮，居南中九年，增腳氣病。～〈答韋中立論師道書〉

古代的嶺南（中國廣東、廣西、越南北部）地區，瘴氣瘟疫令人聞之色變，往往成為政壇失意者的墓場。對知識分子來說，最痛苦的事之一就是空懷報國之志、不世之才，卻如垃圾般被廢棄。

此「氣」非臭氣

柳宗元，文學巨匠，唐宋八大家之一，與韓愈皆為中唐「古文運動」的領軍人物，世稱「韓柳」。可惜，柳宗元三十多歲時，不慎捲入朝廷的政治鬥爭，新皇帝一張聖旨把他貶到荒蕪的南方，最後謫居廣西。如果說「一封朝奏九重天，夕貶潮州路八千」的韓愈還有翻盤之日，那麼「一身去國六千里，萬死投荒十二年」的柳宗元則從此在政壇上一蹶不振了。

一蹶不振的不僅是政治前途，還包括他的身體。眾所周知，除了瘴癘的威脅之外，唐代的嶺南還是「百越紋身地」，相當原始，大概比魯濱遜漂流的荒島好不了多少，手無縛雞之力的文人在這等艱苦的條件下生存談何容易！「驚風亂颭芙蓉水，密雨斜侵薜荔牆。嶺樹重遮千里目，江流曲似九回腸。」讓柳宗元愁結萬分的，有鄉思，有不甘，有憤懣，更有恐懼。

可想而知，他病倒了，在〈答韋中立論師道書〉中，他自述：「僕自謫過以來，益少志慮，居南中九年，增腳氣病。」在潮溼的嶺南地區，難道柳宗元所說的「腳氣病」就是今天常聽到的「香港腳」嗎？

香港腳是一種腳掌表皮受真菌感染而形成的癬類皮膚病，環境潮溼和個人衛生不佳是主因，常見感染部位為腳趾之間，症狀為局部搔癢、皮膚起泡、剝落或龜裂，有時會發出令人不悅的氣味，皮膚破損還會導致皮下組織腫脹和感染。在南方惡劣的自然條件下，柳宗元罹患香港腳好合情合理，似乎還不至於嚴重威脅生命。

然而，事實並非如此！中國古早就有「腳氣病」的記載，和會發出惱人「氣味」的香港腳完全無關！文獻中，此病始見於西晉（大約為西元二六五～三一六年）。大概晉初或稍前，起源於嶺南地區的「腳氣」，逐漸向長江下游地區蔓延。西晉永嘉（西元三〇七～三一二年）末，由於戰亂和政局動盪，王朝遷都南京後，「腳氣」多發。隋至唐初，該病似乎開始越過長江，蔓延到北方，後來廣泛流行於中國全境。早期這種病還有「腳弱」、「軟腳」之名，隋唐之後才逐步定名為「腳氣病」。那麼，它的具體表現如何呢？

隋代名醫巢元方在《諸病源候論．腳氣病諸候》中對症狀有較詳細的描述：「其狀，自膝至腳有不仁，或若痹，或淫淫如蟲所緣，或腳指及膝脛灑灑爾，或腳屈弱不能行，或微腫，或酷冷，或痛疼，或緩縱不隨，或攣急……若治之緩，便上入腹，入腹或腫或不腫，胸脅滿，氣上便殺人，急者不全日，緩者或一、二、三月。」

唐朝大文豪韓愈幼年喪父，依靠年紀較大的哥哥、嫂子撫養成人，從小便和年齡相仿的侄子韓老成一起生活，兩人感情深厚。老成在族中排行第十二，所以稱十二郎，不幸英年早逝，韓愈痛苦萬分，寫下了著名的〈祭十二郎文〉，文中道：

汝去年書云：「比得軟腳病，往往而劇。」吾曰：「是疾也，江南之人，常常有之。」未始以為憂也。嗚呼，其竟以此殞其生乎？

韓愈萬萬沒料到，這種南方人常患的軟腳病看似沒什麼，讓人掉以輕心，最後竟奪走親侄子的性命！

用現代醫學術語來說，腳氣病的症狀就是病患覺得下肢乏力或感覺異常（類似周圍神經炎的症狀），有的人還出現腹脹、胸悶、氣促、呼吸不暢（類似心力衰竭的表現）。

現代西醫也有「腳氣病」一說，但是否等同於柳宗元提到的腳氣病還有待確認。曾有日本醫師

認為缺乏維他命 B_1（硫胺素）是主因，有人更把矛頭指向由糙米加工而成的精白米，謂其喪失了富含維他命 B_1 的糙皮。上個世紀初的日俄戰爭期間，日本陸軍的統一膳食以白米加醃漬梅子為主食，其他成分很少。雖然平日軍中的腳氣病不多，但在戰爭時，士兵得腳氣病的比例則很高，據說甚至遠多於戰場上的傷亡數目。

該病有兩大亞型，一是乾性腳氣病，表現為「上升性對稱性周圍神經炎」，病患有感覺和運動障礙，合併肌力下降、肌肉痠痛（尤以腓腸肌為甚）。另一是溼性腳氣病，病患心力衰竭，表現為軟弱、疲勞、心悸、氣急。由於心衰，還會出現厭食、噁心、嘔吐、尿少及水腫。檢查可見胸腔積液、腹腔積液和心包積液。對照中國古代醫書，筆者覺得中西醫的「腳氣病」概念還算接近。

禍不單行的文學家

柳宗元的症狀如何？他在〈辨伏神文〉裡說自己「病痞，且悸」，[1]就是上腹鬱結似有包塊，同時合併心慌，非常類似心臟衰竭，從醫師所開、具利水功效的「伏神」（茯苓）來看，很可能還有肢體浮腫和腹水，這倒很符合心力衰竭型溼性腳氣病的臨床表現，至於是否真的缺維他命 B_1 則有待考證，一個被瘴癘和貧困折磨得「奇瘡釘骨狀如箭，鬼手脫命爭纖毫。今年噬毒得霍疾，支心攪腹戟與刀」的人，嚴重營養不良的身體，就像杜甫筆下秋風夜雨中的茅屋一樣千瘡百孔，任何風吹草動都會令人罹患沉痾的。

生了病，自然不能坐以待斃，柳宗元好歹還有一官半職——柳州刺史。於是積極求醫，醫師診斷之後，認為他氣機不暢，身體失調，循環欠佳，乃曰：「您這種病就只有服用『伏神』吧，藥到病除。」柳宗元便到市集購得茯苓，按照藥方「烹而餌之」，以圖良效。

伏神、茯苓，同物而異名，皆為多孔菌科真菌的菌核，寄生松科植物赤松或馬尾松樹根之上，菌核內沒有松樹樹根者，稱為茯苓，含有松樹樹根者，稱為伏神。兩者皆有利水滲溼的功效，茯苓在利水滲溼之餘，還有健脾補中作用，伏神在利水滲溼之餘，兼具養心安神功效。茯苓，產於雲南的是地道藥物，又稱雲苓。

從中醫的角度來看，處方伏神沒有錯，但療效如何？柳宗元一劑藥剛下，病情反而加重！莫非買的藥材不對？錯買了土茯苓；還是醫師的判斷有誤、開錯藥方？土茯苓、茯苓，名稱相似，但藥性殊異。根據《中藥學》教科書記載，土茯苓是清熱解毒之藥，茯苓則是利水滲溼之藥。「龜苓膏」中的苓，古方是用土茯苓的。土茯苓與茯苓，兩者皆能利水滲溼，但茯苓用以補脾，無清熱解毒之力。

無論如何，父母官鬧出醫療糾紛之類情事，無論古今，醫師還是誠惶誠恐的。於是，這位醫師被柳宗元揪回責問，不料揭開藥罐一看，醫師可樂了：「天啊！這些只是老芋頭罷了！」原來，藥販掛羊頭賣狗肉，欺負讀書人，用廉價的芋頭稍微加工，粉飾一番，狠狠地要了倒楣的柳宗元一回。醫師很不高興地回說：「是你自己糊塗，卻反而怪罪於我，這不是很過分嗎？」

柳宗元聽罷，又慚愧又憤恨又憂心忡忡。清代名醫程國彭對此深有同感，其〈醫中百誤歌〉

云：「藥中誤，藥不真，藥材真致力方深，有名無實何能效，徒使醫家枉用心。」

史書並沒有記載柳宗元的病後來治好了沒，但對有良知的知識分子而言，人間最悲哀的事恐怕不只是自身的生老病死，而是社會的風氣墮落。在諸多精神和肉體的打擊下，柳宗元在廣西貶所只活到四十七歲，便撒手人寰了。

1〈辨伏神文〉：「余病痞，且悸，謁醫視之，曰：「唯伏神爲宜。」明日，買諸市，烹而餌之，病加甚。召醫而尤其故，醫求觀其滓，曰：『籲！盡老芋也，彼鬻藥者欺子而獲售。子之懵也，而反尤於余，不以過乎？』余戍然慚，愾然憂，推是類也以往，則世之以芋自售而病人者衆矣，又誰辨焉？」

宋高宗長壽之謎

每進膳，必置匙箸兩副，食前多品，擇取欲食者，以別箸取置一器中，食之必盡，飯則以別匙減而後食。～《西湖遊覽志餘》

中國史上數百位帝王，年齡達到八十耄耋者寥寥無幾，乾隆皇帝以八十九歲領銜，梁武帝、武則天、五代十國吳越王錢鏐也名列前茅。另外相傳西漢時期，南越國開創者趙佗活到九十歲以上，連太子都活活熬死了。

心腦血管疾病高危險群

說起宋朝趙氏一族，如果現代醫師活在那個時代，必會判斷這個家族是心腦血管疾病的高危險群！不過，大名鼎鼎的宋高宗卻活了整整八十歲，令人嘖嘖稱奇。

先說太祖趙匡胤，一般認為他酒後死於大雪紛飛的「斧聲燭影」之夜，腦血管病變的嫌疑很大。太祖的弟弟、太宗趙光義繼位，這一脈往下傳，和太祖有點疏遠，但子子孫孫也沒多健康。

真宗趙恆的症狀很像腦中風。天禧三年十一月舉行祭祀天地大禮時，五十出頭的趙恆「得風疾」，此後便接連復發。次年，他「自中春不豫」，可能再次中風，行動不便，「止視事於長春殿」，到同年九月，經半年的調養才有所恢復，「聖體和平，始御前殿（崇德殿）」。但到了十二月，從真宗下詔令「皇太子親政」，「宰臣、樞密使赴資善堂祗候」等處置措施來看，病情似乎起起落落。不久，他再次出現言語障礙，「力疾御承明殿，賜手書宰相，諭以輔導儲貳之意」。

仁宗趙禎的腦血管疾病最典型。至和年間，四十多歲的仁宗突發病，出現「昏不知人者三日」的症狀，還出現了言語障礙，「自此御朝，即拱默不言，大臣奏事，可，即肯首，不，即搖首」。到了五十三歲時，仁宗再次突發急性腦血管意外，病情來勢洶洶，很快導致皇帝去世。[1]

元豐八年正月，三十七歲的神宗趙頊也突發中風，行動不便，「三省、樞密院詣內東門請入問聖體，遣勾當御藥院梁從政、劉惟簡傳宣放。」神宗自得疾即有言語障礙，「失音直視」，「不能言，首肯之」，但肢體功能尚可，「書字諭王珪等」。可惜病情逐漸惡化，雖遍訪名醫救治，神宗仍「疾勢日增」，不久駕崩。

宋高宗趙構是神宗皇帝的嫡孫，倘若他有現代醫學常識，恐怕會活得如履薄冰吧？家族病史這麼不健康，他是如何獲得長壽的呢？

體質健碩，後天努力

在許多人的印象中，趙構乃「長腿」逃跑皇帝，畏敵如虎，金兵一路追殺，他一路南逃，水陸兼程，狼狽不堪，想必此人是一介手無縛雞之力的文人書生罷了。

這種負面的描述和想像誤導了很多後人，如同很多人把孔子幻想成文質彬彬的文弱學究，其實孔子偉岸雄武，對駕馭馬車、張弓搭箭均得心應手。同樣，趙構也是孔武有力的人，至少曾經是。

趙構雖然長於深宮之中、婦人之手，但畢竟受到嚴格的教育，原本不受父皇宋徽宗重視，正常情況下，身為第九子的他根本沒機會繼承皇位。這倒也省卻了許多太子需要應付的繁文縟節，免去了許多政壇上的勾心鬥角，趙構遂一心讀書、練習書法，同時也積極鍛鍊身體，增強體魄，具體來說，就是繼承太祖的優良傳統，苦練騎射，未到弱冠之年，就能「挽弓三百斤，弩八石」，左右開弓。

後值金兵南侵，金人威逼宋朝派一位親王親自前往金營談判。宋欽宗趙桓遍看諸王，說：「誰可為朕一行？」倘在平時，能在皇帝面前出風頭，哪個王爺不爭先？可如今大敵當前，九死一生，這些王爺全都退縮了，低頭唯唯諾諾。此時，弟弟康王趙構藝高人膽大，挺身而出毛遂自薦：「朝廷若便宜，勿以一親王為念。」完全將生死置之度外，一股「風蕭蕭兮易水寒，壯士一去兮不復返」的豪邁悲壯油然而生。徹底顛覆了他後來的形象！《宋史》載：「康王英明神武，藝祖之風。」說他具有趙匡胤的風采也不為過。試想，沒有兩下子，趙構哪敢迎敵？

到達金營，金朝二太子完顏宗望邀趙構比試射箭，在他心目中，宋人弱不禁風，正好羞辱之！他找了一把重達兩百斤的鐵胎寶雕弓，在百步之外擺好靶子，連發三箭，一箭中靶心，遂洋洋自得。豈料趙構接過寶弓，開弓滿月，連發三箭，全中靶心。這百步穿楊的功夫令金人自取其辱，瞠目結舌！

由於早年的鍛鍊刻苦，趙構的身體一直很硬朗。據說到了五十多歲，還能照舊騎馬射箭。不過這時候，他已英雄不再，僅是聊以自娛自樂罷了。

情感宣洩，大有裨益

男兒有淚不輕彈，更何況皇帝乃九五至尊，豈能隨便落淚。不過，趙構對此不屑一顧。「靖康之難」降臨，北宋滅亡，中原淪陷，徽宗、欽宗二帝被擄，宋朝僅餘半壁江南，從那時候開始，天將降大任於斯人也，康王利用歷史給他的好機遇搖身一變，黃袍加身，成為皇帝。此時的他金枝玉葉，早就不是當年奮不顧身的小康王了。

他很快意識到惜命、生存才是最重要的，如果沒有生命，就談不上理想、尊嚴，如皮之不存毛將焉附。於是，他「墮落」得很世俗。

人們漸漸發現高宗很愛哭泣，建炎元年四月，門下侍郎耿南仲等勸他即位時，趙構「避席嗚咽，掩面流涕」；得知大臣李若水「忘身為國、知死不懼」的忠義事跡，他「為之泣涕」。苗劉之變，韓世忠及時救駕，趙構握著他的手慟哭不已；為表「孝悌絕人」，他常在大臣面前「嚎哭失聲，涕泗揮灑」，稱是思念父兄，感慨「國步之艱難」，哪是真情實感，哪是偽裝表演，已不得而知。但對健康而言，多哭並無壞處。

徽、欽二帝被俘北上，受盡屈辱，輾轉被遷到五國城（今黑龍江省依蘭縣城北舊古城）軟禁。八年後，紹興五年（西元一一三五年）四月，徽宗病死於五國城。噩耗傳來，趙構嚎啕大哭。

西元一一六一年四月，金主完顏亮派使節到南宋，正式通知趙構欽宗已死。聞兄長去世，外加金使出言不遜，趙構當場情緒崩潰，邊哭邊撂下金使和滿朝大臣，掩面離開御座。最後，宰相沒辦法，只好派衛士去找他，好不容易在屏風後面找著了，此時趙構還在那兒哭個沒完沒了。[2]

一國之尊，涕淚交加，未免有失國體，但筆者相信這應是趙構的真情流露。就健康而言，哭泣是情感的必要宣洩，哭泣時，痛苦和委屈會連同眼淚一起被宣洩。通常人們哭泣後，情緒的痛苦強度會減低約百分之四十，反之，若不能利用眼淚把情緒壓力消除掉，則會影響身體健康。長期壓抑情緒不宣洩，負能量就會轉而內化攻擊身體，因此，有人認為強忍眼淚就等於「自殺」。

注重衛生，深諳保健之道

趙構當上皇帝後，日益注重養生，同時也很注意飲食衛生，據說他每頓飯都要擺上兩雙筷子和兩支勺子，其中一雙筷子是公筷，一支勺子是公勺。凡是他愛吃且吃得完的飯菜，都先用公筷和公勺分到一個大盤中，然後把大盤裡的飯菜吃乾淨，剩下的飯菜則分賞給宮女。可見他注重飲食衛生，有使用公筷、公勺的意識，避免剩餘食物被汙染，此舉雖有標榜君德之嫌，卻也表明了他對飲食衛生的重視。[3]

大約從宋朝或更早一點的時候開始，中國人就開始養成飲食不分餐、喜歡相互夾菜的習慣，這會增加幽門螺旋桿菌的傳播風險。幽門螺旋桿菌是眾多胃病的罪魁禍首，它主要透過口腔傳播，家人如果有一人感染，其他人感染的機率也提高，因為感染者的牙菌斑和唾液中會有幽門螺旋桿菌。不分餐的話，筷子很可能成為病菌的傳播媒介。目前，世界衛生組織底下的國際癌症研究機構已將其列為誘發胃癌的第一類致癌原。研究發現歐美人由於習慣分餐制，所以幽門螺旋桿菌的感染率明顯低於中國人。此外，甲型肝炎和戊型肝炎的傳播也以唾沫為中介。

趙構當然不知道幽門螺旋桿菌為何物，使用公筷，不免有點矯揉造作、明哲保身的味道，不過這樣做，客觀上既避免了唾液交叉，又控制了食量，是對自身健康的重視，也是對他人的尊重。

趙構很愛惜自己的身體，對醫藥學也有所涉獵。他曾對大臣趙鼎說：「朕於醫藥嘗所留意，每退朝後，即令醫者診脈，才有虧處，便當治之。正如治天下國家，不敢以小害而不速去也。」有一點點不舒服，他就讓太醫把把脈，小病不放，輕疾不掉以輕心，還把這套理念用於治國之上，多少有點劉備「勿以惡小而為之，勿以善小而不為」的遺風。

趙構還「每小不怡，輒進蠲毒圓數百，一以芫花、大黃、大戟為主。侍醫縮頸，而上（趙構）服之自如」。估計對中醫藥學的造詣不算太淺，他自己用起藥來似乎游刃有餘，自信滿滿。

把握好服藥的時機，趙構也從不忽視。他認為「藥所以攻疾，疾良已則當卻藥，或在烹煉金石餌之，徒耗真氣，非養生之道，豈唯治身，雖國亦然」。該用，則毫不猶豫；不該用，則懸崖立馬，凡藥三分毒，就算補品，也斷不可濫服，這時就該寧缺勿濫。

由此看來，趙構的保健意識、就醫觀念很強，對藥物的常識和服藥時機又把握得恰到好處，難怪高壽了。

作息規律，心態健康

趙構的作息很有規律，他曾得意地說：「朕省閱天下事，日有常度，每退朝，閱群臣及四方章奏，稍暇即讀書史，至中時而常程皆畢，乃習射，晚則復覽投匭封事，日日如是也。」工作、學習、運動，持之以恆，張弛有度，做得有板有眼，便於人體生物時鐘分毫不差地規律運行，趙構可以說是這方面的典範。

人生，有捨有得，要學會能收能放。最後得說一說趙構的健康心態。

紹興三十二年六月十一日，五十五歲的宋高宗趙構以「倦勤」，想多休養為由，禪讓於太子趙昚（養子），是為宋孝宗，自己甘當「太上皇」，頤養天年。他懂得調整心態，自動放權，全面放手，悠然自得，縱情於山水、書畫之間，晚年的「退休生活」過得有滋有味，既能和養子保持良好的私人關係，又能不干擾朝廷的正常運作，更能全面解除身心的煩累，釋放被政治壓抑的生命活力。「退休」後的趙構，又活了整整二十五年，直到八十歲撒手人寰。

歷史上還有好幾位「太上皇」，但他們的「退休」日子並不如意，過得很煩惱、很彆扭。像唐玄宗李隆基不肯放手，兒子唐肅宗李亨只得帶領群臣獨自登基，製造既成事實。老皇帝等於遭強行解職，苦悶不已，但木已成舟，幾年後便在梧桐雨的孤獨、抑鬱中死去。再看看乾隆爺，雖然主動禪位於兒子嘉慶皇帝，但心有不甘，權威不讓，依舊幕後遙控指揮，本已精力衰退，此時更力不從心，四年後即駕鶴西去。如果不用活得那麼累，興許他能活過九十呢。

相形之下，還是趙構活得比較有智慧啊！

1《續資治通鑑長編》：「甲夜，忽起，索藥甚急，且召皇后。皇后至，上（仁宗）指心，不能言。召醫官診視，投藥、灼艾，已無及。丙夜，遂崩。」

2《會編．卷二二八》：（高）景山欲升殿，侍衛及閤門官止之，上（高宗）詔令升殿。景山乃升殿，狀貌不恭，景山直言淵聖（趙構遙尊被俘的欽宗爲「孝慈淵聖皇帝」）升遐事，言語鄙俗。上號慟歸禁中，景山曰「我來理會者兩國正事」不已。帶御器械李橫約景山下殿曰：「不得無禮。有事朝廷理會。」使人猶在殿中，班皆未退，帶御器械劉炎告宰相陳康伯曰：「使人在廷未退，有茶酒之禮，宜奏聞免之。」康伯曰：「公自奏聞。」炎遂轉屏風而入，見上哭泣，炎奏其事，上然之。

3《西湖遊覽志餘》：「高宗在德壽宮，每進膳，必置匙箸兩副，食前多品，擇取欲食者，以別箸取置一器中，食之必盡，飯則以別匙減而後食。吳后嘗問其故，對曰：『不欲以殘食與宮人食也。』」

肉食者康熙難逃中風

所好之物不可多食……高年人飲食宜清淡，每兼蔬菜食之則少病，於身有益。～《庭訓格言》

康熙帝是清朝入主中原後的第二位君主，勵精圖治，奠定了大清興盛的基礎，開創了康乾盛世的局面，在位六十年，是中國歷史上在位時間最長的皇帝，享年六十八歲，在古人中亦算高壽。

小心翼翼，難逃厄運

不過，這位君主自幼多病，還險些命喪瘟疫，長大後遂格外注重養生。的確，他的某些生活理念與現代保健意識不謀而合，比如，摒棄古代君王經常癡迷的補藥。此外，他勤練書法，修養寬懷，喜狩獵騎射，以舒展筋骨、增強體質等。對剛剛進入中國，與傳統醫學大相徑庭的西醫，他採取開放政策，自身還接受過西洋醫師的有效治療。他曾說：「朕每日進膳二次，此外不食別物，菸酒及檳榔等物皆屬無用。」良好的生活習慣持之以恆，鍛造了康熙不錯的體質。

如此健康的生活方式，年長後的康熙大概會與今人常見的中老年病絕緣吧？可惜歷史並非如此！自康熙四十七年冬開始，五十多歲的他就疾病纏身，迅速衰老，「心悸幾危，右手失靈」，頭暈、腿腫，「手顫頭搖，觀瞻不雅」，「心跳之時，容顏頓改」，一代雄主老境頹唐，顯然患有心腦血管方面的疾病。右手偏癱，說明他得過了腦中風；腿腫心悸，說明他很可能合併心臟病，出現右心衰竭和心律失常，最常見的基礎病是冠狀動脈粥樣硬化，可能已經發生過心肌梗塞。

「肉食者」的普通飯菜

其實康熙自詡的飲食有節、「凡所供饌餚皆尋常品味」，恐怕只是相對那些奢靡無度的昏君而言而已。

清代帝后平時吃飯，稱「傳膳」、「用膳」或「進膳」，各自有膳房備膳，並且獨自用餐。一日兩餐。早膳辰正（約上午八時），晚膳未正（約下午二時）。兩正餐之外，還有酒膳和各種小吃，一般在下午或晚上。看看他的早膳（相當於午餐）菜單：

燕窩紅白鴨子八仙熱鍋十品、蔥椒鴨子熱鍋一品、炒雞絲燉海帶絲熱鍋一品、羊肉絲一品、清蒸鴨子鹿尾攢盤一品、糊豬肉攢盤一品、銀葵花盒小菜一品、銀碟小菜四品、鹹肉一碟、野雞爪一品……白糕一品……餑餑三品、果子粥進些、大肉麵一品。

晚膳更豐富：

燕窩雞絲香蕈絲燻白菜絲鑲平安果一品、三鮮一品、燕窩鴨子燻片月宮子一品、白菜雞翅肚子香蕈一品、肥雞白菜一品、肫吊子一品、蘇膾一品、托湯爛鴨子一品、野雞絲酸菜絲一品、芽韭炒鹿脯絲一品、燒抱肉鍋、雞絲晾羊肉攢盤一品、祭用豬羊一品、小菜一品、南小菜一品、菠菜一品、掛花蘿蔔一品、羊肉臥蛋粉湯一品、蘿蔔湯一品、野雞湯一品……奶皮一品、烤祭神糕一品、酥油豆麵一品、蜂蜜一品……粳米膳一品。[1]

雖然皇帝不可能全把這些吃完，每款只嘗一嘗，但從上得知，康熙的食材主要還是肉類，蔬菜相對較少。

上面說的是皇帝的普通御膳。據史料記載，皇帝設御宴，排場就更大了。但無一例外的是肉類是絕對的主角，豬、羊、驢、鹿、雞、鴨輪番上陣。

肉是人類重要的食物，提供必需的蛋白質，營養豐富，吸收率高，滋味鮮美。從白山黑水殺進關來的滿族祖先，漁獵文化給後裔留下深深的烙印，他們對肉食的偏愛遠在漢人之上。在生產力不高的古代，肉類供應比今天要稀缺得多，較之穀類、蔬菜、水果等其他主食，肉類往往被認為是更高級也更難得的食物，享有特殊的地位，尊者因此成為「肉食者」。在二十世紀前，這種情況都沒有改變。

多病纏身，事出有因

康熙中年之後很可能罹患冠心病、高血壓病、腦梗塞，甚至第二型糖尿病。為什麼這一系列相關的頑疾都集中在他一個人身上呢？

有一種病可把上述病症串在一塊，那就是高脂血症。伺候皇帝的人自然覺得肉食既可彰顯帝王的高貴，又可補充豐富的營養，殊不知肉類含較高的膽固醇，長期大量攝入易出現高脂血症，從而增加罹患多種代謝性疾病的風險。

現代醫學研究證明，高脂血症是冠心病（包括心肌梗塞、猝死）和腦血管疾病產生的重要危險因素。此外，它也能促進高血壓病、糖耐量異常和第二型糖尿病的形成。脂類主要包括膽固醇和甘油三酯。血脂的來源主要有兩條途徑，一條是外源性的，即每天進食中的脂類物質經消化吸收後進入血液；另一條是內源性的，就是在人體正常代謝過程中，由肝臟、脂肪細胞及其他組織合成釋放進入血液。脂類本來是人體細胞和組織不可或缺的構成原料，但是含量過高造成的後果非常嚴重。

大量脂類物質在血漿中移動、沉積，降低了血液流速，並透過氧化作用黏附並長期贅生在動脈血管內壁上，損害了動脈血管的內皮，最終形成阻塞血管的黃斑塊，此為動脈粥樣硬化。長此以往，血管腔內變窄，血流量難以為繼，對心臟而言，心肌灌注血量減少，造成心肌缺血，這就是冠心病。嚴重者血液供應中斷、心臟停跳。對腦部而言，就是腦血栓形成，容易造成腦中風。血脂升高對人體維持正常的血壓也不利。

值得注意的是，高脂血症本身很少出現明顯的症狀，因此往往被人忽略，經常是已造成心、腦血管損傷後，才被抽血化驗而發現。這種疾病固然與遺傳因素有某種程度的相關性，但不合理的生活習慣同樣扮演著重要的原因。

遲來的幡然悔悟

古人完全沒有「膽固醇」這些概念，更無法知曉這些物質與疾病、壽命的關係。他們混淆了體魄強壯和身體健康的概念。於是，肉類和動物脂肪本身含有大量的膽固醇，不斷進入皇室成員的體內，大量蓄積起來，成為可怕的定時炸彈。清宮兩百多年的宮廷膳食，皆以豬、羊、雞、鴨為主角，蔬菜等富含膳食纖維的食品卻鮮少露臉，這對高脂血症更產生推波助瀾的作用。

晚年病榻上的康熙終於悟出箇中道理：「所好之物不可多食」，「高年人飲食宜清淡，每兼蔬菜食之則少病，於身有益。」但似乎有點為時過晚了。

飲食、健康上的道理，其實可以推演到政治上，萬事萬物，愛也好，恨也罷，總該有個「度」，總得有個中庸之道，適而可止。康熙一生子女眾多，原本可供選擇的男性繼承人選不少，但是他對早逝的皇后赫舍里氏有著深深的眷戀之情，愛屋及烏，皇后的兒子胤礽兩歲即被立為太子，此後三十多年都獨享康熙的至深父愛。由於父皇的過寵和盲目信任，儘管康熙精心培育，但胤礽的性格逐漸變得驕傲自大、目空一切、自私自利，甚至有鋌而走險、搶班奪權的嫌疑，直至此時，暮年的老皇帝才看穿太子的險惡心思，如夢初醒，追悔莫及，不得不狠下決心，廢掉太子。於是，一場爭奪皇位繼承人的宮廷惡鬥就此揭開了帷幕。

1 菜單內容引自《膳底檔》。

末代孤臣李鴻章的吐血真相

本月十九夜，忽喀血碗餘，數日之間，遂至沉篤，群醫束手，知難久延。～〈李鴻章遺疏〉

西元一九〇一年十一月七日，北京賢良寺，七十八歲的李鴻章撒手人寰……這位剛剛在甲午戰敗的恥辱中忍痛簽下《馬關條約》的老人，又在八國聯軍的威逼下顫巍巍地在《辛丑和約》上蓋印，晚年淨是替垂死的滿清王朝背負千古罵名。

一代名臣一病不起

最後一刻，李鴻章在病榻上苦吟著「秋風寶劍孤臣淚，落日旌旗大將壇」。他終於可以永離是非之地了，這實在令人唏噓不已。

李鴻章究竟死於何病？據史料記載，被外交事務燒得焦頭爛額的李鴻章「自俄館歸，即嘔血」。確實，就連他臨死前給朝廷的奏疏中也直云：「本月十九夜，忽喀血碗餘，數日之間，遂至沉篤，群醫束手，知難久延。」

從臨床上分析，嘔血的最常見原因之一，便是食管胃底靜脈曲張破裂，根源是肝硬化。李鴻章死於此，並非空穴來風。

當然，現今的歷史檔案還沒有足夠的證據可鑑別他到底死於慢性肝炎導致肝硬化？膽汁淤積性肝硬化？還是酒精性肝硬化等？儘管致病元凶依舊「逍遙法外」，但是，李鴻章的出血致死依然有不少潛在誘因，頗值得今人借鑑。

第一，秋冬季節容易誘發肝硬化病患的靜脈破裂大出血。光緒二十七年（一九〇一年）農曆九月二十日的〈李毓森致盛宣懷電〉中，第一次出現「（李鴻章）夜大解不出，吐血大半碗」的記載。後又電告：「頃據德醫云，傅相（李鴻章）所吐係胃血，黑紫色，不妨事。必須靜養，不准吃肉、麵難化食物。」從李鴻章患病的電報消息分析，時間約為西曆十月底、十一月初，正是涼寒乾燥的北京秋冬時節。

日常生活經驗告訴我們，人體皮膚受冷就會變得沒有「血色」。這是由於血管收縮、血流量銳減的緣故。秋冬季節，皮膚溫度較低，無數的皮膚血管處於明顯收縮狀態，皮膚血管內的大量血液被「排擠」到內臟血管，使食管靜脈的壓力明顯增高，這就增加了食管內曲張靜脈破裂出血的機會。

第二，腹腔、胸腔壓力的不適當增高也會增加出血的風險。李鴻章由於年近耄耋，加之壓抑煩躁、精神萎靡，生理平衡隨時會被打破，很容易導致胃腸功能紊亂，便祕是很常見的。前文已提及「大解不出」，其子亦於電報稱：「家君前夜大解不出，陡嘔血半盂，色紫黑色，有大塊。虛汗頭眩，勢甚危急……據醫云，胃家小血管破。」

此外，老邁的李鴻章也是一個經常咳痰之人。其人一生愛抽菸，從他在天津拍的照片來看，茶几上放的是旱菸。老年菸鬼，痰必多，咳必頻。連外國人都知道他這毛病。每到一國，人家就為他特意準備痰盂。仔細觀察李的服飾，會發現他的腰部常有一錦袋。當時有人考證，袋子裡面裝著扇子、鼻煙等物，還有一個袖珍痰罐。

咳嗽咳痰、使勁排便，均可使胸腔和腹腔壓力發生急劇波動，各處的血流更容易被擠兌到食管和胃底的靜脈，此時的胃底動脈有如灌水氣球被猛然吹脹，爆裂、激噴都在情理之中。

以上都是李鴻章病死的直接誘因。那麼，他的肝臟保養得怎麼樣？有什麼原因加劇肝硬化呢？看來還得從他的生活習慣說起。

罹患肝硬化而不自知

晚清大員中，李鴻章是一個思想比較開明的洋務派官員，對西方各國的洋玩意接觸較早，對喝咖啡、品洋酒也很在行。他平時除了抽旱菸外，還特喜歡喝點紅酒。特別是就餐時總喜歡多喝兩杯。一八九六年八月，他出訪美國，《紐約時報》就三次提到他喝酒。有記者提問：「他喝什麼呢？」隨從說：「他只是在飯後飲了一點葡萄酒，是產於法國的紅葡萄酒。」

眾所周知，少量攝入葡萄酒對血液循環是有幫助的。不過，對於肝病患者來說，酒精畢竟是不速之客。因為，肝臟是酒精代謝的唯一器官。飲酒後，它在胃腸道很快被吸收，百分之九十以上的酒精都在肝內被分解代謝。它對肝臟的毒性表現在一，減低肝臟對脂肪酸的氧化，導致肝細胞膨脹乃至崩潰；二，引起肝細胞膜過氧化損害。由於酒精還會造成脂肪酸代謝的紊亂，又能促進脂肪肝的形成，儘管葡萄酒的酒精濃度一般不高，但長期攝入依然對肝臟不利，尤其是本身就有肝硬化的患者。此外，別忘了酒精是刺激性物質，容易對脆弱的食管、胃黏膜構成損傷，嗜酒的人就更容易出現胃食管靜脈曲張破裂出血了。

更令人意外的是，愛喝紅酒的李鴻章，雖每餐都有山珍海味，但仍鍾情於鹹菜和饗蛋（皮蛋的一種，內含液體，略帶臭味），這大概源於合肥人的飲食舊俗。他認為飯後一小碗米粥，佐以鹹菜和饗蛋，才是最可口的尾食。即使遠涉重洋到達美利堅，行李中還是攜帶了各種千奇百怪的珍貴食材，當然也不忘帶上這兩樣土產，畢竟吃慣了，須臾不能離開。然而，皮蛋這種高膽固醇、高蛋白、高鹽又含鉛的食品，必然會加重肝臟的代謝負擔，即加重了肝臟的損傷。肝臟的代償能力非常強大，很多時候只在它完全不能工作那一刻才突然告訴我們，但那時身體已經崩潰了，再也無法挽回！

最後值得一提的是鹹菜。雖然纖維素較高的食物對胃腸蠕動、大便形成有利，但畢竟鹹菜含有很多鹽類和其他調味料，長年累月也會加重肝臟的負擔。再者，這些食品本身粗硬多渣，容易磨損消化道黏膜，對於食管胃底靜脈曲張破裂可謂雪上加霜。

如此看來，李鴻章罹患肝硬化而渾然不覺，直至食管胃底靜脈曲張破裂大出血，導致窒息、休克而死，實在不能怨天尤人。

兼採中西醫的先驅

客觀地說，眼界開闊的李鴻章幾乎比當時的士大夫都西化、時髦。他的日常生活融入了點滴西洋風，還為大清國引進了一大批堅船利炮，確實讓老邁的王朝「中興」了一陣子。對於現代醫學，他無疑是開明的。

一八七九年八月，李鴻章夫人莫氏患病，多次請郎中診治無效。據說莫氏罹患中風，導致半身不遂，中醫卻未能藥到病除。焦急之中，李鴻章想到了西醫。當時在絕大多數知識分子心中，中醫仍然具有不可撼動的地位，認同西醫的中國人並不多。李鴻章隨即致函美國駐天津副領事畢德格（William N. Pethick），請他想辦法。

經多方協調，有位「馬大夫」被邀請參與了李夫人的診療過程。這個人中文名叫馬根濟（John Kenneth Mackenjie），是英國倫敦會傳教醫師。為透過行醫來救人、布道，他早年曾進入愛丁堡醫學院就讀。一八七五年，馬根濟受基督教倫敦會的派遣來華，先在漢口一家教會醫院當醫師，並曾到中國內地遊歷。四年後，他受命來天津接辦和主持「基督教倫敦會醫院」的院務。

在醫治中，馬根濟提出了寶貴意見，還使用了西洋醫術中的手搖電機，令李鴻章大開眼界。莫氏接受西醫療法後，病情很快得到好轉。月餘，竟基本痊癒。馬根濟遂名聲大噪，在北京也開始小有名氣。各地病患紛紛慕名前來。馬根濟為加深李鴻章的印象，特邀李鴻章等官員到「基督教倫敦會醫院」參觀其外科手術的過程。李鴻章目睹西醫的神奇療效，更對高明的馬根濟非常賞識，馬上聘其為官醫。

馬根濟建議在「基督教倫敦會醫院」基礎上擴建新院。李鴻章積極倡導，於是天津的仕紳、買辦紛紛捐款，共募集白銀六千兩，李鴻章又親自捐銀四千兩。一八八〇年秋，新的西醫醫院落成，設病床一百五十餘張，名為「倫敦會施醫醫院」，天津俗稱為總督醫院，就是後來的「馬大夫紀念醫院」前身。

十一月一日，醫院正式開業時，李鴻章主持開幕儀式並致辭。社會名流興致勃勃地參觀了這兒的醫療設施。李鴻章欣喜之餘還撰對聯曰：「為良相，為良醫，只此痌瘝片念；有治人，有治法，何妨中外一家。」其寓意不僅蘊含著傳統中醫孜孜以求的人生理想，也彰顯了仁愛關懷、大醫精誠的醫學道德；同時闡明了探究醫學科學理論、融合中西醫學體系的理念。無疑是中國最早倡導中西醫相互借鑑、相互滲透、相互融合的理論思想雛形。

李鴻章對西醫如此鍾情是因為很早就有「西學為用」的思想基礎，創建西醫院就體現了用開放的眼光看世界、緊跟時代潮流、避免被動地閉關鎖國的治國方略。

一八八七年，香港西醫書院籌建，邀請李鴻章做「名譽贊助人」，他欣然接受並親筆回信。李鴻章自己身邊除了中醫之外，也不乏西洋醫師。一八九八年，出訪德國時，鑑於臉部曾在日本遇刺中槍，彈頭未取，他敢於嘗試用剛發明不久的X光機拍照，成了中國第一個使用X光設備的病患。

然而，在一百多年前，面對食管胃底靜脈曲張破裂出血，礙於當時的科技水準，中西醫最一流的水準仍不能把他從鬼門關前帶回來，實在有點可惜。

參

心／病

還需心藥醫

見畫自慚而亡的于禁

畫關羽戰克、龐德憤怒、（于）禁降服之狀……禁見，慚恚發病死。～《資治通鑑》

並非每位名將都能視死如歸，都能殉節殉國，也許只有戰死疆場才是他們最好的歸宿，偏偏有的將軍是在苟且、羞恥中死去。

赫赫名將，晚節不保

世人皆熟三國劉備集團的五虎上將，這自然得益於演義的過度渲染，可在正史中，論赫赫戰功和軍事謀略，曹魏集團更為將星閃耀，于禁就是其中之一。他在曹操平黃巾、破呂布、除袁紹等統一北方的戰爭中大放異彩，曹操誇他「在亂能整，討暴堅壘，有不可動之節，雖古名將，何以加之？」又認為他「武力既弘，計略周備，質忠性一，守執節義」，遂拜為左將軍。

西元二一九年，關羽攻打樊城，曹操命年高的于禁率軍對壘，不料人算不如天算，當時，「秋，大霖雨，漢水溢，平地水數丈，禁等七軍皆沒。禁與諸將登高望水，無所回避，羽乘大船就攻禁等。」（《三國志》）其實並非關公神勇，而是老天爺幫了蜀漢大忙。無可奈何之下，這「質忠性一，守執節義」的資深于將軍竟晚節不保，屈膝投降，倒是他的副手——剛剛加入曹魏集團的新成員龐德寧死不屈，還將關羽大罵一頓[1]，關羽怒而將其砍頭。曹操聞之，既失望，又感慨，不禁搖頭說自認三十年來對于禁十分瞭解，沒想到這回面臨險境，于禁反不如龐德！

水淹七軍，于禁雖被關羽饒命，押解監禁在荊州大牢，簡直生不如死，非因身體受虐待，而源於精神煎熬。隨後，關羽敗亡於孫權、呂蒙，東吳從荊州解救了于禁。敵人的敵人就是朋友，何況于禁乃名將，於是吳國優待他。一次孫權約他並馬同行，但謀臣虞翻不滿，大罵于禁：「你這低賤的俘虜，有什麼資格和我們主公騎馬齊頭並進？」[2]還「欲抗鞭擊禁」，被孫權及時制止。孫權在樓船與群臣宴飲，于禁聽到樂曲時傷心流淚，虞翻又趁機羞辱他：「汝欲以偽求免邪？」甚至建議「不如斬（于禁）以令三軍，示為人臣有二心者」。可見，雖然于禁並非東吳的直接敵人，但他的投降舉動確實為士大夫所不齒；至於在那些東吳大將心裡的形象，恐怕就更為卑微了。

孫權表面上的禮遇無論如何都不能消弭于禁心中的鬱悶和痛苦，不久他被遣送回曹魏陣營。此時曹操已死，曹丕繼位並篡漢，建立魏國。念他是勳舊，曹丕假惺惺安撫，于禁此時「鬚髮皓白，形容憔悴，見帝，泣涕頓首」，但曹丕實在缺乏政治家的雅量，事先在曹操陵園中「畫關羽戰克、龐德憤怒、（于）禁降服之狀」，又令于禁前去拜謁，「禁見，慚恚發病死。」（《資治通鑑》）從水淹七軍到最後在遭受嘲弄、辱罵中離世，前後不過兩年時間。沒想到看「畫展」，居然也有生命之憂啊！

于禁死後，曹丕追封他為「厲侯」，世襲。要知道，這個「厲」字乃一極其惡劣的謚號，西周就有一位被後世唾罵的周厲王。曹丕的做法等於讓于禁的子孫世世代代也背負惡名。晉朝的王歆認為曹丕「所為亦過矣，非帝王之行，亦非君子之行」，但又說這「是名士行，真大快事也」。可見，他雖對曹丕的小器頗有微詞，但也絕不原諒于禁的投降行為。

如果他生活在西方社會，也許不至於如此老境淒涼，鬱鬱而終，可惜在東方文化中，「放棄無效的抵抗」仍然是軍人的恥辱。

西元一九四五年九月二日，盟軍在「密蘇里」軍艦上接受日本的戰敗投降，主角理所當然是盟軍最高統帥麥克阿瑟將軍（Douglas MacArthur），然而，陪侍麥克阿瑟的是戰爭初期被俘的菲律賓美軍司令溫賴特將軍（Jonathan Wainwright）、新加坡英軍司令珀西瓦爾將軍（Archibald Percival Wavell）。他們在日軍集中營裡九死一生，此時已形如枯槁，仍被視為戰爭英雄，享受被邀請見證歷史時刻的偉大榮譽之餘，還分別獲贈麥克阿瑟簽署投降書的鋼筆以做為永久紀念。唉！這種優待是不會出現在東方國家的軍隊裡吧？

憂鬱生疾，遺恨千古

于禁怎麼死得那麼快？

人生不如意者十之八九。生活中，當人們遭受痛苦、壓力、挫折、失敗、疾病、死亡、羞辱時，自然會產生情緒變化，尤其是抑鬱情緒。抑鬱是人的一種正常生理表現，主要是心境和情緒的低落，比如憂愁、焦慮、失眠、暴躁、悲觀，甚至絕望，感到心情沉重，鬱鬱寡歡，性格孤僻，快樂不起來，喪失了對生活、工作的熱情和樂趣，做什麼事都感覺到身心疲憊，力不從心。

其實，抑鬱雖然不是頑症痼疾，卻是萬病之源，可以摧毀精神，甚至吞噬生命。古人云：「憂鬱生疾。」也就是說抑鬱、憂愁、苦悶、沮喪等不良情緒會造成生理功能的障礙。現代醫學研究也表明，長期抑鬱、脾氣暴躁等不良情緒會導致神經內分泌紊亂、器官功能失調，使機體免疫力及抗病能力下降，從而引發多種疾病。于禁之死，當然和這種情緒有關。

筆者為于禁惋惜：假設沒有水淹七軍，他會不會成為像張遼、呂蒙、關羽、張飛那樣世代稱道的名將呢？反過來說，是不是當時以及後世名揚天下的將領，遇到兵敗，都應該選擇以死保節呢？

關羽後來也兵敗被擒殺，實際上是孫權成全了他。被孫權殺死後，關羽的歷史地位卻穩步上升，由於統治階級的政治需要，歷朝歷代都對關羽褒獎不已，不斷增加封號，到了光緒五年（西元一八七九年），清朝加封他為「忠義神武靈佑仁勇威顯護國保民精誠綏靖翊贊宣德關聖大帝」。這一封號長達二十多個字，盡用讚美文詞，可謂登峰造極。就封謚而論，孔子歿後，至唐朝時才被封為文宣王。關羽可以說是創身後榮封之最，為「三界伏魔大帝」，享有九五至尊，無上權威。

其實，史書沒有記載他被俘之後和東吳將帥間的對話，是張口怒罵還是垂頭求饒，不得而知，只是《三國演義》故意把他塑造得義薄雲天而已。但別忘了，當初劉備戰敗時，年輕的關羽可是有投降曹操的前科哦！官渡之戰不正是他替曹操斬殺顏良的嗎？

萬一他像于禁一樣投降孫權，那麼其人身後的傳世神話和加官進爵都會是子虛烏有，我們要膜拜的神人恐怕是得另擇其人，將近一千年的文化史都要改寫了。

1《三國志》：「豎子，何謂降也！曹操帶甲百萬，威振天下。汝劉備庸才耳，豈能敵邪！我寧爲國家鬼，不爲賊將也！」

2《三國志》：「爾降虜，何敢與吾君齊馬首乎！」

期期艾艾的名將鄧艾

鄧艾口吃，語稱艾艾。～《世說新語》

人們常用「期期艾艾」形容口吃的人。「期期」說的是漢初直臣周昌與劉邦爭辯時口吃的窘態，「艾艾」說的則是三國名將鄧艾的故事。

小瑕疵，何足患？

歷史上能把名字留在成語上的，還真的不多，鄧艾這一位仁兄，不是才高八斗的文學家，而是出身草根，中年「逆襲」成功，步步高升，晚年成為戰功顯赫的軍事家。

據《世說新語》載，鄧艾在司馬昭面前自我介紹時常結結巴巴，成了「鄧艾、艾」，司馬昭笑話道：「你說艾艾，到底有幾個艾？」意思是你到底有完沒完！鄧艾自是不悅，但很鎮定，他靈機一動答道：「《論語》云『鳳兮鳳兮』，其實也就只有一隻鳳罷了。」

其實口吃很普遍，享譽文壇的才子司馬相如也是口吃病患。司馬遷與司馬相如雖然並非同鄉，但都生活在漢武帝時代，有成為忘年之交的可能。然而，太史公卻在《史記．司馬相如列傳》中毫不掩飾地說：「（司馬）相如口吃而善著書。」

口吃是一種言語障礙，是什麼原因導致口吃呢？很遺憾，目前的醫學尚未找到造成口吃的單一、確鑿因素。目前一般認為其形成可能和複雜的遺傳、神經生理等諸多因素有關，心理和情緒因素只起部分作用，我們並不能簡單地把口吃理解為當眾緊張才引起的。

發音困難是主要症狀，語言失去流暢性，常在某個字音上出現停頓、重複、拖沓。很多患者在說話時，第一個字說不出來，而且愈急愈說不出，必須經過一番掙扎，並借助其他動作，如搖頭跺腳、手足亂舞等，方可如願，這是「難發性口吃」。又有些患者在某一個字音上要重複多遍才能繼續說下去，例如：「請乾、乾、乾杯」，稱為「連發性口吃」。鄧艾屬後一種。

出身貧寒又患口吃的鄧艾，原本要嘛做為莊稼漢終老一生，要嘛做為卑微小吏泯然眾人，不可能有機會與司馬昭這般大人物對話。《三國志》載：鄧艾年輕時勤學苦幹，好不容易混到一名小公務員，結果上司因他口吃，竟認定他不適合擔任重要職務，只讓他充當「稻田守叢草吏」。鄧艾早年口吃時，想必也搖頭跺腳，瞪眼咬牙，嘴唇亂抖，搔頭抓耳，臉紅脖粗，甚至汗流浹背。

現代醫學認為成年人的口吃固然很難徹底糾正，若患者解除緊張情緒，消除不良刺激，加強語言訓練（如多誦讀、公開大膽講話），克服自卑心理，不怯場，不在意別人的看法，那麼口吃帶來的不良影響將會降至最小。

鄧艾大概從小就出現這毛病，但是當時沒有什麼正確的矯正方式解除他的苦悶，他一輩子很可能就這樣過了。幸好，上天是公平的，你在這方面出現弱化，老天就會在另一方面幫你補強。比如，司馬相如的如椽大筆以及一手高超的琴技，不僅掩蓋了口吃的負面形象，而且讓他聞名遐邇、名利雙收、青史留名。至於鄧艾在個性、品質乃至智力方面，上天也沒有虧待他。

福兮禍之所伏，禍兮福之所倚。口吃對不少人來說也許是福，正由於口頭表達困難，他們才會在文字表達上酣暢淋漓，在行文上修鍊得汪洋恣肆，在思維上磨練得滴水不漏，就像盲人雖看不見，但聽覺、觸覺異常發達。戰國時的韓非子說話也結巴，但走筆洶湧，著有卷帙繁浩的《韓非子》。電視劇把紀曉嵐塑造成「鐵齒銅牙」，事實上據他的好友朱皀說：紀曉嵐也「口吃善著書」，足以證明他並無口若懸河之能。

法國傑出統帥拿破崙、英國著名政治家邱吉爾、現任美國副總統拜登……都是能說會道之輩，可偏偏都患有口吃的毛病。他們的思辨能力超強，他們打動聽眾的不是優雅，而是實在。這些政壇上的老油條發表激情洋溢的演說時才不會緊張呢！

口吃病患的時來運轉

由於患有口吃，鄧艾自知外在形象不好，也就只能在「內功」上用心、完善自己。由此，他自強不息，刻苦學習，博覽群書，精於思考，絕不妄自菲薄，從日常工作點滴耕耘起，細心觀察，多加留意，雖然身為小官，卻能兢兢業業、勤勤懇懇，對本行瞭如指掌。生於動亂年代，頗有軍事天賦的鄧艾還喜歡研究戰爭，他每見高山大川，都要勘察地形，模擬軍營處所，即使遭人譏笑，也從不介意，依舊利用工作之餘研究軍事。這為他日後的縱橫捭闔打下堅實的基礎。

鄧艾志存高遠，在心理和知識方面做足準備，機會一來就能抓住。年逾不惑時，他到曹魏中央政府所在地洛陽彙報工作，在大庭廣眾上把屯田管理介紹得頭頭是道，雖有口吃瑕疵，但聽者無不頷首。首次面對一群國家領導人就泰然自若，表達雖不甚流暢，但清晰條理中閃爍真知灼見，顯見鄧艾早已脫胎換骨。

想必鄧艾在平時的生活中，就非常注意訓練自己在眾人面前高談闊論的能力，或是大聲朗讀詩文，或是積極參加發言討論，鍛鍊自己克服自卑、焦躁的心態，說話語調盡量放緩，保持清晰。

當時，在朝堂上那群高官中，有一位大鬍子先生長著一雙像鷹眼般犀利的眼睛，對鄧艾的表現激賞不已，就越級提拔鄧艾為太尉府掾屬，後升任尚書郎。

從此，鄧艾盡展才華，官運亨通，平步青雲，內政拿手卻又深諳兵法，能文能武，逐轉行成為職業軍人，西元二六三年，曹魏相國司馬昭見蜀漢內政混亂、民不聊生、防守有漏，遂命大舉討伐。鄧艾為征西將軍，參加了這場戰役，他身先士卒，利用陰平小道，出敵不意，奇襲成都，一舉成功，迫使劉禪集團迅速投降，建立了蓋世奇功。其偷渡陰平一役，堪稱中國戰爭史上歷次入川作戰中最出色的一次，已成為軍事史上的佳話而載入史冊。

當初那位「鷹眼」之士就是司馬昭的父親，日後權傾朝野的洛陽太尉司馬懿。

飽暖求刺激的古代飆車族

齊國人甚好轂擊相犯以為樂，禁之不止……～《智品》

別以為古代的交通工具只用來載人、運貨，更不要覺得飆車是現代人的專屬惡習。也許你還不知道，這種不良嗜好其實和醫學並非風牛馬不相及。

古代的高級房車

中國是世界上最早發明和使用車子的國家之一，相傳上古黃帝時期，中國人已知如何造車。在當下這個物欲橫流的社會，「高富帥」和「白富美」常在名車上血拚，今日晒藍寶堅尼，明天炫瑪莎拉蒂。其實古代豪族大戶也如出一轍，只是他們秀的都是畜力車——馬車、牛車、騾車……千萬別認為這些「牲口車」難登大雅之堂，古時候它們可是財富的象徵、身分的彰顯。上至一朝天子，下至富甲商人，駕車、炫車樂此不疲。

「天子駕六」是古代的禮制之一，即皇帝級別的豪車必須使用六匹馬來拉。據傳早在商朝就出現設有車廂的馬車。春秋時，晉國公子重耳逃難到齊國，齊桓公送他二十輛馬車，並將宗室之女許配給他。重耳生活安逸，幾乎放棄爭奪君位的夢想，五霸之一的「晉文公」差點就泯然歷史了。秦始皇統一中國後，自視功過三皇，德高五帝，多次攜豪奢車隊巡遊天下，氣勢恢宏。項羽看到時便產生了「取而代之」的衝動想法，劉邦看到時則發出「大丈夫當如此也」的由衷感慨。

秦漢馬車種類複雜、名目繁多，如皇帝乘坐的「玉輅」、太子與諸侯王乘坐的「金鉦車」、貴族行獵用的「獵車」、喪葬用的「輼輬車」等。漢武帝時還出現了一種特殊的馬車——安車蒲輪，可稱得上是當時的豪華房車了。

牛車不如馬車快捷，但自有優勢。尤其是馬匹缺乏時，牛車就更為重要。牛性穩實，「負重致遠安而穩也」，只要駕馭得法，其速度也相當可觀。魏晉南北朝以後，貴族追求舒坦成為時髦，牛車因穩定性高，地位大為提升，逐漸得到有錢人的青睞，乘牛車不僅不再低賤，反而成為貴族的時尚新潮流。[1]特別是東晉南渡以後牛多馬少，這也成為牛車興盛的原因之一。在西晉時，牛車已是皇帝、王公大臣、名士賢人專用的交通工具。東晉時，更成為普通士人的主要代步工具。

乘牛車和乘馬車一樣，有上下等級之分。諸王乘犢車，因以雲母裝飾，故又稱「雲母車」。這是一種帶屏障、配八牛的豪華座駕。三公有德行者乘「皀輪車」，配四牛。南朝正由於士族門閥沉迷舒適，沉淪享受，各種高級牛車便急速應運而生，以致行駛速度較快的馬車幾乎絕跡。

南朝劉宋時，有個叫劉德願的，是皇帝的表侄，輝煌的家族史一直令他引以為豪，不料後來行為不當被免職，便開設了一所駕駛學校，養家餬口。他曾在學生面前展示自己的絕活：先在地上豎兩根柱子，二者寬度僅比車軸長一丁點兒，然後在百步之外上車執轡，揮鞭打牛，疾馳的牛車從兩柱間一穿而過，竟絲毫不碰到柱子，觀者讚嘆不已。真乃行行出狀元！

看完古代的名車和名司機，現在來看看古人是怎樣玩車的。

瘋狂的古代飆車族

春秋時，齊國國都臨淄出現了一種叫「擊轂」的危險娛樂方式。轂，車輪中心的原木，用來插軸。擊轂，即在馬車奔跑的過程中，用馬車車軸互相碰撞，以此取樂，類似碰碰車和飆車遊戲。齊國富庶天下皆知，看看齊桓公一口氣慷慨送了二十輛馬車給重耳就能猜到了。臨淄是當時的國際化大都市，據戰國時縱橫家蘇秦的描述，市區居民達七萬戶，按每戶三個成年男子推算，臨淄市應該有四十萬以上的人口，能臨時徵集二十餘萬兵力，還不包括外來人口。兩千多年前的城市能有如此規模，已經相當大了。

至於臨淄的經濟，蘇秦說：「甚富而實。」經濟發達，民生富裕，娛樂業也發達，家家戶戶

「吹竽鼓瑟，彈琴擊築」，還滋生出「鬥雞走狗」，甚至有博彩業萌芽。人口密集，道路擁擠。富有娛樂精神的臨淄市民居然突發奇想，將撞車這種交通事故發展成娛樂活動，車主們驅使馬車狂奔著相互碰撞，玩的就是驚心動魄，講究的就是極致刺激，過足了癮就死，翻了車就拉倒。

可以想像這給當時臨淄的交通帶來了多大的麻煩，臨淄政府下了飆車、撞車的禁令，然而屢禁不止，人們覺得這是一種刺激的娛樂，何須禁止？就算出了車禍人命，也當是娛樂活動附帶的風險，和刺激的快感比起來，這點冒險算什麼？

齊國國相晏子對此憂心忡忡，他眉頭一皺計上心頭。某日，他特意在市區高調亮相，坐著嶄新的高級馬車，前面是神龍一般的駿馬，引來圍觀。就在這時，晏子刻意安排了一起撞車事件，與另一輛馬車當街相撞。晏子隨即公開宣稱，這是自己的生活態度不好，惹惱了神靈導致，遭神靈拋棄，運氣煙消雲散了。說罷，他竟棄車而去。[2]

古人特別重視鬼神，國相道出飆車的根本危害：讓保佑老百姓的神仙和列祖列宗不高興了！迷信的齊國飆車手們在這種危及家族、個人命運的風險面前，終於止步了。

王愷、石崇相鬥，不只是炫富

從心理層面上講，飆車其實不單純是一種炫耀財富的行為。

人，不管貴賤，在日常生活中必然會壓抑，壓抑積累到一定程度便具有破壞作用，飆車就是一種釋放的途徑，也成為一種真實的體驗。佛洛伊德（Sigmund Freud）在〈超越快樂原則〉（Beyond the Pleasure Principle）一文中提出，人都有「生的本能」和「死的本能」，死的本能對應著生的欲望，是指人性中趨向毀滅和侵略的衝動。死的本能與生俱來，伴隨人一生不變，它是一種潛在的破壞力量。在加大馬力、追求高速、相互追逐碰撞嬉鬧的時候，臨淄車主們有錢有閒，無所事事，飆車這種非常危險的活動，極可能使他們車毀人亡，滿足其「死的本能」。

當生存的基本需要得到滿足後，人們會產生更高一層的需求，其中，自我價值的實現，便是最高的層次，這是指個人理想、抱負等得以發揮、伸展到最大的程度，達到自我實現的境界。眾所周知，事實上很少有人能夠做到，但是人人都渴望進入這一層次，都幻想、夢想自我價值的實現。

從歷朝歷代的飆車族來看，很多都是富家子弟。他們現實生活中的物質享受已非常滿足，但熱愛挑戰，喜歡追求更高層次的心理需要，透過這種自我價值的實現，從而達到一種酷炫和被羨慕的滿足感。而飆車的確能在某種程度上獲得這種快感，這又是物質所不能取代的。說到底，他們所追尋的就是這種精神層面的受尊重和價值感的實現。

辛棄疾的〈破陣子．為陳同甫賦壯詞以寄〉提到的個案更典型：「醉裡挑燈看劍，夢回吹角連營。八百里分麾下炙，五十弦翻塞外聲，沙場秋點兵。」這首詞膾炙人口，但初學者可能對其中典故有些模糊，老師在課堂上告訴我們：辛棄疾醉夢裡挑亮油燈觀看寶劍，夢醒時彷彿聽見軍營的號角響起，幻想著把「牛肉」分給部下做為犒勞美餐，讓樂器奏起雄壯的軍樂以鼓舞士氣。其中的「八百里」，其實指的就是牛。據《世說新語》記載：西晉富豪王愷有良牛，名「八百里駮」，故而後世詩詞多以「八百里」稱牛。

王愷乃好牛、好車之人，他貴為西晉外戚，少無品行，卻有才智。祖父是曹魏司徒王朗（就是在《三國演義》中被諸葛亮臨陣罵死的那位），姐姐是皇后。本人是晉武帝司馬炎的舅舅，身分顯赫，十分富有，且性格奢侈，他與暴發戶石崇鬥富的故事可謂家喻戶曉。王愷的出身注定要成為一流富豪，但說到富甲天下，那倒也未必，因為出身官宦世家、靠巧取豪奪和殺人越貨積累巨額資產的石崇，還是總能在「財」氣上把國舅壓住。

王愷的官職和社會地位比石崇高，聽到石崇的超豪富生活水準後心理很不平衡，石崇是名副其實的土豪，也不覺得和國舅比富有何不妥。兩人鬥富從廚房開始：王愷用麥芽糖涮鍋，石崇便用蠟燭當柴燒；然後鬥到了路上：王愷在四十里的路面用綢緞做帷幕，石崇就針鋒相對地把五十里道路圍成錦繡長廊；最後又回到房子上鬥：王愷用赤石脂為塗料刷房子，石崇就用花椒粉……每次王愷都屈居下風，委實不甘。

和許多貴族一樣，王愷也癡迷於飆車和養牛。他有一頭膘肥體壯、雄姿英發、動如疾兔的駿牛，即世傳的「八百里駁」。此牛大概飛奔起來與神駒不相上下。王愷疼愛有加，每天命人把「八百里駁」的角和蹄都擦拭得一塵不染、晶瑩剔透。[3]

石崇家養的牛，無論體型或力氣看似都比不上王愷的牛。有一天，他和王愷出去郊遊，因為出發很遲，怕歸來太晚城門關閉，所以回城時爭先恐後地往洛陽城駕車狂奔。王愷本以為勝算在握，根本不把石崇的牛車放在眼裡。不料，他跑著跑著就驚呆了。只見石崇的牛剛走幾十步後，就猛然加速，快如飛禽，一溜煙似地風馳電掣。王愷的良牛拚了老命也追不上，只得又輸掉飆車，唯有扼腕長嘆。百折不撓的王愷於是暗中買通了石崇家趕牛車的人，問是什麼原因。車伕透露說：「牛跑得本來就不慢，但車伕趕牛時唯恐不能取勝，操之過急，反而牽制了牠。其實讓轅偏向一邊，僅使一輪著地，從容讓牛放開蹄子盡情發揮，就能跑得更快了。」王愷滿心暗喜，全然照做，終於在飆車中與石崇不相伯仲了。石崇聽說實情後，就把洩密的人殺了。[4]

心靈空虛，缺乏同理心

從王愷、石崇的飆車來看，他們富足的生活加上空虛的心靈，必然滋生出追求強烈刺激和突顯個人價值的狂熱衝動，這多多少少都與當年臨淄城裡那些吃飽了撐著、遊手好閒的「中產階級」有幾分相像。

這些飆車族經常刻意體驗對死亡的恐懼，當戰勝這種恐懼時，就能得到極大的滿足和快感。他們又與圍觀者在相互刺激中，獲得病態的滿足，這種速度上癮與藥物上癮、網路上癮的心理需求很相似。

心理問題是用醫學儀器、科學設備測量不出來的。可怕的是，飆車不僅僅是心理問題。

一項研究指出有危險駕駛紀錄的人，在社會認知和同理心（empathy，即換位思考與共情）方面比較不活躍，這能在大腦上顯示出來。在實驗中，科學家讓駕駛習慣好和不好的司機分別觀看交通安全影片，同時用核磁檢測他們的大腦反應。核磁成像的結果顯示，駕駛習慣良好的司機觀看與危險駕駛造成傷亡的視頻時，大腦顳葉活動更為活躍。專家結論認為顳葉活躍的人擁有更強的共情能力，也更在意他人。那些不顧他人生命的飆車黨們則缺乏同理心，不在乎他人的生死。由此可見，愛飆車的人負責社會認知和共情能力的腦區（顳葉）相對不活躍，因此常常漠視規則，不把別人的生命放在眼裡。

上文提到的石崇就是極度殘忍的人，前文說他私自處決車伕即是一例。他在荊州任官時就曾以暴力掠奪財富，手段凶殘，令人髮指。更駭人聽聞的是，他對自家的女僕也磨刀霍霍，如對豬羊。《世說新語》中記錄石崇每次宴客都令美人給賓客斟酒、行酒，若客不飲盡其酒，石崇就立將美人斬首。有一次，石崇宴請丞相王導與大將軍王敦，王導不善飲，但不忍美女被害，勉強喝了幾杯，頗有醉意；王敦能飲卻故意不飲，試探石崇，結果石崇連斬了三美人，堂外血流成河。

石崇之流，難道天生就有漠視他人生命的病態人格？他們駕車狂飆而不顧一切，應該是在情理之中。不過，這種喪心病狂、草菅人命的禽獸終究會遭人唾棄乃至多行不義必自斃。石崇最終得罪了權貴，被誣陷致死，全家也被處斬。至於那位王愷也好不了哪里去，死後被封了一個「醜」字做為謚號，遺臭萬年，真是罪有應得，令人拍手稱快！可憐的是他那頭「八百里駮」，在一次賭博中被輸掉，結果賣身成肉牛，慘遭大卸八塊，成了餐盤上媲美當今「和牛」的佳餚，成了西晉富豪們荒唐行為的殉葬品。

不該爆發的腎上腺素

人類本來就不該和動物一樣，更何況是君子呢？

東晉滅亡後，南朝宋政權取而代之。有劉瑀、何偃二人互相嫉妒。宋孝武帝舉行郊祀，當時何偃擔任吏部尚書，地位後來居上，而劉瑀原本想做侍中，卻未得逞，心中憤恨。他們一同隨皇帝出發，一場另類飆車隨即發生。

何偃乘車在前，劉瑀騎馬在後，兩人相距約數十步。劉瑀策馬追上何偃，不懷好意地說：「你的車怎麼跑得這麼快？」何偃也暗含敵意地說：「拉車的牲口很強壯，而駕馭者的技藝又很精悍，當然跑得很快！兄臺，你的馬怎麼這麼慢？」劉瑀暗喻道：「千里良駒遭到羈絆，所以落在後頭。」何偃又諷刺地問：「何不快馬加鞭，使牠致千里？」劉瑀輕蔑地說：「我一踢腳便會直上青雲，何至於與駑鈍之馬爭路。」胸臆狹隘，竟致如此！[5]

人在情緒激動或者處於戰備、緊張狀態時，體內的激素就會發生變化。外界的警報訊號刺激腦部進入警戒，進而刺激腎上腺素上升，引起心跳加速、血壓上升、肌肉緊繃等，準備隨時應付危急情況。這本是一種身體的自我保護機制。對於動物來說，無非是對戰或逃跑的問題罷了，可是人類會選擇克制和沉默。上文那兩個路上爭快的官員，一番指桑罵槐般的唇槍舌戰後，體內腎上腺素早已飆升，雖然沒有粗暴的動作相向，但橫眉怒目、唾沫橫飛、心懷怨恨看來是少不了的。飆車路上充滿火藥味。

聖人面對不愉快乃至羞辱，可以修鍊得不動如山；君子雖然體內腎上腺素攀升，但外表面無改色，語無改調；俗人呢，隨著身體內激素的變化，很容易暴跳如雷，動不動就會惡語相向，甚至大動干戈。

那些在路上爭一時長短的飆車族，大多自詡為勇士。其實這不是勇敢，這是魯莽。勇敢應該是伴隨著智慧和理智，低級的蠻勇才會空憑一腔血氣，一味蠻幹。大勇必須伴隨大智，魯莽之徒，其實喪失了掌控自我的能力，撒手交給命運擺布，結果大多走上不歸路。

春秋時，孔子曾聽到一則不快的傳言，有人說他雖然身材高大，學了很多東西，但沒有在社會上揚名立萬的本錢。面對難聽的傳言，孔子從容地對門下弟子說：「我靠什麼立足？駕車呢還是射技呢？我看還是回去駕車好了。」[6]

面對質疑，心平氣和；面對自身，瞭如指掌。孔夫子有這般心境，自然開車開得四平八穩，自然生活過得豁達逍遙，難怪在那樣一個缺醫少藥的年代能活到年逾古稀了。

1《二十二史考異》：「古之貴者，不乘牛車，後稍見貴。自靈獻以來，天子至士，以爲常乘。」

2 明樊玉沖《智品》：「齊國人甚好轂擊相犯以爲樂，禁之不止，晏子患之。乃爲新車良馬，出與人相犯也，曰：『轂擊者不祥，臣其祭祀不順，居處不敬乎？』下車棄而去之。然後國人乃不爲。」

3《世說新語》：「王君夫（王愷）有牛，名『八百里駮』，常瑩其蹄角。王武子（王濟）語君夫：『我射不如卿，今指賭卿牛，以千萬對之。』君夫既恃手快，且謂駿物無有殺理，便相然可。令武子先射。武子一起便破的，卻據胡床，叱左右：『速探牛心來！』須臾，炙至，一臠便去。」

4《世說新語》：「石崇……牛形狀氣力不勝王愷牛，而與愷出遊，極晚發，爭入洛城，崇牛數十步後，迅若飛禽，愷牛絕走不能及……復問馭人牛所以駛。馭人云：『牛本不遲，由將車人不及制之爾。急時聽偏轅，則駛矣。』愷悉從之，遂爭長。石崇後聞，皆殺告者。」

5孔平仲《續世說·忿狷》：「劉璠與何偃不相得，璠位本在偃上，孝武時偃遷吏部尚書，璠猶爲右衛將軍司。從郊祀，偃乘車在前，璠策駟在後。璠追偃及之，曰：『君轡何疾！』偃曰：『牛駿御精，所以疾耳。』偃曰：『君馬何遲？』曰：『騏驥罹於羈絆，所以居後。』偃曰：『何不著鞭，使致千里？』答曰：『一蹴自造青雲，何至與駑馬爭路？』」

6《論語·子罕》：「達巷黨人曰：『大哉孔子！博學而無所成名。』子聞之，謂門弟子曰：『吾何執？執御乎？執射乎？吾執御矣。』」

偏執的獨眼暴君梁元帝

性好矯飾，多猜忌，於名無所假人。微有勝己者，必加毀害。～《南史》

中國歷代帝王都有所謂真龍天子之稱，在這一長串的隊伍中，醜陋不堪者有之，身殘志堅者亦有之，有一位帝王真的只剩一隻眼睛，是名副其實的獨眼「龍」！

可憐天子眇一目

比起隋煬帝、南唐李後主、宋徽宗這些大名鼎鼎的亡國之君兼傑出藝術家，南朝的梁元帝蕭繹，這位身體和命運皆不幸的天子，雖然頗有藝術氣質，但不太為人所知，簡直處於被遺忘的角落。

梁元帝一出生就患有眼病，父親梁武帝蕭衍親自拿主意給他治療，可惜療效欠佳，最終瞎了一眼；於是，武帝對他就憐愛了。在成長的過程中，蕭繹勤勉好學，博覽群書，出口成章，下筆如神，才思敏捷，為一時翹楚。[1]

急性結膜炎、慢性結膜炎、過敏性結膜炎、沙眼、麥粒腫或者眼部異物等，都是幼兒常見的眼部疾病，在古代若誤診或治療不及時，很可能導致失明。蕭繹罹患的是哪一種，現已無從考證，倒是此君天賦過人，又得到父皇的格外關愛，成才是不成問題的。

史上記載蕭繹天性聰穎，悟性超凡，秀口一出，便是錦繡文章，且聲若銅鐘。到了五、六歲，父皇問他讀什麼書，他說自己能背誦《曲禮》，父皇便讓他現場示範，他隨即把上篇背誦得一字不漏，令眾人大為驚嘆。[2]

蕭繹的書卷氣的確很重。年幼時不幸眇一目，但絲毫不影響他精研學問的熱情和精神。他還辛苦聚書四十餘載，蒐集罕見圖書十四萬卷之多；又擅畫佛像、鹿鶴、景物等，時人為之叫絕。然而這樣一位本該享有盛譽的才子，沒想到後來不僅治國無術，且行為荒誕可憎！

辣手暴君，無情昏主

有位叫王偉的大臣，一度得到蕭繹的賞識，但王偉過去曾是叛將侯景的手下，未歸降時曾撰有一篇檄文，其中云：「項羽重瞳，尚有烏江之敗；湘東（蕭繹稱帝前曾受封「湘東王」）一目，寧為赤縣所歸。」這本舊帳被皇帝發現還得了？果然，蕭繹看罷，勃然大怒，「使以釘釘其舌於柱，剜其腸」，將王偉割舌、開膛、破肚、挖腸，指使王偉的仇家把他千刀萬剮，直至成為一架骷髏，活活殘忍折磨死。這獨眼的痛處本就摸不得、說不得，王偉居然做成駢文，琅琅上口，賣弄文筆揭人傷疤，碰到心胸超級狹隘的蕭繹，焉能不死？

蕭繹心胸狹隘，嫉妒心極重，據《南史》記載，說他虛偽造作，多疑猜忌，從不對人有絲毫的讚美，對才能稍微超過他的人，必加迫害。[3]無論是學問或名聲，他都不允許別人超過自己，就連親人也不行！他為此甚至動殺機，有個叫劉之遴的人，就因才學出眾而成了蕭繹的毒酒之鬼。[4]據說，隋煬帝也有類似的行徑，他自負文采斐然，聞說詩人薛道衡的〈昔昔鹽〉描寫思婦孤獨寂寞的心情，堪稱絕品——「暗牖懸蛛網，空梁落燕泥」，自覺難以超越，遂嫉妒而殺之。但這畢竟是傳說，誇大、醜化的成分居多，而且和蕭繹相比，確實小巫見大巫了。

這位獨眼龍還毫無親情，聽到兄長蕭續的死訊，僅因當年兩人曾為一個宮女而爭風吃醋，一直耿耿於懷，此刻聞說噩耗，竟高興得「入閤而躍，屧為之破」。這小子幸災樂禍得從門檻上一躍而過，連鞋都磕壞了！

最令人憤慨的是，北方強敵寇境，蕭繹戰敗被俘之際，竟命人將十四萬卷圖書焚燒得一乾二淨，還聲稱讀書太多，以致有今日之禍，引發中國史上繼秦始皇「焚書坑儒」後最大的文化破壞事件。

縱觀獨眼龍蕭繹的所作所為，他算是一個健康的人嗎？

人格殘缺，人生失敗

現代醫學所謂的健康不僅指身體健康，還包括心理健康。有人把健康歸結為以下四個層面：一、生理健康，指人體結構完整，生理功能正常；二、心理健康，指具有同情心與愛心，情緒穩定，具有責任心和自信心，熱愛生活，和睦相處，善於交往，有較強的社會適應能力；三、道德健康；四、社會適應健康。

蕭繹不僅身體殘疾，且這四項都不及格，出現嚴重的人格障礙！

人格障礙是指從童年或少年時期開始，並終生持續明顯偏離正常人格特徵。具有這種性格特徵的人，他們的外在行為表現介於神經症與正常人之間。

病患常常出現行為怪僻、性格反常、固執、情緒不穩定、不通人情、不易與人相處，常損人利己甚至損人不利己，以惡作劇取樂，常給周圍人帶來痛苦或憎惡，也給自己造成很多麻煩，如人際關係緊張等。人格障礙常常分為偏執型、情感障礙型、分裂型、反社會型、虛弱型、強迫型、表演型等。

自尊心極強的蕭繹身上就流露出典型的偏執型人格！特點是多疑敏感，不信任他人，易對他人產生敵意，有攻擊、報復之心；妒忌心強，對別人的成就、榮譽感到不舒服，常採取挑釁、指責和抱怨行為來發洩；易感到委屈、挫折、懷才不遇；這種人又驕傲自大，自命不凡，自尊心強，要求別人重視自己，追求權勢；主觀固執、好詭辯、經常發牢騷、聽不進他人意見，不易被說服，即使面對事實證據也是如此；對人缺乏同情與熱情，從不隨意開玩笑，把別人的玩笑當真，警覺性過高等。

冰凍三尺非一日之寒

人格形成時期在十八歲之前，尤其是在青少年時期。青少年正處於身體、知識和人格形成的關鍵時期，而人格形成本身就是一個漫長而複雜的過程，受家庭影響很大。

狹隘自私、自卑冷漠、敏感多疑、暴躁衝動、恣意破壞，這些都是典型的反社會人格障礙！蕭繹集多種扭曲心態於一身，固然與他的獨眼有關，更與他的生活環境、成長經歷有著千絲萬縷的聯繫。

年少時，兄弟們就常笑話他。六哥蕭綸曾賦詩諷刺：「湘東有一病，非啞復非聾。相思下只淚，望直有全功。」成年後，妻子徐氏取笑、羞辱他，化妝就化半面，影射丈夫的獨眼，蕭繹見了，大怒而出。甚至大臣也耍他，一日遊玩，某臣下說：「今天真是『帝子降於北渚』啊！」這《楚辭》名句的下一句是「目眇眇而愁予」。才子蕭繹當然知道何意，遂惱羞成怒，積怨積恨。

美好，從來就不是在嘲笑中誕生的，許多敵意和傷害正是從嘲笑和歧視中醞釀的！造成獨眼龍扭曲人格的，難道都怪他自己嗎？可憐的蕭繹需要的其實不是無時無刻的讚美，甚至不是幫助，僅僅是希望大家不要對他「另眼相待」。一顆寬容和體諒的心，可能比讚不絕口更重要。

1 《梁書》：「初生患眼，高祖自下意治之，遂盲一目，彌加愍愛。既長好學，博綜群書，下筆成章，出言爲論，才辯敏速，冠絕一時。」

2 《梁書》：「帝聰悟俊朗，天才英法，出言爲論，音響若鐘。年五、六歲，武帝嘗問所讀書，對曰：能誦《曲禮》，武帝使誦之，即誦上篇。左右莫不驚嘆。」

3 《南史》：「性好矯飾，多猜忌，於名無所假人。微有勝己者，必加毀害。」

4 《南史》：「（蕭繹）忌劉之遴學，使人鴆之。如此者甚眾，雖骨肉亦便被其害。」

性情文豪的生與死

時方酷暑，公久在海外，覺舟中熱不可堪，夜輒露坐，復飲冷過度，中夜暴下。～《冷廬醫話》

一代文學巨擘蘇東坡一生坎坷，中年受誣陷，寃貶黃州，晚年更一度跌至人生谷底，五年間連降十幾級官階，淪為九品芝麻官，更被政敵和皇帝一腳踢到天涯海角的海南島。

貶謫路上的闊達心境

南方瘴癘之地，吞沒了多少遷客騷人！那些戰戰兢兢的政壇失敗者往往九死一生。「食無肉，病無藥，居無室，出無友，冬無炭，夏無寒泉。」這就是年逾花甲的蘇軾對海南瓊崖生活的真實寫照，然而，他終究活了下來。

除了求生的勇氣和堅韌的毅力，挽救蘇軾的重要力量正是他的豁達心態。蘇子為人，一如其作品，剛健含婀娜，豪放加平淡，一語道破，即高風絕塵，超逸曠放——「竹杖芒鞋輕勝馬，誰怕？一蓑煙雨任平生。」、「回首向來蕭瑟處，歸去，也無風雨也無晴。」

翻閱史籍的過程中，使我驚訝的是蘇軾創製的不少美食都源於困苦的環境。從貶謫黃州開始，他就像是在黑暗中尋找出口一般，從東坡肉到山芋玉糝羹，不但改善了自己的生活，也為我們開啟了一條美食的道路。不因環境的不順而自甘墮落，反而能以順處逆，活出自我，蘇軾瀟灑的人生態度令許多人甘拜下風。黃州期間，蘇軾脫下文人的長袍，穿上農夫的短衣，親自動手，帶領家人開墾荒地，播種大麥，做為口糧。不過大麥飯不好消化，而且酸不溜丟的，於是蘇軾改革大麥飯，將大麥與紅豆摻在一起，口味獨特。在黃州，豬肉是一種很低賤的食材，但對蘇軾來說，豬肉卻是最棒的美味，有頌文為證，曰：「淨洗鍋，少著水，柴頭罨煙焰不起，待它自熟莫催它，火侯足時它自美。黃州好豬肉，價賤如泥土，貴人不肯吃，貧人不解煮，早晨起來打兩碗，飽得自家君莫管。」（〈豬肉頌〉）

後來去了惠州，哪兒沒有豬肉，地方規定每日殺一頭羊。他在寫給弟弟蘇轍的信中提到，由於被貶之身，不敢與仕者爭買羊肉，只能吃大家都不要的、微帶殘肉的羊骨。蘇軾自創烹調方法，即便是大家嫌棄的羊骨，他仍能吃得津津有味，比海鮮有過之而無不及：「骨間亦有微肉，熟煮熱漉出，漬酒中，點薄鹽炙微燋食之。終日抉剔，得銖兩於肯綮之間，意甚喜之，如食蟹螯，率數日輒一食，甚覺有補。」（〈與子由書〉）這就是後世流傳的美味「羊蠍子」原型。

再後來被貶海南島，生活條件更差，喜歡吃肉的蘇軾連黃州的豬肉、惠州的羊骨這樣的食材都找不到。他到底如何解饞呢？答案是土人推薦的煙燻老鼠和燒烤蝙蝠，甚至以前聽了就嘔吐的「蜜唧」，他也吃了。蜜唧又叫「三吱」，是指生吃剛出生、尚未開眼的小老鼠……如此艱苦，他仍自我調侃：「相看會作兩瞿仙，還鄉定可騎黃鵠。」依然是「胸中超然自得，不改其度」。

早在〈書海南風土〉中，蘇軾就說：「嶺南天氣卑溼，地氣蒸溽，而海南尤甚。夏秋之交，物無不腐壞者。人非金石，其何能久？然儋耳頗有老人，年百餘歲者，往往而是，八、九十歲者不論也。」比較了廣東和海南的艱苦環境，他進一步論證：「乃知壽夭無定，習而安之，則冰蠶火鼠，皆可以生。」看來，壽命長短和環境並無必然關係。於是他倍感坦然，在〈與王庠書〉裡又說：「瘴癘之邦，僵仆相屬於前，然亦皆有以取之，非寒暖失宜，則饑飽過度，尚不犯此者。亦未遽病也。若大期至，固不可逃，又非南北之故也。以此居之泰然，不煩深念。」既來之，則安之。

有時候，疾病的根源就是內心情緒的波動。「此心安住」，疾病也就失去為害的著力點。蘇軾相信「安然」才是真正對抗瘴溪、瘴氣、瘴毒的良方。

文如其人的蘇軾一口氣活到六十四歲，在那樣一個醫藥匱乏的年代，居然硬生生地在長壽競賽中把許多帝王和當朝大官一一比下去。相對於那些死於貶所的名臣、文人，如唐朝李德裕、柳宗元，宋朝的寇準等，蘇東坡更顯得卓然不群！

豁達的人心若明鏡，不強求，不執著，不計較細枝末節，更有「兵來將擋，水來土掩」的豪氣，即使到了山窮水盡，依舊看到柳暗花明。豁達的人不為外物所阻，不受內心的情感羈絆，事事樂觀，時時快樂，無憂無慮。心靈沒有阻礙，似天空般純淨，似草原般遼闊。如此心態，百病難侵，勝過靈丹妙藥，焉能不長壽！

高壓釋放，樂極生悲

否極泰來終有時。就在蘇軾以為將終老海角之時，舊皇帝突然駕崩，新皇帝登基，一朝天子一朝臣，政敵倒臺，蘇軾被調回內地。他在〈六月二十日夜渡海〉中寫道：「九死南荒吾不恨，茲遊奇絕冠平生。」他真的完全做到「不以物喜，不以己悲」，超然物外嗎？

據《冷廬醫話》載，蘇軾路過江浙一帶，「時方酷暑，公（蘇軾）久在海外，覺舟中熱不可堪，夜輒露坐，復飲冷過度，中夜暴下。」因為縱情冷飲，導致腹瀉不止，落下病根，不久，大文豪便撒手人寰，沒有死在蠻荒之地，卻倒在魚米之鄉。

東坡懂得一些醫學常識，此時卻無法節制，一個六十四歲的羸弱老者，冒著患病之險，暴飲冷品。理智何在？這種豪放的率性而為，背後隱約透出一股壓抑之氣。

由此看來，他尚未邁入不食人間煙火的聖人行列，豁達之餘隱有忿忿不平，一旦喜從天降、鹹魚翻身，高壓釋放，無法自律，導致樂極生悲。至情至性固然可愛，卻不幸讓一臺喜劇演成悲劇。

怪才倪瓚的潔癖

庭前有樹，旦夕汲水揩洗，竟至槁死。～《雲林遺事》

說到潔癖，自然令人想起生活精緻、奢侈的慈禧太后。若有潔癖大賽，估計驕傲的老佛爺在倪瓚這位強勁對手面前也自愧不如，這位來自民間的布衣可非比尋常。

一山還有一山高

據說老佛爺慈禧的馬桶乃檀香木雕刻而成，裡頭放香木細末，乾鬆蓬起而散發清香，便物落下即被香木粉末包起，不復惡臭。又聞其專車常擺一「如意桶」，即太后專用便溺器，「底貯黃沙，上注水銀，糞落水銀中，沒入無跡。」慈禧對生活的講究與潔癖可見一斑。

某日，我往藝博館參觀乾隆漆器，見一藏品特有意思，曰「剔紅洗桐寶盒」，此通體紅色之器乃附庸風雅的乾隆爺所愛，盒面雕有高士倪瓚擦洗桐樹的典故，喻意高潔典雅，名士風範。

擦擦樹木有何大不了？帶著疑問，我當晚回去翻書，不料一翻不得了，嚇人一跳。倪瓚，號雲林，無錫人，元末明初著名的畫家、詩人，與黃公望、王蒙、吳鎮並稱為「元代四大家」，擅畫山水、墨竹（無獨有偶，慈禧業餘也搞繪畫創作），作品敦厚簡淡，意境幽遠，落筆迅捷，卻有氤氳山氣盈紙撲面，然而，這並非我輩俗人所最感興趣的。

倪公子自幼家庭環境優越，受過優良的教育，本身天賦過人，雖談不上貴族式鐘鳴鼎食，倒也對有品味、重品質的生活態度耳濡目染。

他的潔癖早已遠近聞名，客人來訪離去後，坐過的地方必須重新刷洗，自己每天穿戴的衣帽都要反覆拂拭數千次。不過這還不算驚世駭俗的。

《雲林遺事》中說：某日他「留友人宿齋中」，怕朋友吐痰弄髒居所，一夜間輾轉反側，不能成眠，竟親自起來，偷聽客房三、四次，忽聞友人咳嗽一聲，遂更加擔心得整宿未眠。天亮，他即命童子尋找朋友所吐之痰，可憐童子遍尋不見，又怕打罵，只好找一片骯髒的樹葉搪塞了事。倪瓚「掩鼻閉目，令持棄三里外」。原來是個超級潔癖，簡直可算是潔癡！

不管有痰沒痰，不管髒不髒，家裡的一切都要時時勤洗刷，連樹木也難逃其嚴格要求，於是「庭前有樹，旦夕汲水揩洗」，那些僕人、家童在倪監工的逼視下忙得不可開交，估計不勝其煩、辭職者不在少數，可無辜的桐樹不領情，由於違反生物習性，不堪服侍，洗得一塵不染而「竟至槁死」，活活被洗斃真冤枉啊！

倪瓚的挑剔幾乎到了無以復加的地步。上菜時，端菜的家僕得事先沐浴（含洗頭）、更衣，並將飯菜托盤齊眉端上。上菜的指定動作之所以被弄到如此複雜，據說只是為了避開出自嘴巴和鼻孔之濁氣，不過，我們人類還有別的地方可以排氣呀！某次，倪瓚和一位徐氏朋友「同遊西崦，偶飲七寶泉」，覺得用這種泉水泡茶簡直甘甜無比。姓徐的朋友絕頂聰明，知道倪瓚喜歡，更熟知其潔病，遂「命人日汲兩擔，前桶以飲，後桶以濯」，倪瓚果然讚不絕口。為什麼同樣的泉水，前面一桶可以飲用，而後面一桶只能沖廁所呢？原來，人的生理構造也不容忽視。倪瓚最討厭、最擔心後面的那一桶聞到了挑水者的屁！不過，據今之醫學知識，屁其實無害，聞之並無大礙。每一屁中，約含有氮氣、氫氣、二氧化碳以及甲烷、氧氣等，有臭味的是硫化氫，含量很少。

又有一次，他在青樓偶然見到一名趙姓歌姬，驚為天人。欲火壓制許久的倪瓚，終究也有生理需求，便把美女帶回別墅留宿。原本一嘗雲雨，但又怕此女皮膚不清潔，畢竟肯定有接客的前科啊，有見及此，他便先叫趙姬好好洗個澡。洗畢上床，他用手把美女從頭摸到腳，邊摸邊聞，始終覺得還有哪兒不乾淨，又要她再洗，洗完了再摸再聞，還是不放心，讓她再去洗。洗來洗去，東方發白，體內的雄性激素早已懈怠，欲火燃滅，了無趣味，只好做罷。如此講究衛生，倒也減少很多傳染病的發生。

潔癖自有因

有人懷疑這會不會是精神病，其實非也，這叫強迫症，焦慮症的一種。患者總是被入侵式的思維所困擾，生活中反覆出現強迫觀念及行為，由於不安、恐慌、擔憂，從而不斷重複某動作或意念，以舒緩壓迫感。患者自知力完好，知道患有某些心理障礙（與精神病的最大區別），然而就是無法擺脫強迫行為。

強迫症的病人不是一無是處，相反地還容易出類拔萃，因其常有超強的聯想和想像力，很多調查發現他們擁有高智商的比例大於正常人，倪大師估計就因患有這種當時無法治療的心理障礙，從而在繪畫、作詩方面大放異彩。慈禧老佛爺沒有被潔癖「強迫」到這種程度，於是也就成不了大書畫家，永遠停留在業餘的水準了。

心理治療是治療強迫症的方法之一，具體說就是認知行為的治療方式，包括有意識地讓病人重複面對引發焦慮的環境及防止相關反應。透過認知行為療法，病患嘗試積極去面對他們所害怕的情況，同時刻意阻止自己去做慣常的強迫行為，以等待焦慮的過去，以人為造成「麻木」，從而鈍化、削弱，乃至停止強迫行為及焦慮情緒。

倪瓚的結局，傳說不太美妙，他「因染痢，穢不可近，卒」。居然得了痢疾，不斷排爛便、水樣大便不止，臭不可聞，最後髒兮兮地死去。「夏以小棺葬於近地，其墓尚存。」還有另一個更慘烈的版本，即「後人皆傳雲林為太祖投溷廁中死，盡惡其太潔而誣之也。」原來，倪瓚的潔癖得罪了一些小人，他們便在朱元璋面前誣衊倪瓚，結果，朱皇帝讓人把倪瓚投到惡臭的廁所中溺死，真是慘不忍睹。不過，幸虧這只是傳說。

話說回來，以上兩種與臭糞「親密」接觸的方式，難道不正是一種治療倪瓚強迫症的認知行為療法嗎？

倪瓚的畫作基本上都是山水，人物往往只是山水中的點綴而已。有人問他為何不畫人物畫？倪瓚一聽，那股孤傲的勁兒立刻湧了上來：「人？哼哼！當世還有什麼人物值得我去畫他？」

相傳「吳王」張士誠之弟張士信，曾差人拿畫絹請倪瓚作畫，並附上很多金錢。倪瓚感到人格被侮辱，大怒而拒。不巧他日在湖中與張相遇，被其手下暴打一頓，他痛極而不發一聲。事後有人問他為何，他答道：「一出聲便俗。」這人格上的「潔癖」就與強迫症無關了，我每讀至此，心中便會對這高潔、高貴的靈魂升起一股莫名的崇敬。

雙面狂人徐渭

渭為人猜而妒，妻死後有所娶，輒以嫌棄，至是又擊殺其後婦。～〈徐文長傳〉

西元一八九〇年七月底的一天，荷蘭畫家梵谷（Vincent Van Gogh）帶著手槍，走進了一個農民的田莊，他沒有把手槍對準頭部或心臟，而是朝自己的下腹開了一槍，然後拖著沉重的腳步回到了房間……兩天後才被人發現。年僅三十七歲的梵谷就這樣離開人世，死前留下一句話：「悲傷會永遠留存。」

這位後印象畫派代表人物，一生屢遭挫折，備嘗艱辛，飽受精神疾病折磨，是十九世紀最傑出的藝術家之一，然而這僅是後世的評價。逝世數月前，梵谷的《紅色葡萄園》才剛出售，這是他在世時唯一賣出的作品。

幾乎在三百年前，即明神宗萬曆二十一年，一位七十二歲的老翁在浙江紹興溘然長逝，死時一無所有，除了身旁成堆的字畫、書稿。

他叫徐渭，字文長，號青藤道人，又號田水月，是有明一代著名的文學家、畫家、書法家，天賦異稟，雋才超逸。一生留下了許多軼聞趣事，其中關於他自殘、自殺、殺妻之事更讓當時及後世學者興趣盎然。

有人說，相隔三百年的東西方兩位藝術大師都患有精神分裂症。事實果真如此嗎？

中國的梵谷，狂而未瘋？

徐渭是否患有精神分裂症呢？

精神分裂症（Schizophrenia，臺灣於二〇一四年改譯為思覺失調症）是一種嚴重精神疾病，症狀為思考方式及情緒反應出現崩潰。常見病徵包括幻覺、妄想及胡言亂語，嚴重者也會有自毀及傷人的傾向，並出現社會或職業功能退化。病患通常於青壯年就顯現初期病徵。這種精神病的特徵是病患常有幻覺（如覺得耳邊有人說話、有人談論自己）、妄想，被一系列奇異而錯誤的信念困擾。這些信念對於精神分裂症患者而言是如此真切，事實上卻是假的，例如：相信自己的行為受制於外星人或其他物種。在某些病例中，病患以為自己是總統、國王或首相之類的大人物，身負重大的歷史責任，其邏輯完全錯誤。

讓我們看看兩則有趣而悲哀的病例。

南宋撫州臨川陳自明，字良甫，著名醫學家，對醫學理論有獨到的研究。據《陳良甫醫案》記載，一名婦女思念不幸離世的丈夫，魂牽夢縈，白天絮絮叨叨，對著空氣與幻想中的「夫君」閒聊，樂此不疲，甚至桌面上也擺好了兩份餐飯，她與「夫君」共餐，夾菜勸酒，好像確有其人似的；更恐怖的是，女子的床鋪上整整齊齊地疊放著二人的枕頭被蓋，晚上她就繼續與「夫君」同眠，家人驚駭不已，以為真的有肉眼不見的鬼魂。[1]

還有更典型的例子，那就是乾隆年間轟動一時的「丁文斌案」。話說乾隆十八年，山東曲阜衍聖公（孔子後代）的孔府，門口突然跑來一年輕人，使勁地敲門。孔府家丁開門一看，但見此人衣衫襤褸，面黃肌瘦，自稱「丁文斌」，乃浙江人，千里迢迢跑到孔府來給孔家做上門女婿的！家丁立刻斷定是狂妄之徒，要攆他走。他卻振振有詞地說一個小人在其耳邊說話，說他有九五之命，將來要當天子，上天把孔府的兩個女兒都許配給他，今天特來認親。說罷，丁文斌從懷中取出一本書，說這是開創新朝的天才構想、治國良方，執意要讓家丁拿給「岳父」看。家丁儘管不是醫師，也早就判斷出此人是瘋子，就把他扭送到官府。地方官升堂一審，丁文斌把他的奇遇重複一遍，甚至大言不慚地說已給新王朝起了國號、年號，連「國旗」圖案都設計好了！地方官感覺很為難，此人顯然是瘋子，但若按律例，照本宣科，也算「謀逆」罪，如何是好？他就給乾隆寫了一封奏摺，請求指示。

乾隆一看，立刻「關心」起丁某的身體健康，追問此人還能活多久。山東巡撫彙報說丁某本來身體就很差，因怕他裝瘋賣傻，所以曾對他動用大刑，毒打了幾次，估計活不太久了。乾隆為何關心這丁文斌的身體呢？是想把他放出來治病嗎？不是！

原來，乾隆考慮到當時的交通不便，司法部門立案判決，地方與中央反覆磋商、請示，來來回回幾個月就過去了，可能最後判決下來時，丁文斌已死，就等於逃脫了法網，逃脫了懲處！所以，乾隆「果斷」判處丁某大逆不道，死刑，而且是最殘忍的凌遲！他立刻命山東巡撫把丁文斌從牢裡提出來，在萬頭攢動之下把他千刀萬剮活活「碎磔」。

歷朝歷代造反的人很多，但你見過這樣的奇葩造反嗎？以乾隆的高智商，怎會不明白此人乃一傻子瘋漢呢？對這種病人不積極予以救治，反而大刑、屠刀伺候，當然是從政治角度出發，想想滿清皇帝製造那麼多起文字獄，這樣的悲劇也就順理成章地出現了。

反觀徐渭生平，他顯然不屬於此類病患，其人有狂放、衝動的一面，行事有時怪誕，但言談不僅符合邏輯、不紊亂，而且絕大多數思路清晰。他的軍政謀略可圈可點，藝術理論獨樹一幟，文藝作品在當時已享譽四海。

史書記載，徐渭自稱志氣恢宏，博覽群書，研讀經史百家時，哪怕是極不起眼的瑣碎知識，都會執著地追根究柢。[2]可見此君閱讀量很大、治學嚴謹、苦心孤詣；二十歲左右，他與好友常作詩文歌詠，兼涉戲曲書畫，號稱「越中十子」；三十多歲時，他先是積極參加民間抗倭，後又被召入胡宗憲幕府，為這名頗有政治抱負、有戰國四公子蓄養門客遺風的封疆大吏出謀劃策，業績不菲；後更遊於宣化、遼沈及南北二京，不斷創作詩文、劇作、書畫，詩文有「明代第一」之稱。可以說，徐渭的一生與社會活動是密不可分的。

病情好轉後，他積極準備應考科舉，作詩云：「尚有舊心消不得，偏題彩筆對青春。」還參加好友沈鍊的祭奠活動，並寫了〈與諸士祭沈君文〉一文，以擊鼓罵曹的禰衡比喻慘遭毒手的沈鍊，以野心勃勃的曹操比喻殺害好友的奸相嚴嵩。[3]他的文賦〈進白鹿表〉，甚至獲得嘉靖皇帝的欣賞。

直到晚年將死，聞知兒子參加抗倭援朝戰爭得勝，他又作〈春興〉一首，抒發強烈的愛國鄙倭之情。這樣的才子能人即使有病，有某種障礙，也絕非思緒紊亂、內容荒謬。綜上所述，徐渭患精神分裂症的可能性不大。

躁狂易怒，行爲脫序

其實，徐渭更像是一名躁鬱症病患。

情緒性疾患（mood disorders）包括單相（抑鬱）和雙相（躁狂—抑鬱）的一組異質情緒障礙疾患，病情常有反覆，特點為廣泛心境紊亂，精神運動性功能失調。躁狂症（情緒高漲）和抑鬱症構成了情緒性疾患的核心情感成分，焦慮和容易激動（irritation）也同樣是這類病人的特徵，西方又稱之為「躁鬱症」（bipolar disorder）。

悲傷和快樂原本是日常生活中的常見狀態，與病態的抑鬱和躁狂有別。悲傷或抑鬱是人類對失敗或其他逆境的普遍反應。有些人在假日或有意義的週年紀念日會出現短暫的抑鬱，這種假日愁緒、週年憂鬱都不是病態心理性質，但有情緒性疾患傾向的人在此時即有崩潰的可能。躁狂症、抑鬱症不同於正常的情緒反應，儘管可能間歇發作，但它們會引起顯著的軀體功能障礙，造成社會功能和工作能力嚴重受損。

那麼，何為躁狂狀態呢？

具體說，就是病患情感高漲，主觀體驗特別歡快，高傲自大，自命不凡，整天興高采烈，得意洋洋，心境高漲，目空一切，甚至盛氣凌人，容易誇大其詞（內容基本符合邏輯而不荒謬，與精神分裂症不同），但有時候情緒不穩，變化莫測，時而愉悅時而激動暴怒，容易反應過度，產生敵意，動輒暴跳如雷、怒不可遏，有破壞和攻擊的行為傾向，行為容易失控。

徐渭一向性格暴躁，不善與人相處，在家中，由於夫妻關係不睦，精神壓力大，他常常嫌棄辱罵繼妻張氏。在胡宗憲幕府中，他也多次「以睚眥中傷人」，人緣不佳。由於胡宗憲的庇佑，徐渭的狂性得到進一步的舒展，時而大談兵法，時而醉臥城門，作文飛揚跋扈，為人不拘禮法，《明史．徐渭傳》中記載他「藉宗憲勢，頗橫」。樹敵甚多，積怨甚深。這些都沒有釀成大禍，尚屬僥倖，但最為世人不解的正是徐渭殺妻一案！

徐渭晚年的回憶錄《畸譜》中，他說自己四十六歲精神病復發，殺死妻子張氏後下獄。[4] 關於這樁家庭悲劇，當時亦多有記載，大致是說徐渭猜疑心很重，懷疑繼室不忠、在外有私情，狂怒之下竟將其殺死，結果被判入獄。[5]

到了清代，顧景星在《徐文長遺事》中乾脆繪聲繪影地說徐渭冬日見妻子把暖衣蓋在書僮身上，醋勁大發，錯手釀成大禍，將徐渭殺人歸咎於嫉妒、多疑。[6]《二十六史・明史》則將徐渭殺妻與發狂直接連在一起，還加上自殘的情節：「渭懼禍（胡宗憲被捕，徐渭怕受牽連）發狂，自戕不死，遂殺其妻。」

與此同時，民間更有一些筆記小說把前代某些名人的殺妻行為附會到徐渭身上，虛擬了許多情節，如把徐渭殺妻和風花雪月、妓女色僧糾纏到一塊，大肆渲染，虛虛實實，真真假假。

但縱觀前人說法，可以得出基本接近真相的結論，就是徐渭生性嫉妒，很有可能猜疑妻子張氏有外遇，誘發慘劇。那是嘉靖四十五年的一天，四十六歲的徐渭因為一件不為世人所知的事件，極度疑心繼妻有不貞的行為，或許其時還合併幻覺，於是在憤怒中瘋狂毆打妻子，繼而失手殺人。他難以自控，雙眼通紅，凶神惡煞，渾身顫抖，拖著襤褸的衣衫在街市上狂奔，沙啞地喊叫引來一片圍觀。

有情緒性疾患的人嚴重時會出現誇大妄想，在誇大的基礎上衍生出關係妄想和被害妄想，但歷時一般較為短暫。

慘案發生後，徐渭靜下心來寫信給朋友，暗示妻子有外遇，自己是在盛怒之下誤傷人命。在同鄉的說情救助之下，徐渭僥倖免於死刑，但被判監禁，足足坐了七年大牢！

生活中的徐渭本身就是一個「生平見雪顛不歇，今來見雪愁欲絕」、「月光浸斷街心柳，是夜沿門亂呼酒」的狂人，他的顛狂舉止或許也是用以發洩內心不平之氣的特殊方式，但躁狂發作在此間難辭其咎。

徐渭的躁狂狀態應該很嚴重，很容易受到一點點刺激就癲狂失態，他在〈喜馬君世培至〉詩中說道：「時我病始作，狂走無時休。」滿大街呼嘯奔跑，別人理所當然認為他與瘋子無異。他知道藥物難以奏效，希望友人諒解，奢望於友人的好言慰藉，助他戰勝病魔[7]。據此可見，徐渭是知道自己生病的，只是難以控制自身行為而已。這與精神分裂症病患不一樣，後者完全蒙在鼓裡，自以為是，對自身患病一無所知，醫學術語叫「缺乏自知力」。

徐渭筆下出現了眾多狂人、奇人形象，像是「舉觴白眼望青天」的袒腹臥松者、「不醉亦罵坐」的友人形象、湖邊沙際「一絲不掛任天真」的老人、「醉臥人家樓上床」卻「從來不亂雌雄匹」的高人，[8]還有《四聲猿》中「雄才似木蘭」的西北婦、女扮男裝或沙場建功或科場揚名的雌木蘭與女狀元，以及擊鼓罵曹的狂狷之士禰衡等。這些人物都具有不受禮教束縛、任情而動、超凡脫俗的人格特點，其行為顯示出反社會規範的價值取向，與徐渭本人很像。可以說，既是藝術的加工，也是作者內心的寫照。

有情緒性疾患的人可能有短暫的片段幻覺、錯覺。徐渭在〈海上生華氏序〉中承認自己有時受到刺激，會抽風發作（亦作驚厥，會翻白眼，失去意識），不能自制，好像有鬼神在擺布他。[9]他出現過鬼神幻覺，可能是幻聽或幻視，覺得鬼神對他發號施令。在小品文〈記異〉裡，他又說多次見到稀奇古怪的東西，如「一綠色蛇，鱗如鯉，嬌倩可愛，當道蹲兜下，蟠旋如篆香結……一蛇長五尺許，四足而緋唇。」那麼在殺妻事件當中，嫉妒狂徐渭是否也在幻覺的影響下，做出錯誤判斷，失手殺害繼妻呢？可能性相當高。

躁狂症還有其他表現，早在徐渭在與胡宗憲的通信中就有關於精神障礙的描述，他說自己「夙有心疾」、「夜中驚悸自語」、「心系隱痛」、「形殼如故，精神日離」。這種心神不寧的狀態，好像有無數意念纏繞，好像有無數話語要盡情傾訴，可以用「思維奔逸」來解釋。

具體說，就是病患思維速度非常快，內容豐富，概念接踵而至，往往從一個概念很快聯想到另一概念，形成所謂的「意念飄忽」，出現音連和意連。由於思維聯想的速度太快，病患感到舌頭、手腳和腦子賽跑。

徐渭作畫，「狂中畫雪壓梅竹」，他情感噴薄、思緒亂飛、靈感猛襲，在畫面上盡情地宣洩生命中的悲痛，不顧時空差異，在痛快淋漓的筆墨中達到高峰體驗（peak experience）。書品即人品、畫品亦為人品，藝術品呈現的風格與藝術家的精神狀態是相吻合的。在徐渭的書法作品中，人們往往能直觀地感受到他極端的狂者之氣，他的草書《春雨詩卷》、《杜甫·幕府秋風詩軸》和《應制詠劍詩》等作品，風格狂放躁動近乎歇斯底里。他用筆極狠，筆畫大範圍的擺動像殺紅了眼的人揮舞刀劍，似要置人於死地。其書法作品造成的強大氣流使得字形似乎要爆裂開來，充斥著各種撕扯、離別、痛苦甚至嚎叫的意念。徐渭書法的這些特點是他飽經滄桑，對現實極其不滿而又被頑疾糾纏，內心無奈又衝突的圖解。一方面是放任、狂野、報復，另一方面則是壓抑、滯澀和陰暗。

抑鬱頹唐，悲觀厭世

躁鬱症患者，既有狂放發作，也有抑鬱狀態。徐渭更不例外。抑鬱心境表現為情緒低落、壓抑、不為環境中的喜樂所動，可以從輕度的心情不佳、心煩意亂到嚴重的悲觀、失望、絕望。病患有時覺得生活沒有意義，提不起精神，度日如年，生不如死，人生好像全蒙上一股烏雲。他們容易抑鬱悲觀，終日憂心忡忡，鬱鬱寡歡，愁眉苦臉，長吁短嘆，甚至有自殺行為，而自殺恰恰在這種抑鬱症型的情緒性疾患中最常見！

讓我們先看看徐渭的詩，領略其壓抑心境。「老樹拿空雲，長藤網溪翠，碧火冷枯眼，前山友精祟。或為道士服，月明對人語，幸勿相猜嫌，夜來談客旅。」詩境詭異奇特，跳動著陰鬱不安，充滿鬼氣。徐渭用筆狠重怪奇，選詞生新瘦硬，常用富有刺激性的字詞，喜歡使用死、殘、殺、墮、寒、燒、削等字眼。

他還喜歡營造陰冷甚至有些血腥的場面，並且選取一些暗黑濃重的語言，採用藝術變形的手法構成慘烈怪誕的意境，現舉數例為證：

溪山孕鐵英，怪石穿水黑。〈自浦城進延平〉

一江魚鼈浮屍出，八尺龜螭臥絹黃。〈曹娥祠〉

陰風吹火火欲燃，老梟夜嘯白晝眠。山頭月出狐狸去，竹徑歸來天未曙。〈陰風吹火篇〉

蓋溪樹老旗神廟，高可百尺粗五抱。春深細葉綴蒼蠅，夏末涼風呼赤豹。老鴉十萬一枝容，下攫牲

腸與人奪。〈旗纛樹〉

蒼鷹播風擺赤血，老且嚼帶流清涎。〈嘴中增張子先〉

這太像李賀的風格了，徐渭也承認自己「戲效李賀體」，說明他有意識地向李賀學習，但根本原因還在於他有李賀般的懷才不遇和壓抑情愫。

徐渭是在病態中追求著心靈的自由，終其一生都在痛苦中掙扎，痛苦是他創作的源泉，人生的苦難無情地扼殺了他的夢想，卻成就了他的藝術創作，從這層意義來講，不幸的徐渭又是幸運的！

他提出只有「冷水澆背、陡然一驚」的作品才能稱得上好詩。在創作中，他不乏反傳統美學的內容，甚至由於他性情之狂和病理之狂，還出現了一系列驚悚、醜陋、陰森、恐怖，甚至是血淋淋的場景，讓人讀之不寒而慄。這不是美學的沉淪，而是別開生面的病態氣象！

孤僻，也是抑鬱狀態的一種症狀，病患不願參加正常的活動，體驗不到人間的歡樂，開始可能僅針對幾件事，如食物、異性、社交活動，接著對一切活動，包括昔日嗜好、娛樂活動，最後對家人、孩子、親友的團聚也喪失興趣，變得閉門獨居、疏遠親友、生活疏懶、拒絕社交。如張汝霖就在〈刻徐文長佚書序〉中提到徐渭一回家便緊閉門窗，不見生人，十年多都不食人間煙火似的，只和一條狗相依為命。[10]雖然有點誇張，但徐渭的孤僻個性可見一斑。

徐渭在〈自為墓誌銘〉中坦率地說自己是個賤人、懶人、直人，最忌憚和權貴做朋友，所以看起來很傲慢，不免讓大家覺得他玩世不恭。[11]還說像他這樣低賤的人倘若高攀王公貴族，很容易被人認為有非分之想，因此就甘願孤獨自守，不與外界來往。[12]據陶望齡〈徐文長傳〉所述，當地長官不少人想見徐渭，但都未能如願。曾有人試圖伺機推門而進，徐渭用力堵門堅拒，口中還嚷嚷：「我不在！我不在！」於是，人們對他又怪又恨。[13] 為了維護人格尊嚴，他盡量和達官貴人保持距離，有時不免採取明哲保身的策略，這不難理解，但從中也能找到他可能有社交恐懼症的隱患。

抑鬱狀態的病患常感到精力衰退，只願意簡單應付了事，嚴重者甚至連吃喝和個人衛生也不顧。他們又往往戴著「灰色眼鏡」批評自己，貶低自己，完全放任自流。在〈至日趁曝洗腳行〉中，徐渭不加掩飾地表現了自己的「猥鄙齷齪」：「不踏市上塵，千有五百朝，胡為趾垢牛皮高，碧湯紅簷浣且搔，一盆溼粉湯堪撈。徐以手摸尻之尾，尻中積垢多於趾，解褌纔欲趁餘湯，褌襠赤蝨多於蟣。」這首詩描繪他一身「積垢」和「赤蝨」橫陳的狼狽相，反應出他的頹廢和邋遢。

心境產生障礙的抑鬱病患，最嚴重的併發症莫過於自殘、自殺。未經治療的患者有百分之十五至二十五的人死於自殺；既成自殺中有百分之五十至七十的人是由於抑鬱沒被發現或沒有進行適當的治療。隨著症狀的加重，其自殺念頭會日趨強烈，病患千方百計試圖了結此生，以死求解脫。

徐渭晚年的回憶錄《畸譜》中有六次提及他的病情，涉嫌自殺、自殘的有兩次，分別為四十五歲時，精神病復發，刺傷耳朵，到了冬天才稍稍傷癒；六十一歲時，又再度復發，並且不進食。[14]

官方編撰《明史》稱：「（徐渭）發狂，引巨錐割耳，深數寸，又以椎碎腎囊（陰囊），皆不死。已，又擊殺繼妻，論死繫獄，里人張元忭力救得免。」看來，他在殺妻案之前就已開始出現自殘行為，情緒早就有問題了。

對徐渭瘋狂描述最為詳細且能為歷史文獻提供直接依據的是其自撰的〈海上生華氏序〉：「走

拔壁柱釘可三寸許，貫左耳竅中，顛於地，撞釘沒耳竅，而不知痛，逾數旬，瘡血迸射……」

陶望齡的〈徐文長傳〉中說他：「引巨錐刺耳，刺深數寸，流血幾殆；又椎擊腎囊，碎之，不死。」王思任在〈徐文長先生佚稿序〉中更提到他：「不懼死，甚至感憤狂易，椞耳錘囊，終不死。」由於陶望齡、王思任都是徐渭的同鄉晚輩，多少見過徐渭的瘋狂，雖然描述不盡相同，但在發狂這點上，卻為徐渭本人的記述提供了佐證。

後來的袁宏道在〈徐文長傳〉中也描繪過徐渭的瘋狂：「自持斧擊破其頭，血流被面，頭骨皆折，揉之有聲，或槌其囊，或以利錐錐其兩耳，深入寸餘，竟不得死。」文中添增用斧自砍頭顱的情節，更為恐怖。

原來，徐渭病發之前曾作〈自為墓誌銘〉，說自己深覺憂懼害怕，忽然想尋死。[15]當時他好像有鬼神附體一樣，精神恍惚，拿起斧子猛擊自己頭部，頭骨破碎，血如泉湧。後來他拔下一顆三寸左右的釘子，塞入左耳道，然後用頭撞地，把鐵釘撞入耳內，血流如注，竟絲毫不覺得痛。末了，他還用利錐把自己的陰囊刺碎求死，但仍死不了。這些殘酷、極端的自殺方式遠不是一般人所能想像得到的，雖然反覆自殺未遂，徐渭的「心疾」並未徹底緩解，第二年就釀成了殺妻慘案。

回想起西方的梵谷，同樣是藝術天才，同樣有割耳自殘、自殺的舉動，後世者怎能不唏噓呢？

不過，畢竟與精神分裂症病患不一樣，後者病程多數是發作性進展或持續緊張，緩解期有殘留的精神症狀或人格缺損，而情緒性疾患一般是間歇性發作，間歇期可以完全正常。這就是徐渭為什麼在自殘之後又願意接受治療，數月後才傷癒的原因。

悲劇人生，成就一代宗師

情緒性疾患的病因目前還不十分清楚，可能與遺傳、心理、社會等多種因素等有關。一般認為重大負面事件，即不愉快、令人失望的事情，如意外災害、親友亡故、經濟損失、人際衝突等，均能刺激發病，事件的嚴重程度也與發病時機有關。慢性、長期的不良環境，如家庭關係破裂、人際關係不良、事業不順、失業、貧困、罹患慢性疾病等，和生活上突發的意外一樣，如果長時間持續，據調查也容易誘發情緒性疾患。

徐渭的母親是他父親第二任妻子苗氏的陪嫁丫頭，子承母卑，徐渭的家庭地位自然也很低。在他父親過世後，情形更惡化，生母像奴婢一樣為家庭勞作，還要遭人白眼和凌辱。苗夫人沒生育，就把徐渭當親生兒子撫養，徐渭對她只能百依百順，不敢有半句怨言。這樣的屈辱壓抑一點點化作憤懣怨恨，層層積壓在幼小的徐渭心頭。

徐渭十歲那年，苗氏將他的生母賣掉，這對徐渭的傷害很大。徐渭至死都不肯原諒苗氏，他的性情也因此變得乖張，對誰都缺乏信任感，敏感、猜忌和偏執、孤僻的性格由此貫穿一生。十六歲那年，他在自家書房的南窗下親手栽種一棵青藤，從此便天天與青藤相依。

他的婚姻也極為不幸。由於家貧，早年的徐渭只能放下男人自尊，入贅潘家，與潘氏成婚，二人恩愛，可惜潘氏英年早逝；後來，徐渭納妾胡氏，但胡女不孝，遂被徐渭賣掉；後又迎娶張氏，卻因性格緣故、感情不和，最終釀成慘案。

徐渭也曾想透過科舉考試的晉升途徑，改變自身命運，但由於自負自傲，討厭八股，在考試中始終寫不出規行矩步、合乎應試要求的文章，遂屢考屢挫。從他十七歲參加「童子試」不中開始，一直考到四十一歲，前後共計參加了七次科考，只有兩次進入複試，但均以敗北告終。這不可不謂學業上的重大打擊！

好不容易遇上賞識他滿腹經綸的朝廷命官胡宗憲，攀上這棵茂密的大樹，徐渭在抗倭前線出謀劃策，指點江山，揮斥方遒，算是暫時有了難得的成就感。但胡宗憲畢竟不是常青樹，隨著嚴嵩倒臺，他也牽連入獄，最後竟死於獄中。做為幕僚的徐渭只能憂讒畏譏，惶惶不可終日，終於在多種因素的刺激下，精神崩潰，先是自殘，接著自殺未遂，最後激情殺妻，鋃鐺入獄。

經過七年的牢獄生活，徐渭心境發生了很大的改變。偏執慢慢消失，然而頹廢的意念卻一再上升。尤其是被撤銷了秀才的功名，對他打擊很大。出獄後，年過百半的徐渭連寫了四個雜劇，分別是〈漁陽弄〉、〈雌木蘭〉、〈女狀元〉、〈翠鄉夢〉，統稱為《四聲猿》。為了生計，他不斷地繪畫寫字，靠賣字畫換點生活費，但銷路不佳。他在當時畫的《雪竹圖》中，以風雪中挺立的竹枝，表露了自己在人世中所歷經的各種淒風苦雨，並題詩說：「獨有一般差似我，積雪千丈恨難消。」、「幾間東倒西歪屋，一個南腔北調人。」這是徐渭對自己的寫照。

七十二歲時，貧病交加的徐渭在浙江紹興默默地永遠閉上了雙眼。那一顆狂躁又沉鬱的心，終於停止了跳動，一切歸於安詳，萬籟俱寂。

也許徐渭張不開秀口、甩不開大袖，揮灑不出媲美李賀詩篇的動人神句；也許他靜不下心，構思不出深刻縝密的明雜劇劇本，但正因為徐渭的不幸，他的狂放和沉鬱間接造就了藝術傑作，奠定他的歷史地位！

徐渭死後數年，明末文學領袖、湖北人袁宏道一日在友人家中看到一本已「煙煤敗黑，微有字形」的徐渭詩文稿，讀罷不禁拍案叫絕，竟徹夜誦讀，以至於把友人的童僕從夢中吵醒。從此袁宏道對徐渭崇拜不已。據說，他專程去了紹興，到徐渭故居找到那根青藤，那根老青藤猶如徐渭化身，扭曲而狷狂，但堅韌而不拔。

令人慶幸的是，歷史上的某一刻，有一顆狂躁又沉鬱的心，不經意間滋潤了不朽的中華文化，或許我們更應慶幸的是，明末的中國人還沒有發明出威力可觀的手槍。

1《陳良甫醫案》：「一婦人患相思病，思慕一男死亡已久，而婦猶想念不絕，雖在白晝亦與男子鬼魂相聚，婦人自言自語娓娓不倦，如與鬼傾談，桌上餐具陳請井然，作與鬼共食狀，夜間枕被並列，又如與鬼同睡，家人睹狀驚駭無極，延余診視。」

2〈自爲墓誌銘〉：「志迂闊，務博綜，取經史諸家，雖瑣至稗小，妄意窮極。」

3〈與諸士祭沈君文〉：「公之死也，詆權奸而不已，致假手於他人，豈非激裸罵於三弄，大有類於撾鼓之禰衡耶？」

4《畸譜》：「四十六歲，易（通「癔」，古代常指精神疾病）復，殺張下獄。隆慶元年丁卯。」

5袁宏道〈徐文長傳〉：「卒以疑殺其繼室，下獄論死。」；陶望齡〈徐文長傳〉：「渭爲人猜而妒，妻死後有所娶，輒以嫌棄，至是又擊殺其後婦。」；錢希言〈獪園徐文長冤報〉：「疾發疑其婦有私，乃捶殺之。」等。

6 顧景星《徐文長遺事》：「文長之椎殺繼室也。雪天有僮蹋灶下，婦憐之，假以褻服。文長大詈，婦亦詈。時操擢收冰，怒擲婦，誤中婦死。」

7〈喜馬君世培至〉：「欲以好言語，令我奇痾瘳。」

8 分見〈畫袒腹臥松者〉、〈哭王丈道中〉、〈弩子歌贈汪山人〉和〈握錐郎〉等詩作。

9〈海上生華氏序〉：「予有激於時事，病瘋甚，若有鬼神憑之者。」

10 張汝霖〈刻徐文長佚書序〉：「歸則捷戶，不肯見一人，絕粒者十年許，挾一犬與居。」

11〈自爲墓誌銘〉：「賤而懶且直，故憚貴交似傲，與眾處不免袒裼似玩·人多病之。」

12 徐渭〈答王口北〉：「以韋賤仰交王公，恐涉非分，是以寧甘疏外。」

13 陶望齡〈徐文長傳〉「渭性通脫……而深惡諸富貴人，自郡守丞以下求見者，皆不得也。嘗有詣者伺便排戶半入，渭手拒扉，口應曰某不在，人多以是怪恨之。」

14《畸譜》：「四十五歲。病易。丁剚其耳，冬，稍瘳。……六十一歲。是年爲辛巳，予周一甲子矣。諸祟兆復紛，復病易，不谷食。」

15〈自爲墓誌銘〉：「而已深以爲危。至是，忽自覓死。」

范進中舉的實與虛

范進不看便罷，看了一遍，又念一遍，自己把兩手拍了一下，笑了一聲道：「噫！好了！我中了！」說著，往後一交跌倒，牙關咬緊，不醒人事。～《儒林外史》

真實的歷史中，其實「范進」並不存在，但明、清以來，又有多少范進的原型在社會底層苦苦掙扎，為了海市蜃樓般的目標，無奈地忍受身心煎熬呢？

喜極而瘋，情志失調

俗話說，藝術高於生活，但必源於生活，《儒林外史》作者吳敬梓正是如此。顯然，吳敬梓接觸過或目睹過「范進」，甚至他本人就或多或少帶點「范進」的影子，由此而筆下生花，妙不可言而又令人唏噓感嘆。

范進見到中舉的喜報，喜出望外，昏倒在地，醒後又瘋瘋癲癲，不可理喻。其實，從現代醫學的角度看，這屬於「急性壓力症」（acute stress disorder, ASD），在中醫看來屬於情志之病。

年已五十多歲，歷經多次考場鎩羽而歸，「文字荒謬」而窮困潦倒的范進，幾十年來鬱結心頭、奢望卻不敢置信的夢想突然實現。「一步登天」之喜從天降，與多年來的壓抑相碰撞，產生了強烈的震動，就是一個非常明顯的刺激源，足以讓飽受折磨的范進承受不住而迅速發病。

范進「往後一跤跌倒，牙關咬緊，不省人事……笑著，不由分說，就往門外飛跑」，「一腳踹在塘裡，掙起來，頭髮都跌散了，兩手黃泥，淋淋漓漓一身的水。眾人拉他不住，拍著笑著。」醒後說：「我怎麼坐在這裡？」又道：「這半日昏昏沉沉，如在夢裡一般。」專業術語叫「定向力障礙」（impaired environmental interpretation）、「精神運動性興奮」（psychomotor excitement）。

到此為止，吳敬梓的筆觸還是相當寫實的，不過關於范進的甦醒過程則應是虛構，不符合現代醫學常識。對急性壓力症患者，關鍵在於幫助他們恰當地應付刺激，穩定情緒，發揮緩衝的作用，避免擴大創傷，消除疑慮，同時盡量給與社會支持，使其精神放鬆和心理感受撫慰。

金朝四大名醫之首的張從正就是一位擅長用「情志相勝」治療情志病的大家。他的治病故事在當時廣為流傳。話說有一位公務員的父親被強盜所害，噩耗傳來，他悲痛萬分，大哭一場，之後就感到心口疼痛，愈來愈嚴重，最後覺得胸前冒出一個杯子大小的結塊，疼痛難忍。雖延請不少醫師，也吃了不少藥，都沒有起色。後來他請來張從正醫治，醫師問清病因後，裝扮成巫師，一手舉著桃木劍，一手拿著符紙，口中不停地念著：「天靈靈，地靈靈，太上老君急急如律令……」公務員病患看著他滑稽的模樣，開懷大笑。幾天後，他胸中的塊壘竟然漸漸散開，不藥而癒。

這位患者很好奇，就向張從正請教張醫師告訴他，自己用的是「喜勝悲」的方法。張從正之所以能達成以喜勝悲的效果，除了一眼就診斷出心病的緣由，也在於能準確掌握病患的性格。首先這位公務員並不迷信，壓根就不信法術，否則就會產生反效果；此外，張從正是具有一定社會地位和聲望的名醫，他突然改變身分，裝扮巫師，可讓病患感到荒謬、滑稽，從而引發大笑，最終獲得痊癒。

反觀范進，完全置於近乎被戕害的情境。他平生最畏懼的岳父胡屠戶凶神似地走到跟前，說道：「該死的畜生！你中了什麼？」隨即一個巴掌打過去。范進被「打暈了，昏倒於地……漸漸喘息過來，眼睛明亮，不瘋了」。他對胡屠戶早就猶如老鼠見貓，平素動不動就挨一頓打罵，如今老胡非但沒改善緊張的環境、調整良好的心態、提供適當的撫慰，卻用極其暴力的手段讓患者恐懼，重新製造惡劣的刺激源，顯然這樣的處理只會讓可憐巴巴的患者雪上加霜。

當然，小說畢竟是小說，如果吳敬梓讓粗蠻暴戾的胡屠戶突然變得春風化雨，這就有損小說人物形象的塑造了。

悲極奪命的明清帝王

因悲哀動中者，竭絕而失生。～《黃帝內經．靈樞》

人生在世，最大的傷悲莫過於和愛人、親人永訣。

相差十七歲的宮廷姐弟戀

有人認為真情真意僅存在於百姓之家，皇家深宮內只有冷酷的鬥爭、虛偽的情感和扭曲的關係，但透過史料，我依稀感受到三宮六院中時常出現的傷逝，不禁扼腕嘆息。

明憲宗成化帝朱見深，少年不幸，自幼便與年長他十七歲的宮女萬氏生活，加上有戀母情結，日久生情，十八歲繼位後，便立萬氏為貴妃，終日沉溺在和她的「姐弟戀」中不可自拔，還與之生有一子，可惜夭折。相差十七歲，即使在文明、自由的當今社會，還是令很多人瞠目結舌，難以接受。

萬貴妃心計頗深，她對成化帝可謂愛護有加，皇帝自述「有疝疾，非妃（萬氏）撫摩不安」。皇帝出行時，萬氏又刻意地戎裝佩刀，為帝王先導，既給了皇帝以安全感，又比起那些只會梳妝打扮、弱不禁風的后妃，多了一層別開生面的英武俊爽之氣，成化帝焉能不悅？萬貴妃得寵、得勢時，已經超過三十五、六歲，雖說駐顏有術，但在當時可算是半老徐娘了。成化對她的「愛」應該著重在一個「情」字上，或是親情，或是友情，或是愛情，總之是一種錯綜複雜、割捨不斷的情。任憑萬氏日後如何驕橫殘忍，甚至毒殺其他妃嬪、逼迫她們墮胎，成化帝儼然充耳不聞。他傾其一生都對這個女人有著特殊的依戀，不論她做得多麼過分，他都能忍讓、退避，他離不開這個女人，這個女人就是他生命的支柱。

成化二十三年正月，萬氏暴死。成化聞之，「不語久之，但長嘆曰：『萬侍長去了，我亦將去矣。』」他過度悲痛，茶飯不思，政務不理，八月亦崩，年僅四十歲。熟悉明史的朋友大多對成化一朝的昏暗、萬氏的殘暴、皇帝的怪誕自有一番惡評，但愛得深，痛得也深，筆者認為這段畸戀依然有其感人的成分。

難能可貴的親情

成化帝的後代出了個有名的明神宗萬曆帝朱翊鈞，他除了以怠工聞名外，其移情別戀也頗為當朝乃至今人詬病。皇后王氏是太后挑選許配給朱翊鈞的，她誕下皇長女後再無生育，但寬厚溫和，對皇室成員愛護備至。她對萬曆生母孝定皇太后侍奉特別用心，對宮女為萬曆私下生育的皇子朱常洛（後來的明光宗）也很呵護。眾所周知，萬曆最寵幸的是鄭貴妃，甚至為此與群臣爭執數年，而對丈夫這些沸沸揚揚的桃色之事，王皇后也從不計較。《明史．后妃傳》稱其「正位中宮者四十二年，以慈孝稱」。據說，她是中國歷史上在位時間最長的皇后。

王皇后在萬曆四十八年四月病故，四個月後，神宗駕崩，享年五十七歲。萬曆皇帝多病纏身是事實，但兩人去世時間如此接近，看來不是單純身體疾病所致。這對名義上的夫妻也許沒有熾烈的愛情，但深厚的親情，筆者相信是存在的。她與萬曆合葬於定陵，死而同穴。五百年後，定陵地宮被考古人員打開，但見兩人各自的棺木尚赫赫在目，骨架完整。不久，爆發「文化大革命」，帝后屍骨被一同砸碎並付之一炬，至今蕩然無存。歷史學者深感痛惜，但對王皇后而言，身後萬事與己何干？能夠永遠與丈夫的骨灰一起，不分你我彼此，隨風飄蕩於天地之間，又何嘗不是她的美好夙願？

再說說清朝的皇帝。

清道光二十九年十二月，天寒地凍，大雪紛飛，道光帝（愛新覺羅．旻寧）的繼母、嘉慶皇帝的孝和睿皇后鈕祜祿氏撒手人寰，享年七十四歲。旻寧十五歲那年，生母孝淑皇后就去世了。當年，這位孝和皇太后對未繼位的旻寧就很好，可說視如己出，對他倍加愛護和關照，所以旻寧做皇子時和兩個同父異母弟弟的關係也很好，和繼母的感情更十分融洽。道光能夠順利即位，孝和皇后也有推舉之功，所以道光帝視她如同生母一般，更稱其為皇母。

《清宣宗實錄》記載，訃告傳到，六十八歲的道光帝呼天搶地，頓足捶胸，一連幾天別說吃飯，連水都不喝。白天，他以一國之君的身分操持大喪；晚上則以孝子身分，在靈堂旁邊鋪設草苫，席地而寢。此時正值寒冬，大殿內寒冷刺骨，群臣、內侍、皇親苦苦哀求，他均一一拒絕。至十二月下旬，太后梓宮移至圓明園，這一天，一身孝服的道光帝抱病送靈柩出城，然後騎馬趕往圓明園門外跪接；晚上，道光帝又在鋪滿白氈和燈草褥的慎德堂徹夜守靈。在沉痛巨悲中，孝道至上的道光原本已經患病，由於悲傷和操勞過度，此時病情惡化，再也爬不起來。僅一個月左右，自己也隨繼母駕鶴西去，病死於圓明園慎德堂。

悲從中來，不可小覷

《黃帝內經．靈樞》指出：「因悲哀動中者，竭絕而失生。」《素問．陰陽應象大論》說：「悲傷肺。」悲，是傷感而哀痛的一種情志表現。中醫認為人有隱憂或痛苦非常之悲，往往會暗耗肺氣而涉及到心、肝以及心包絡等多臟病變。悲哀太甚，引起肺氣耗損，如吁嘆飲泣、意志消沉、委靡不振等都很傷肺。

人有七情六欲，情緒既可使人的行為產生改變，也會影響臟腑機能，從而導致諸如微循環改變、唾液減少、大腸收縮，節律紊亂等生理、病理方面的變化。

西醫指出心理因素對各器官、系統的活動息息相關，與某些疾病的生發、醞釀和發作有密切關係。消極的心態如長期的積怨、憂鬱、悲傷、恐懼、緊張、憤怒等，都可引發人體各系統功能失調，導致失眠、心跳過快，血壓不穩、食欲減退等，容易促進疾病的發生。近年的腫瘤調查研究還發現心理因素與某些癌症的發生密不可分。

許多帝王晚年都是病懨懨的，但無疑情志之傷必然大大加速死亡進程。由此可見，「節哀順變」不應該只是一句客套話。

肆

藥／毒

總在一線間

死於毒酒的詞中帝王李後主

羅衾不耐五更寒。夢裡不知身是客，一晌貪歡。
獨自莫憑欄，無限江山，別時容易見時難。流水落花春去也，天上人間。～〈浪淘沙〉

西元九七八年某日，北宋開封府某處不算豪華的家宅內，主人捧著宋太宗趙光義賜予的沉重酒壺，淚如雨下，他顫巍巍地滿斟一杯御酒，望著搖曳的燭光、夜空閃爍不定的星和若隱若現的月，長嘆一聲，他回首故國，那些春花秋月、鳳閣龍樓、玉樹瓊枝……還有他與戀人割捨不斷的綿情。

令人痛不欲生的牽機毒酒

在使臣嚴厲眼神的威逼下，李後主硬生生把藥酒灌進喉嚨，痛苦地死去。據說此日恰是七夕，也是死者的生日。朝廷隨即發出早就準備好的訃告：故「左千牛衛將軍」、「隴國公」李煜因病不治，皇帝輟朝三日以示哀悼。頗為諷刺的是，在這堆聽起來很榮耀的頭銜裡，宋太祖趙匡胤曾經賜給他的、帶有侮辱性的「違命侯」被徹底刪除了，主人還官升一級，由侯爵晉升為公爵。

千百年來，亡國之君在百姓心中的待遇其實大相徑庭，像隋煬帝、陳後主之流，基本上屬於「咒罵、嘲諷」型，像明朝崇禎帝則屬於「批評、嘆息」型，而南唐後主李煜就屬於「同情、惋惜」型。的確，此君本色應是詞人，卻不幸錯位帝王，他前半生的作品香軟、幽怨，後半生的詞作淒涼悲壯、意境深遠，為詞史上承前啟後的大宗師，如王國維《人間詞話》所言：「詞至李後主而眼界始大，感慨遂深。」至於其語句的清麗、音韻的和諧，更是幾乎空前絕後。

相傳李煜喝下的是「牽機」藥酒，服後頭足如弓狀掙扎，痛不欲生，狀如牽機，折騰了好久才斷氣，死得極慘。所謂「牽機藥」即中藥馬錢子，含「士的寧」及「馬錢子鹼」，是極強的中樞興奮劑，大量攝入會強烈抽搐。成人一次口服士的寧五到十毫克就會中毒，三十毫克即可致死。馬錢子的毒性也很劇烈，致死量只需約十克（二錢）。病患中毒後會出現全身僵直性痙攣，伴隨雙目凝視、牙關緊閉，面部會出現一種詭異而可怕的獰笑——直至呼吸肌麻痺而死。南唐後主李煜之死狀「前頭足相就，如牽機狀」，與之大致相符。

做為亡國之君，李煜可選擇的道路無非是自殺殉國或苟且偷生。他雖不懂政治，但終究是文人，試圖選擇前者，但軟弱的個性使他沒有勇氣像商紂王一樣撲向熊熊烈焰。他博覽群書，當然知道亡國階下囚的下場：晉愍帝、梁元帝被俘，受盡屈辱而被殺；蜀漢後主劉禪被司馬昭俘虜，雖然沒有被殺，卻留下千古笑名……李煜既是自負高貴的文人皇帝，豈能忍受此等恥辱？但他畢竟在死亡面前退避三舍，想自殺又遲遲疑疑、躲躲閃閃，最終只是一把火燒掉藏書，沒有自焚。等到宋軍曹斌部的士卒衝到跟前，他也只能肉袒負荊，手牽白羊，背後扛著棺材，把性命交給敵軍罷了。

夢裡不知身是客

於是，李煜與眷屬、臣僚、宮人一眾在宋軍的押解下，「最是倉皇辭廟日，教坊猶奏離別歌。垂淚對宮娥。」途中，他心中五味雜陳，留下〈渡中江望石城泣下〉一詩：「江南江北舊家鄉，三十年來夢一場。吳苑宮闈今冷落，廣陵臺殿已荒涼。雲籠遠岫愁千片，雨打歸舟淚萬行。兄弟四人三百口，不堪閒坐細思量。」悲涼而不能自勝啊！

為顯仁政，太祖趙匡胤表面優待，但仍封「違命侯」以示侮辱，繼之軟禁監視。名為公侯，實則囚徒。有人常把李煜之死歸咎於宋帝怒其故國情思、復國嫌疑。「多少恨，昨夜夢魂中。還似舊時游上苑，車如流水馬如龍；花月正春風！」那是斬不斷的鄉愁和追思。「小樓昨夜又東風，故國不堪回首月明中」已哀怨之至，「羅衾不耐五更寒。夢裡不知身是客，一晌貪歡。獨自莫憑欄，無限江山，別時容易見時難。流水落花春去也，天上人間。」太露骨了吧？

更令宋太宗氣惱的是，李煜居然還寫下這樣的感慨詩句：「異國非所誌，煩勞殊清閒。驚濤千萬里，無乃見鍾山。」（五絕・亡後見形詩）不安安分分做大宋的臣虜，一心惦記著南唐，身在大宋領土竟還詛咒其為異國！其實宋主也有兩條路可選，一是讓他安度餘生，一是剝奪其生命。李煜降時，宋立國已多年，國本強固，勢頭正盛，南唐復國無異於癡人說夢，且以李煜的政治智商，更無成事可能。但筆者認為李煜過度暴露的文采，讓宋主在意識型態上動了殺機，這位來自敵營的文人竟有如此高的才賦，其存在本身就是對自身正統性、權威性的巨大威脅，一如數十年前，大陸之不容林語堂、梁實秋、胡適，臺灣之不容魯迅。

從趙匡胤到趙光義，他們其實一直在偷偷觀察這位皇帝俘虜，都知道此人的文學才華。趙匡胤不殺，一是故意手下留情，以觀後效，看看李煜會不會夾起尾巴做人，在文學上收斂一點；二是當時還有周邊的小國未被大宋征服，趙匡胤希望留下一個明君、仁君的印象，好讓敵國子民歸附，減輕敵國的抵抗力度。至於趙光義，此人私德、心胸本來就遠遠不如其兄，手段毒辣，外表正派而內心邪惡，再說此時大宋把周邊小國都差不多收拾完了，沒必要再施予懷柔政策了，而偏偏一介文人李煜不懂政治，不識時務，不知好歹，不要說做戲假裝歸順了，連超一流的文學才賦都不懂稍加收斂，不僅曾與金陵舊宮人書曰：「此中日夕，以淚珠洗面。」更以一首首泣血的絕唱，讓自己這亡國之君成為必將流傳千古文壇的「詞中帝王」，真應了那句話：「國家不幸詩家幸，話到滄桑語始工。」可趙光義看到的不僅是哀婉，更有一股十分刺鼻的憤憤不平之氣！

宋太宗最終狠下殺心，選擇了讓李煜的生辰變忌日，而且還極其狠心，不賜一尺白綾，而是賜下令人痛不欲生的毒藥酒。如此看來，倒是看似文采粗陋，只會「樂不思蜀」的阿斗劉禪，不管是真傻還是深層偽裝，生存智慧好像高一些，得以安享晚年。

再毒也要吃的老饕蘇東坡

竹外桃花三兩枝，春江水暖鴨先知。蔞蒿滿地蘆芽短，正是河豚欲上時。～〈惠崇春江晚景〉

孟子說，魚和熊掌不可兼得，這句話在飲食調理界也很有道理。那些愈是鮮美的食物，若非取材過程危機四伏，就是食物本身暗藏殺機。

集鮮美劇毒於一身的河豚

蘇東坡在〈河豚魚說〉中提到河裡有一種魚叫做豚，常在橋墩之間游動，老撞到橋的柱子，卻不知道離開橋遠一點，反而惱怒柱子撞了自己，便張開臉頰、立起魚鰭，因惱怒而吸了一肚子的氣浮在水面上，死賴著不動，結果河豚的下場就是被飛鳶「磔其腹而食之」。他是借河豚諷喻那些沒有自知之明、飛揚跋扈的小人。[1]

類似習性的魚不少，而居士卻單拿河豚說事，可見他與河豚「緣分」不淺。惠崇是他的好朋友，也是當時著名的僧人畫家，即歐陽修所謂的「九僧」之一，他能詩善畫，特別是畫鵝、雁、小景尤為拿手。某次，他作《春江晚景圖》，蘇居士激賞不已，據畫意妙筆生花，賦詩：「竹外桃花三兩枝，春江水暖鴨先知。蔞蒿滿地蘆芽短，正是河豚欲上時。」中國畫素來講求寫意而不重寫實，畫家筆下的魚只略備輪廓，很難達到油畫的精確效果，但河豚仍在居士腦海中首當其衝！

其實，河豚的美味和劇毒，遠在宋代之前就名聞遐邇，文人雅士、販夫走卒皆心馳神往，念之則垂涎欲滴，然而趨之若鶩者不多。何哉？劇毒也！蘇軾則毫不畏懼，《河南邵氏聞見後錄》云：「經筵官會食資善堂，東坡盛稱河豚之美。呂元明問其味，曰：『直那一死！』」為品嘗佳餚，東坡除了對河豚肉推崇備至之外，竟擺出「大義凜然」的姿態，為了一飽口福，死了都值得，簡直生死置之度外，還可能「三月不知肉味」。造物者真是神奇，竟把至毒極鮮二物融於一體，讓人又愛又恨，而且欲罷不能，想要一償饞願，只有拚命一試。吃過之後，味蓋群饈，百味不珍。

劇毒，豈可等閒視之？

河豚的毒性絕不可等閒視之。古人對此知之甚詳。唐人段成式《酉陽雜俎》云：「（河豚）魚肝與子（魚卵）俱毒。」宋人沈括在《夢溪筆談》中說：「吳人嗜河豚魚，有遇毒者，往往殺人，可為深戒。」北宋《太平廣記》又載：「鯸鮐魚（河豚）文斑如虎，俗云煮之不熟，食者必死。」李時珍的《本草綱目》云：「味雖珍美，修治失法，食之殺人……吳人言其血有毒，脂令舌麻，子令腹脹，眼令目花。」

原來，河豚的毒是毒性強烈的神經毒素。除了部分肌肉外，內臟、血液、皮膚乃至生殖腺都有毒，且此毒即使經高溫烹煮，亦難以破壞。它的毒性相當於劇毒氰化鈉的一千二百五十倍，只需要零點四十八毫克就能致人於死地。河豚最毒的部分是卵巢、肝臟，其次是腎臟、血液、眼、鰓和皮膚。河豚毒性大小，還與生殖周期有關，一般來說，晚春初夏懷卵的河豚毒性最大。

人一旦攝入，便會出現臉部及手腳麻痺、噁心、嘔吐、四肢發冷等症狀。嚴重者更可致心跳和呼吸停止而死。據說，有位日本烹調界人士稱之為「恐怖的死亡」，因為一旦中毒，雖然病患的神智非常清楚，手腳卻已麻木無知，不聽使喚，不能站立，無法開口，無法動彈，而且不久就無法呼吸，慘啊！

相傳十六世紀末時，日本豐臣秀吉征伐朝鮮，軍隊集結於下關，日軍兵士喜食河豚，因整治不得法，毒死了許多人，險些造成不戰自潰。第二次世界大戰期間，日軍派出的某支遠征軍重蹈覆轍，因食河豚方法不當，造成數百人喪生，戰力大打折扣。正因如此，目前世界上最盛行吃河豚的國家是日本，但烹調管理最嚴的恐怕也是日本。日本的各大城市都有河豚飯店。廚師要經過嚴格的專業培訓，考試及格才能料理河豚。曾有考試時，廚師要吃下自己烹飪的河豚。結果有些技術不夠強的人，就當場逃跑了。

據說，江蘇一帶的河豚整治方法頗為講究，整治前，先載來極潔淨的江水數缸，凡漂洗及入鍋，皆用江水。俟宰殺時，先割其眼，再夾出腹中魚子，自背脊下刀剖開，洗淨血跡，其肥厚處，一見血絲，則用銀簪細細挑剔淨盡，一絲馬虎不得。

宋朝人大抵也懂得一些去毒的宰魚技巧，但他們不瞭解毒性和河豚的解剖特點，烹食應該還是存有風險。美食家蘇東坡真的是與死神擦肩而過！

瀟灑的饕餮

再細細讀〈惠崇春江晚景〉詩，從中可以一窺東坡生平所好，後三句中的詠嘆之物，既是景物也是食物。景是美景，足以賞心悅目；物是美味，足以一快朵頤。河豚、肥鴨之肉，東坡稍一想像即味蕾綻放，蔞蒿也是佳餚，以嫩莖供食用，脆嫩、辛香，風味獨特，是聞名遐邇的優良蔬菜。至於第一句的桃花，中醫云其性味甘，平無毒，可消食順氣，治痰飲、積滯，東坡善養生，又涉獵醫學，應該懂的，泡桃花茶喝大概也是他的嗜好。不管仕途起伏、命運多舛、身在何處，他都對美景、好藥、美味流露出執著的愛，懂得享受生活情趣，哪怕是逆境也不改其衷！

東坡可謂老饕了，喜歡荔枝，便「日啖荔枝三百顆，不辭長作嶺南人」，喜歡牡蠣，便圖據為己有，偷偷對弟弟說：「無令中朝士大夫知，恐爭謀南徙，以分其味。」至於河鮮海味，更念念不忘，「似聞江瑤聽玉柱，更喜河豚烹腹腴。」這個豁達絕塵的老頭，其拚死品河豚的境界，又豈是我輩俗人所能理解的呢？

1〈河豚魚説〉：「河之魚，有豚其名者，游於橋間，而觸其柱，不知遠去。怒其柱之觸己也，則張頰植鬣，怒腹而浮於水。」

李時珍和屈原的兩隻鴨

寧昂昂若千里之駒乎，將氾氾若水中之鳧乎？～《楚辭・卜居》

在古代，鴨子不僅是提供肉食的家禽，還是滋補的食材，更是一味藥材。在中醫看來，鴨肉性味甘、寒，入肺胃腎經，有滋補、養胃、補腎、除癆熱骨蒸、消水腫、止熱痢、止咳、化痰等作用。

書法奇緣鴨頭丸

這鴨子和書法有著一段奇緣。東晉大書法家王獻之，王羲之之子，雖然享有盛名，可惜流傳下來的墨跡極少。《鴨頭丸帖》即是他的傳世名作，也是他書法作品中唯一的傳世真跡，寫在絹上，全文兩行共十五字，「鴨頭丸，故不佳。明當必集，當與君相見。」顯然，這不是什麼事先準備、刻意而為的藝術作品，僅僅是作者隨手而書的一紙寫與友人便條，不想寫者無意，受者有心，遂收藏而成絕世名品。現為上海博物館的鎮館之寶。

帖中所談到的「鴨頭丸」是一種中成藥。宋代嚴用和《濟生方》云：「鴨頭丸，治水腫，面赤煩渴，面目肢體悉腫，腹脹，喘急，小便澀少……甜葶藶略炒、豬苓去皮、漢防己，以上各一兩……為細末，綠頭鴨血為丸，如梧桐子大，每服七十丸，用木通湯送下。」

東晉的文人雅士特別喜好養生，王獻之大概身體不大好，朋友們推薦鴨頭丸可強身補體，遂購而服之，不過使用後並無起色，於是大為失望，留下那張便條表示鴨頭丸徒有虛名，療效全無，明天大家聚會，到時再和大家見面討論這帖藥。

現今也有人老抱怨中醫療效欠佳，其實中藥品質的下降也難辭其咎。中醫理論盛行數千年，必然有它存在的價值，而中藥產地亦舉足輕重，同一原料，產地不同甚至可致藥性的天壤之別。

鴨頭丸其實深得歷代名醫推崇，似乎不是空穴來風。明代醫藥學家李時珍的《本草綱目》說道：「鴨頭丸，治陽水暴腫，面赤煩躁，喘急，小便澀，其效如神。此裴河東方也。」能夠進入一絲不苟的李時珍法眼，恐怕不會有假吧。倘若達不到療效，會不會和藥源有關？

此鴨非彼鴨

其實，鴨子並不是只有一種，當中牽涉到李時珍和屈原兩位名人，前者是實證主義的醫藥家，後者為浪漫主義的文學家，看似風牛馬不相及，豈料瓜葛竟跨越近兩千年。李大醫師自幼博覽群書，醫藥經典更爛熟於心，「前人之述備矣」，但無奈中藥「品數既煩，名稱多雜，或一物析為二三，或二物混為一品」，於是他「讀書十年，不出戶庭」，決心「窮搜博采」，糾正古人的謬誤。

古代醫書中常出現「鶩」與「鳧」，似乎都是鴨子。歷代藥物學家對此眾說紛紜，爭論不休。李醫師讀書破萬卷，發現屈夫子的《楚辭．卜居》云：「寧昂昂若千里之駒乎，將氾氾若水中之鳧乎？」（是寧願昂然自傲如同一匹千里馬呢？還是如同一隻普普通通的鳧隨波逐流，用偷生來保全身軀呢？）」又云：「寧與黃鵠比翼乎？將與雞鶩爭食乎？」（是寧願與天鵝比翼齊飛呢？還是和雞、鶩一起爭食呢？）詩人把「鶩」、「鳧」對舉並稱，證明牠們不能畫等號。詩中出現鶩和雞爭食的意象，又描繪鳧在浩浩江上浮游的景觀，由此，李時珍證明「鶩」是家鴨，而「鳧」乃野鴨。

二鴨藥性不同，鳧「肉肥而不脂」，「凡滯下洩瀉、喘咳上氣、失血產後之症，服此最宜。」鶩則「補虛除熱，和臟腑，利水道，主小兒驚癇」。家鴨由野鴨馴化而成，它們的差別主要源於生活環境的差異。

鴨頭丸，李時珍說得很清楚，把它歸類於《本草綱目》卷四十七「鶩」條，顯然他認為得用家鴨的血才能製作藥丸。前文所述的王獻之服藥罔效一事，難道是他的藥丸不用家鴨，而是用野鴨熬製而成嗎？不是沒有可能，物以稀為貴嘛，古人大概覺得野鴨更為難得、名貴，藥用的價值更高，獻給大名流當然要上品，遂取而代替家鴨。

一方水土一方物

同樣道理，著名的「北京烤鴨」，其燒烤的鴨子也大有來頭。這是由古代生長在中國北方的一種原種白鴨，經過幾百年的馴化、飼養，加上運河之穀物等格外優越的飼料條件，再輔以鴨農精心的選種培育而逐漸形成的優良品種。可以說，鴨種至關緊要，決定了這道佳餚獨一無二的鮮美。如果選用其他鴨子，估計也只能矇騙一下味蕾不大發達的普通食客罷了。

類似事例很多，當年晏子使楚時，就以橘子反擊楚王的侮辱：「橘生淮南則為橘，生於淮北則為枳，葉徒相似，其實味不同。所以然者何？水土異也。」同樣的種長於淮南則甘甜可口，長於淮北卻苦澀酸牙，而果子外貌難辨彼此。

由此我聯想到家鄉廣東新會知名的陳皮，此物入藥必以新會柑之皮為最佳，晒乾後以陳久者為上品，具「理氣健脾，燥溼化痰」之效。南方柑橘遍地，論肥大多汁、色紅肉嫩亦有優於新會柑者，奈何論果皮藥效，只有新會柑首屈一指。同理又如雲南文山之三七、吉林白山之人參，產地至關緊要。

新會人愛吃，而清明前後新會睦洲鎮的黃沙蜆，身圓大，肉肥嫩，味清甜，遠勝他鄉，捨此一處，別無他家。蓋因生活地域不同，體內元素有別，終致口味大相徑庭。

中醫學很講究辨證論治，講究個人體質的差異，同樣是人，即使病症相同，但施以的治療方法可以完全不同，由此可見，王獻之服用鴨頭丸效果不理想，除了藥材原料有問題外，個人的體質、稟賦或許也是一個不容忽視的因素。

一方水土養一方人。一方水土滋潤一方物種。生靈的品性、天賦、體格除受先天制約，還會受環境薰陶，以致各具面貌，一切生物皆如此。大自然的奇思妙想、鬼斧神工幻化成精密非比的生命密碼，不僅區分出赤橙黃綠藍靛紫，還有每寸肌膚上各個毛孔感受到的冷暖陰晴、舌尖上每簇味蕾品味到的酸甜苦辣，直至天地間所有微量元素的生老病死、興衰榮枯，遠非現代科學可以一一詳細解答的。

因此，對於大自然，不只要用深契微茫的筆調謳歌，還要珍藏一顆敬畏的心，循其節奏，順其規律。

紫禁城內的霧霾殺手

霧鎖大都，多日不見日光，都門隱於風霾間。～《元史》

行醫的人都知道，冬天，特別是北方嚴寒的冬天，是很多老人家熬不過去的關卡。那麼，北京的冬天又如何呢？翻開厚厚的皇家檔案，令人驚訝的是，清朝入關後的十位皇帝，不少就栽在這「關卡」上。

京師嚴冬，清帝殺手

順治帝死於順治十八年正月初七，同治帝死於同治十三年十二月初五，這兩位據考證均因患天花之類的傳染病而離世。康熙帝死於康熙六十一年十一月十三日，乾隆帝死於嘉慶四年正月初三，道光帝死於道光三十年正月十四日。這幾位都是年老病衰而亡的。宣統帝（溥儀，後來變身普通公民，定居北京，患有癌症）死於西元一九六七年十月十七日，也算是秋冬時節。光緒帝崩於光緒三十四年十月二十一日，相傳遭人以砒霜謀殺。至於雍正、嘉慶、咸豐（死時身在承德）則在夏天亡故。

為何多數清帝「選擇」在冬季龍馭上賓呢？他們死時的年齡、體質基礎和直接病因儘管差別很大，但有一點不容忽視的，就是北京冬季的惡劣天氣。

寒冷可引發血液濃度和黏稠度增高，所以在冬天，因心腦血管疾病而死亡的人數會增加。在低溫狀態下，血管收縮會造成血管阻力及血壓上升，使心臟負荷增加；而心臟冠狀動脈也會收縮，尤其在心血管已有粥樣硬化狹窄處，更易受冷而縮緊，造成血流不順暢，加劇心肌缺氧。寒冬又是肺炎等呼吸道疾病的好發季節，慢性支氣管炎患者更是苦不堪言，心肺互相影響，病情常會加重。

不過，溫度嚴寒雖對心、肺、腦的疾病推波助瀾，但這並非北京的專利。

霧霾沉沉，自古有之

在冬春時節的京師助紂為虐的，還有霧霾殺手。

時下，北京霧霾幾乎天天雄踞媒體頭條，其實它不是「小鮮肉」，而是「老魔頭」了。其肆虐可追溯到元代。《元史》記載：天曆二年（西元一三二九年）三月，「雨土，霾」，「天昏而難見日，路人皆掩面而行。」至元六年（西元一三四〇年）臘月，「霧鎖大都，多日不見日光，都門隱於風霾間」，「風霾蔽都城數日，帝恐天神之怒，遣禮部焚香祭天，祈神靈驅風霾而散。」這些風霾持續時間長而能見度很低。在當時，沒有任何方法可以緩解這種惡劣天氣，於是迷信的元順帝只好求助於上蒼了。此時的元帝國由於統治階層累積了極深的社會矛盾，國家動盪不安，已經有「黑雲壓城城欲摧」的跡象，又「配」上如此的天昏地暗，難怪惶恐的元朝皇帝擔心上天的眷顧已經不再了。

到了明代，「霾災」的記載逐漸增多。《明憲宗實錄》云：「今年（西元一四六八年）天氣寒慘，風霾陰翳……近一二日來，黃霧蔽日，晝夜不見星日。」成化十七年（西元一四八一年）四月，「連日狂風大作，塵霾蔽空。」成化二十一年（西元一四八五年），「正月丁未，京師陰霾蔽日。」「三日後陰霾又起，五日不散，致漕運舒緩，京師官倉存米告急。」弘治十年（西元一四九七年），「西直門外霾塵積聚，難見路人，官軍半掩城門，以遮霾塵。」明代中葉的弘治帝朱佑樘是比較有作為的帝王，政治尚屬清廉，不料也被降「天災」，不知道皇帝作何感想。除了一味給老天爺叩頭外，也實在沒有什麼妙招。

清代的京城「霾災」就更多了，康熙六十年（西元一七二一年）某日，原本是科舉放榜，但「黃霧四塞，霾沙蔽日。如此大風，（會試）榜必損壞。」嘉慶十五年（西元一八一〇年），「京師入臘月以後，時有霧起霾升，連宵達旦，宛平、大興具有上報。」「瓊島（今北海）霧鎖霾封，難見真容，煤山隱於風霾土雨。宮人隱於殿中，時有探望。」咸豐六年（西元一八五六年），「入冬以來，雪少霧多，土雨風霾時臨京師，以昌平、宛平為濃重。」總之，當時的霧霾天氣和今天已非常相像了。這一年，儘管太平天國戰爭依然打得白熱化，但咸豐皇帝原本心情不錯，因為四月，兒子載淳（日後的同治帝）出生。然而，接下來的一系列惡劣事件讓他焦頭爛額，面對霧霾天氣的襲擊，他連下「罪己詔」的念頭都懶得去想了。六月，太平軍首次攻破江南大營，軍威大振，清廷一片垂頭喪氣；接著重慶發生強烈地震，舉國震驚；十月，「亞羅號事件」爆發，英國海軍藉此悍然發動進攻，正式挑起了第二次鴉片戰爭。更糟糕的是，這年從夏到秋，直隸地區天災不斷，旱災、蝗災水災、在三、四個月內相繼發生。據民國《霸縣新志》記載：「夏旱，蝗，秋大水。」《清稿史．災異志》載：「八月，昌平蝗，邢臺蝗，香河、順義、武邑、唐山蝗。」民國《平谷縣誌》載：北京「八月初七日至初十日飛蝗蔽天，自南大至，晚禾傷損。」顯然直隸地區雖有水旱之災，但為害最烈的是蝗災。面對如此天災人禍的困局，倒楣的咸豐帝哪有心思去理霧霾天氣呢？

對古人而言，對霧和霾的差別並不清楚，但今天看來，二者區別很大。霧是自然，霾乃人禍。霧是由大量懸浮在近地面空氣中的微小水滴或冰晶組成的氣溶膠系統，會降低空氣透明度，使能見度惡化。霾是空氣中灰塵、硫酸、硝酸、有機碳氫化合物等粒子組成的氣溶膠，能使大氣混濁。霧霾天氣是一種大氣汙染狀態，是對大氣中各種懸浮顆粒物含量超標的表述，尤其是細懸浮微粒（PM2.5，空氣動力學當量直徑小於或等於二點五微米的顆粒物）被認為是造成霧霾天氣的元凶。

古代，驢馬車是交通主力，有時給王公貴族代步的還有更「環保」的轎夫，周邊也沒濃煙滾滾的煙囪，但北京地勢三面環山，霧霾容易聚集而不易驅散。而身為政治文化中心，建築物不斷增加，人口密度愈來愈高，空氣流動下降，再外加上層階級冬季大量燒炭取暖，空氣汙染在所難免。

隨風潛入夜，害人細無聲

古時候的霧霾當然無法和現代工業汙染造成的惡劣天氣相提並論，但已初具雛形，從理論上說，它們對人類的傷害機制是類似的。

那些細小的顆粒物可以進入人體的細支氣管和肺泡，對呼吸系統、循環系統及血液系統等造成廣泛的損傷，同時這種大氣成分中氧的含量勢必減少。依附在顆粒上的多種病毒也經口、鼻進入人體，迅速在上呼吸道「扎根」。由於慢性病患者和老年人的抵抗力較弱，所以霧霾中的懸浮微粒和病毒很容易擊倒他們。附著在顆粒上的有毒物質會對血管內膜造成損傷，導致內膜壁發生炎症反應，久而久之誘發斑塊，引起動脈粥樣硬化，從而使血管內膜加厚，發生狹窄，加大引發血栓的可能。此外，顆粒吸入肺部之後，會刺激肺內的迷走神經，造成自主神經紊亂而波及心臟，對心肺都構成危害。

霧霾的健康危害，還不僅限於心肺疾病，更可怕的是霧霾中的脂溶性顆粒物，以鉛、鋅等重金屬粒子為主。這些脂溶性的顆粒物很容易穿過呼吸道表皮細胞，進入血液，長期「定居」在人類體內，引發惡性腫瘤！

像康熙、乾隆、道光等病患，本已在病榻上苟延殘喘，此時便更為雪上加霜，想吸一口舒服、健康的空氣而不得，最後也只得無奈地兩腳一蹬了。別以為躲在深宮中就可吸口新鮮空氣，蒼穹之下，霧霾微粒無處不在、無孔不入，就像當初順治帝深藏在宮苑內企圖逃避天花的糾纏，最終仍在劫難逃一樣。

其實，霧霾也不是北京的專利，在南方、香港也存在，只是港人喜歡用略帶詩情畫意的「煙霞」一詞代之，不知是否出自某位文士的建議。也難怪，「東方之珠」中的文人雅客、港英貴胄但見漫天朦朧，遮天蔽日，心裡倒未必如販夫走卒般產生強烈的厭惡之感，他們大多不用為生計趕路、為幾個銅錢起早摸黑，可「煙霞」的毒素隨風潛入，害人無聲，又有誰知道陽壽或許就默默被剝奪了好幾年呢？

清代君臣的戒菸三重境界

凡食菸，饑能使飽，飽能使饑，醒能使醉，醉能使醒，一切抑鬱愁悶，俱可藉以消遣，故亦名忘憂草。～《食物本草》

西元一九〇〇年，八國聯軍攻入北京，在西逃的路上，光緒帝無比壓抑，時常端著水菸袋一口口地抽吸涇陽的「蘭菸」，排遣心中鬱悶……

癮君子無處不在

至於忙裡偷閒的慈禧太后，不時也在吞雲吐霧。老佛爺飯後尤其喜歡吸甘肅的「青條」水菸，專門侍候太后的宮女，隨身就攜帶著火石、蒲絨、火鐮、火紙、菸絲、菸袋等六寶。其實，上至皇宮貴族，下至販夫走卒，癮君子都大有人在。以清朝人吸食方法而論，既有旱菸，也有水菸、鼻菸，還有外國人製作如同現代的紙菸、捲菸。

菸草，早名「淡巴菰」（Tobacco的音譯），亦名「金絲明薰草」，原產於北美。十五世紀後，西方商人從印第安人那兒學會了菸草的吸食和種植方法，逐漸將其傳入菲律賓，時稱「呂宋菸」。明萬曆年間，其自菲律賓傳入中國閩廣。菸草引進初期，本作藥用，人們吸菸是為了防病治病。清初《本草逢原》載，菸草「始入閩，人吸以袪瘴，而後北方人藉以辟寒」。著名醫家張景嶽將其收入《景嶽全書．本草正》，言其有「避瘴氣、逐寒毒」之效。入清後，人們更廣為種植、吸食，「今則山隨海噬，男女大小，莫不吃菸」。菸草迅速與中國文化結合在一起，成為民眾的基本生活品，一旦上癮則須臾不能離了，「人呼為『相思草』，言不食則相思不能已也。」（金埴《巾箱說卷》）明代後期，北方各邊防要塞，「銜長管而火點吞吐之」已成為普遍現象，甚至有因抽菸而「醉」倒者。到了清朝，風氣更盛，「公卿士大夫，下逮輿隸婦女，無不嗜菸草者。」

清初權傾一時的攝政王多爾袞，史載其「喜吸南草」，並廣受他人贈菸。紀曉嵐生活在康乾盛世，人稱「紀大鍋」。據說，他的「菸管甚巨，菸鍋絕大」，絕無僅有，裝載一次菸草的分量，足以從北京西北郊的圓明園一直吸回京城家中，要知道，當時坐馬車緩緩而行非得大半天不止的。[1]乾隆時平大小金川的大將阿桂，也是一大菸鬼，戰事緊張，他運籌帷幄，「帳中獨坐，飲酒、吸淡巴菰，秉燭竟夜。或拍案大呼，或砉然長嘯，拔劍起舞，則次日必有奇謀。」（陳康祺《郎潛紀聞二筆．卷十》）到了清末，吸菸之風已不可遏，社會禮崩樂壞，有人甚至將菸草帶入森嚴的科舉考場中，氣得監考的醇親王（溥儀生父載灃）大呼：「不許在內嗅菸，要嗅出去嗅！」

明末姚可成輯錄的《食物本草》認為：「凡食菸，饑能使飽，飽能使饑，醒能使醉，醉能使醒，一切抑鬱愁悶，俱可藉以消遣，故亦名忘憂草。」光緒皇帝、慈禧太后等人，除了菸癮不能自抑外，尋求精神苦悶的解脫，恐怕也是菸不離手的重要原因吧。

戒菸，成就「十全老人」

縱然一時混跡於中藥行列，但有識之士，特別是經驗豐富、眼光獨到的醫學家，還是從菸草貌似中藥的「包裝」中嗅出其惡臭，發現其斑斑劣跡。

菸草的有毒副作用早就引起醫學家的關注，並萌生最早的戒菸意識。由於菸草大多經燃燒後從鼻咽等氣道進入人體，獲得快感，因此，醫師們判斷出許多和呼吸系統（肺臟）有關的疾病與之脫不了干係。清初醫藥學家張璐在《本經逢原》中說：「毒草之氣，熏灼臟腑，遊行經絡，能無壯火散氣之慮？」另一位醫家吳儀洛在《本草從新》中將菸草歸為毒藥類，發出「衛生者宜遠之」的告誡。清代醫家趙學敏在《本草綱目拾遺》中直言菸草「耗肺損血，世人多陰受其禍而不覺」，並列出菸草損害人體臟腑的六種病證。他還說，友人張某嗜菸，每天晨起咳濃痰，遍訪名醫而無效。後來戒菸，很快便收奇效，「晨不咳，終日亦無痰唾，精神頓健，飲食倍增。」這或許是文獻記載的第一個成功戒菸案例。

乾隆皇帝生活在大清盛世，本人文韜武略，業餘愛好也精彩紛呈，搞收藏、品美酒、畫水墨、賦詩詞、閱歷史等，無不涉獵，無所不玩，自然對於菸草這玩意兒，也是由好奇發展到愛不釋手。

北京的達官貴人中，嗜菸者眾，據說十有八九都好這口。大玩家乾隆帝不僅追時髦，簡直就是要引領潮流風尚，要玩出個性，於是，他吃飯與睡覺時均菸不離口，鼻菸、水菸信手拈來，養心殿內往往被弄得煙霧彌漫，不知情者還以為有火災之險呢。乾隆又特意命人打造了各式菸具，美輪美奐，巧奪天工，吸食之餘還能滿足欣賞心理，真是一舉兩得，雙重享受。

但是天長日久，乾隆便覺得不對勁，某天早晨起床時，他忽覺喉頭奇癢無比，忍不住一陣劇咳，直咳得聲音嘶啞、目眩頭暈、氣喘吁吁。太監見狀，急忙上前為他捶背按摩，然而無濟於事。太監們急得直奔太醫院。眾太醫聞訊，不敢怠慢，傾巢而來，給皇帝大會診。大家引經據典，搜腸刮肚，遍選奇藥良方，對皇帝百般調治，但均告無效。太醫們一個個如熱鍋之蟻，急得團團轉，束手無策。

一位老太醫眉頭一皺計上心頭，偷偷找來皇帝的身邊太監，悄悄塞給他銀兩，打聽起皇上的起居作息、生活習慣。太監獲得意外收穫，滿心歡喜，自然心領神會，遂東扯西談起來，開始還不著邊際，後來便漸入佳境，聊到實處：「萬歲爺最近癡迷於菸草，日夜寢饋不離，那股菸味呀，熏得我等奴才不時也咳喘不已。」

太醫一拍大腿，恍然大悟，馬上向乾隆奏道：「皇上咳嗽不止，微臣以為病根在肺，誘因在菸。倘若不戒，損耗肺血，恐於龍體大為不利。請皇上三思。」乾隆沉思半刻，覺得有理，就試著戒了一段日子。果然，身體狀況有所改觀。隨後，從諫如流的乾隆嚴令禁止內侍再把菸草、菸具呈上來，下決心徹底和菸草一刀兩斷。慢慢地，他的咳嗽也就不治而癒了。

這個故事見於清代文學家李伯元的《南亭筆記．卷五》。[2]乾隆晚年自號「十全老人」，是中國歷史上少有的長壽皇帝，健健康康地活到八十九歲，創造了帝王壽命之冠。所謂「十全」主要就是他自鳴得意的文治武功，不過，乾隆內心深處最為得意的恐怕是自己的健康長壽，畢竟，身體才是本錢，論起政治上的作為、文化上的建設，歷代帝王如唐太宗等人都很強，聖祖仁皇帝康熙爺更是橫絕於世，但論起壽命長短，大家都黯然失色，只有他乾隆獨占鰲頭了。話說回來，沒有對攝生概念的養成，沒有對保健意識的重視，沒有對健康生活的身體力行，乾隆爺怎能活到這個歲數呢？可見戒菸實在功不可沒！

禁菸，成就帝王風度

菸癮能夠改變生活方式，左右情緒與行為，惡化五臟六腑，可以消磨意志，也能削弱國家的政治經濟。

其實，禁「煙」不是嘉慶、道光的專利，而且他們禁的主要是「鴉片煙」，而祖上康熙帝則是對「菸草」痛下殺手。

說起禁菸，明末即有。據《玉堂薈記》載：「己卯（西元一六三九年），上（崇禎皇帝）傳諭禁之，犯者論死。」這可能是中國歷史上由朝廷發出的第一道「禁菸令」。當時，有一會試舉人不知皇上已下詔禁菸，帶著僕人攜菸入京，還暗地出售，結果被抓，次日被處死於西市。

菸草嚴重影響社會安定，干擾正常的糧食生產和經濟秩序，此乃事實。旺盛的需求刺激供給，廣西「種菸之家十居其半」，陝西沃土「盡種菸苗」。湖南、湖北、河北、遼東等地都有大面積的菸草種植。對這亂花錢、又沒生產力的外來玩意兒，明智的領導者都深惡痛絕。

和許多人一樣，康熙帝自幼便沾染上抽菸這種陋習。他的菸癮起初很大，不僅會抽菸，而且「擅長」抽菸，把抽菸的功夫玩得精益求精，還是懵懂少年時，就學得一副吞雲吐霧的模樣，煞是陶醉，甚至自詡成熟老成。

但是，康熙帝畢竟是一位受過良好教育、終生勤學不輟、胸懷抱負、嚴於律己的政治家。當他成年之後，在帝王的寶座上日理萬機，迅速瞭解到吸菸的弊端，就立即戒掉，乾淨俐落，且明令禁止。他後來回憶說：「如朕為人上者，欲法令之行，惟身先之，而人自從。即如吃菸一節，雖不甚關係，然火燭之起多由此，故朕時時禁止。然朕非不會吃菸，幼時在養母家，頗善於吃菸。今禁人而已用之，將何以服之？因而永不用也。」（康熙帝〈聖祖仁皇帝庭訓格言〉）他把身邊的習慣昇華到了意識形態教育，有法可依，有法必依，而且要雷厲風行，以身作則。

不僅如此，康熙對大臣們吸菸也深惡痛絕。南巡時，他發現大臣史貽直和陳元龍嗜菸如命，手不釋「菸」，就決心整治二人一番。

在某次宴會上，康熙特賜這二臣水晶菸管各一支。兩大菸鬼大喜過望，以為皇上允許他們公開抽菸，於是馬上裝菸點火吸食，豈料剛用力一吸，火焰即隨管而上，發出裂耳的爆裂聲，火苗燒及鬍鬚，嚇得兩人慌忙扔下，不敢再吸。好一陣子，他們才回過神來，明白這是皇上故意安排的惡作劇，讓他們這些癮君子出盡洋相，以儆效尤。[3]

拒菸，成就聖賢儒脈

湖南盛產氣味濃烈的土菸，湖南人更擅長吸食這種特產。年輕時的曾國藩也有七情六欲，對於菸草的嗜好更不例外。曾國藩的父親曾麟書就是一個菸客，在父親的影響下，曾國藩從小就習慣了濃濃的土菸味，十七、八歲時，菸癮就已很大了，人贈「槍棍」稱號。湘中自產的土菸，既嗆又辣，勁頭足，吸上一口，飄飄欲仙，曾國藩遂整天菸不離手。

二十歲時，因為抽菸太濫，曾國藩受到了師長的訓斥，自尊心受到強烈刺激，也知道抽菸有百害而無一利，於是打算戒菸。為表示決心，他把自己的字「子城」改為「滌生」，他在日記中解釋「滌生」二字：「滌者，取滌其舊染之汙也；生者，取明袁了凡之言：從前種種，譬如昨日死；以後種種，譬如今日生。」但是，當時的曾國藩定力還是不足，心裡也沒有做好真的放下菸槍的準備，一言以蔽之，修鍊的境界還遠遠不夠。

到了京師做官，應酬往往應接不暇，這菸草在官場上的角色不言而喻。圈內人都知道曾國藩的菸癮非常大，「水旱潮鼻」樣樣精通。水就是水菸，旱就是旱菸，潮就是潮州菸，鼻就是鼻菸，這四種菸刺激性很大，沒有長期的菸齡是吸不了的。

雖然曾國藩極力想對菸草說不，幾次發誓，菸壺也收了，菸荷包也藏了，別人敬上來的菸也婉拒了，但隨著時間的推移，久久縈繞在腦海中的菸香，苦冽而誘人的刺激，把他的精神和興趣全帶走了，寫字作文失魂落魄，用餐喝茶味同嚼蠟，更糟糕的是，一躺到床上，喉嚨猶如萬隻螞蟻搔爬，痛苦滋味難以言表。終於，他還是抵抗不住菸癮的誘惑，把當初的決心拋到了九霄雲外。

就這樣，曾國藩在戒菸和吸菸的搖擺不定中，苦苦煎熬了十年。

徘徊在戒和吸之間，徘徊在理智與欲望之間，他覺得自己醜態百出，深深自責已身的言而無信，只會逢場作戲，他認識到自己意志薄弱、缺乏堅持，故而成不了學、成不了器，真是可嘆可恨！他甚至興師動眾地叫來家人監督，但菸癮一旦發作或是朋友「盛情難卻」，還是忍不住吞雲吐霧一番，自食其言。

戒菸的意志不是空穴來風，是需要學養支撐的。自從道光年間加入以唐鑒、倭仁為核心的理學團體後，曾國藩開始以「懲忿窒欲，遷善改過」為宗旨，進行修養訓練，剋制私欲，壓抑人性醜惡的一面。道光二十二年十一月十六日，他莊嚴地立下三戒：「戒菸、戒妄語、戒房闥不敬。」

就在那個月的某天，已經三十一歲的曾國藩又按捺不住，捧著白銅水菸壺「咕嚕咕嚕」地抽。他事後很後悔，對自己非常惱火，在日記中這樣寫道：「自戒菸以來，心神彷徨，幾若無言。遏欲之難，類如此矣！不挾破釜沉舟之勢，詎有濟哉！」他醍醐灌頂，徹底認識到，一個堂堂朝廷命官，如果連戒菸這樣的小事都做不到，還談什麼修身齊家治國平天下呢？這次他發下毒誓：「如再食言，明神殛之！」第二天，他把那支心愛的白銅桿水菸壺砸了個稀巴爛，將那捆金黃色的頭等菸葉付之一炬。

真正考驗戒菸的還是生理過程，由於多年的菸癮，在戒菸的第二天，曾國藩就已六神無主，痛苦不堪。此前類似的情況屢屢發生，他曾在日記中說：「讀書悠忽，自棄至矣。乃以初戒吃菸，如失乳彷徨，存一番自恕底意思。此一恕，天下無可為之事矣。急宜猛省。」

把戒菸比喻為嬰兒斷乳，可謂相當恰當。他在心底也曾想，先抽一點的話也是可以寬恕的，然而轉念一想，如果沒有一點「截斷眾流」的悍然，一個人不可能做成大事，尤其是那些震鑠古今的大事，小惡習往往毀壞了一個人巨大的人格力量！

曾國藩在三十歲之後，立志學做聖人，而聖人是絕對不許有半點不良嗜好的，這是徹頭徹尾的不含糊，也絕不允許有半點自欺欺人的遮遮掩掩，否則就是偽道學。在立志自新、錘鍊聖賢功夫的時候，曾國藩將戒菸當成頭等大事，菸癮戒不戒掉，對他而言，視為能否成為聖賢的最重要一環。

倚靠著強大的精神支柱，曾國藩一步步地戒除了菸癮。戒菸之苦形同煉獄。鳳凰涅槃，火浴重生。這一次曾國藩終於將菸戒絕，一直到去世都沒有再吸過。此時，距離太平天國運動的爆發，不足十年，他的人生道路正在逐步發生微妙的變化。縱觀曾國藩的一生，他時刻都在勉勵自己求進步，過程總是殘酷的，就像他一生中的其他事業一樣，一旦下定決心，就不肯退讓半步。

同治元年四月二十四日，曾國藩在安慶軍中給家人的信中提到戒菸的事，稱：「即經余平生言之，三十歲以前，最好吃菸，片刻不離。至道光壬酉十一月二十一日立志戒菸，至今不再吃。

四十六歲以前做事無恆，近五年深以為戒，現在大小事均尚有恆，即此二端，可見無事不可變也。」表面平淡，其中的曲折痛苦恐怕只有他才領會。

曾國藩的戒菸得到同儕的支持，同鄉好友李廣文主動與他結成戒菸同盟。經過一段時間的考驗後，曾國藩戒菸成功，而李廣文卻戒而復吸。據說，曾國藩後來辦理軍務，打算請李來協助他，但李屢召不來，最後詢問緣由，李頗為慚愧地說：「道光年間，我與公相約戒菸，聽說公早就戒了菸，而我卻沉溺如故，還有什麼面目來見您呢？」原來，聖人與常人往往只在一念之間。

戒菸的難處和境界

吸菸者大多都知道吸菸對健康不利，有時醫師也會為了病情好轉而勸病患戒菸，但是許多人都不願意戒，有些人不是不想戒，只是推託還沒準備好，想等一陣子再說，也有許多人曾努力地戒，卻無法成功。戒菸的困難是很多人終生被菸草困擾乃至戕害的主因。

菸癮形成，部分來自身體對菸草中尼古丁的依賴，部分是心理與行為上的依賴。尼古丁引起的成癮性類似於鴉片類毒品（如海洛因、嗎啡）、苯丙胺興奮劑（如冰毒）以及古柯鹼，它通常只需幾秒鐘時間就可進入大腦，刺激腦部多巴胺的分泌，讓人產生各種愉悅感和被獎賞的感覺。

身體上的依賴是指突然停用菸草或尼古丁含量下降時，人體就會出現一系列的戒斷症狀，會覺得難受不舒服，在補充尼古丁後才會改善，症狀包括情緒低落、情緒不穩、急躁易怒、精神分散、恍神疲倦、夜晚失眠、白天想睡、打哈欠、流眼淚等，有時還會有類似感冒或腸胃不適等症狀。

說到心理或行為的依賴，有人用吸菸來紓解壓力或愉悅心情，有人用吸菸提神，也有人覺得社交應酬就是不能沒有菸。藥物治療可以改善身體的癮，但是心理與行為的依賴，需要他人的協助才容易度過。自己想戒菸，一蹴而就的人不到十分之一；許多人戒菸要好幾次才能成功。研究發現靠自己的意志力戒菸，一年後的成功率約百分之五；靠使用藥物戒菸的成功率約百分之十；而利用戒菸服務的成功率約百分之二十五。有專業人員協助，搭配使用戒菸藥物，有助於提升戒菸成功率的。可是在曾國藩的年代，並沒有什麼有效的戒菸良藥，靠的僅是個人意志。

人最悲哀的莫過於無法自主，歌德說：「誰若遊戲人生，誰就一事無成，不能主宰自己的人，永遠是奴隸。」戒菸失敗其實就是對主宰自身命運的失敗。

吸菸者，當他淪為「菸奴」，一次次被征服和奴役的時候，受到的不僅僅是金錢的損失和身體的毒害，更重要的是心靈、意志上的侵蝕和摧殘。隨著失敗增多，他們的自信會產生懷疑和動搖。帶著挫敗的心志，如何面對人生的種種困難和挑戰呢？而這正是菸奴最可悲的地方。

在曾國藩面前，乾隆、康熙的菸癮實在是小巫見大巫！由此亦可見曾國藩堅韌不拔，的確不簡單。在他看來，只有先戒除身上庸俗的菸味，才能重新打開做人的大門，他將這種毅然決然用於改造人生，將這種寶貴精神用到事業上，可謂無往而不勝。曾國藩的戒菸說明他為何能以普通的資質力挽狂瀾，打敗幾乎滅清的太平天國，成為中興名臣的奧祕。

透過上述三則故事，可以看出戒菸的三重境界，首先看乾隆，他政治素養上不如祖父，平生最大的心思只在於享受精彩人生，當然，長命百歲做個健康的人是首當其衝的。這是為了身體而戒菸，最低的層次。

其次看康熙帝，他有強烈的政治責任感，要做史上最傑出的明君、以身作則的好長官，行事多從政治層面考慮，視野較開闊，但戒菸帶有較多的功利性質。誰叫他是一國之君呢？這是為了事業而戒菸，中間的層次。

最後看曾國藩，他嚴格自律，堅持走一條聖賢之路，要與貪圖物質享受的禽獸有所區別，甚至純粹為了證明堅強的意志力，在意念的搏鬥中獲得自尊，這是他矢志不渝的戒菸初衷。為了精神而戒菸，屬於最高的層次。如果沒有早年養成戒除惡習的決心、毅力，沒有這番磨練，智力平平的曾國藩在人生和事業上，斷然不會達到日後的高度。

從這三種戒菸的層次折射出人的三種境界，不知道您選擇哪一種呢？

---

1 姚元之《竹葉亭雜記．卷五》：「紀文達（紀曉嵐）又善吃菸。其菸管甚巨，菸鍋絕大，可盛菸三四兩，盛一次可自圓明園至家吸不盡也。都中人稱爲『紀大鍋』。」

2 李伯元《南亭筆記．卷五》：「北京達官嗜淡巴菰者十而八九，乾隆嗜此尤酷，至於寢饋不離。後無故患咳，太醫曰：『是病在肺。』詔內侍不復進，未幾病良已。」

3 陳其元《庸閒齋筆記．卷三》：「聖祖（康熙）不飲酒，尤惡吃菸。先文簡相國時爲侍郎（陳元龍）與溧陽史文靖相國（史貽直）酷嗜淡巴菰，不能釋手。聖祖南巡，駐蹕德州，聞二公之嗜也，賜以水晶煙管。一呼吸之，火星直達唇際，二公懼而不敢食。遂傳旨，禁天下吸菸。蔣學士陳錫恭記詩云：『碧碗瓊漿瀲灩開，肆筵先已戒深杯。瑤池宴罷雲屏敞，不許人間煙火來。』今則鴉片煙盛行，其禍較淡巴菰百倍。在天之靈，哀此下民，得無有餘恫乎？」

巫醫同源的虎骨迷思

主腰膝急痛，煮作湯浴之或和醋浸亦良，主筋骨風急痛，脛骨尤妙。～《食療本草》

晚清一代紅頂商人胡雪巖，其一手創辦的「胡慶餘堂」至今仍是中藥界的瑰寶，可是沒想到虎骨這味知名神藥，竟差點顛覆了胡雪巖的神話……

胡慶餘堂的「虎骨風波」

胡慶餘堂從創建伊始就以「採辦務真，修製務精」為宗旨，採藥、製藥以貨真價實著稱，當時「北有同仁堂，南有慶餘堂」，可謂聲名鵲起，這與胡雪巖「戒欺」的經營之道密不可分。嚴把藥材進貨關，這是他們成名的關鍵環節。

在傳統中藥材裡，虎骨一直被列為名貴珍稀藥材，應用歷史悠久。古籍記載：虎骨有「遣風定痛」等功效。老虎這種動物本來廣泛分布於中國各地，有東北虎、華南虎、新疆虎等多個亞種。然而民間常視之為害獸，一直鼓勵著武松式的「英雄」追剿獵殺，更隨著人口劇增，老虎的地盤日漸縮小，生存狀態日益惡劣，數量下滑，到了清代晚期，要想獲得虎骨，尤其是完整的骨架，已經很不容易了。

胡慶餘堂的知名產品「虎骨追風膏」專治「鶴膝風」（類似西醫的結核性關節炎），曾頗受大眾青睞，需求極大。據說，胡氏煎膏時間最長的就是煎虎骨，要五日五夜，而且胡慶餘堂只進虎骨，連頭骨、肋骨都不要，只要腿骨。買來的虎骨，腳爪都要帶毛的，由專人負責剔淨除筋。一年到頭，虎骨需求量很大，否則難以達到生產量，而採購不順又是家常便飯。

胡慶餘堂的阿大（藥店主管）余修初是胡雪巖親自從松江請來的藥店經營人才，而阿二（藥店採購與銷售主管，地位僅次於阿大）鄒文昌則是胡慶餘堂前身雪記國藥號的主管，以為可當阿大角色。但余某一來，他仍屈居阿二，甚嫉恨，一心想找碴，把余某擠走。

於是鄒文昌對阿大說，熱藥品虎骨追風膏已斷檔，而虎骨又極難採辦，何不以豹骨替代？否則只能停藥。余修初開始尚存猶豫，因採辦務真是頭條店規，但停藥又會使店譽受損。權衡再三，他決定一邊以豹骨替代虎骨，一邊加緊採購虎骨，以補斷檔。沒想到，這是鄒文昌設計的圈套。當翻版虎骨追風膏製成後，他馬上向老闆打小報告。胡雪巖聽後果然大怒，立即讓夥計把不及格的藥膏全部燒掉，以示誠信。

胡雪巖的反應一方面說明他對制度的重視，另一方面也說明虎骨的神奇「藥效」，以及它在中藥裡無可撼動的尊貴地位。中醫認為虎的肉、眼睛、牙齒、腳筋、爪甲、腎、膽、胃、脂肪油（虎膏）皆可入藥。而虎骨最為著名，以個大、味腥、體重、堅實、黃白色、無殘肉者為佳。《食療本草》說：「（虎骨）主腰膝急痛，煮作湯浴之或和醋浸亦良，主筋骨風急痛，脛骨尤妙。」《海上集驗方》則說它可「治腰腳不遂」，具體方法是取「虎腰脊骨一具，前兩腳全骨，細捶之，於鐵床上，以文炭火勻炙，翻轉候待脂出甚，則投濃美無灰酒中密封，春夏一七日，秋冬三七日。每日空腹隨飲，性多則多次，性少則少飲，未飯前三度溫飲之。」看起來，虎骨主要是針對古人關節方面的疾病，言之鑿鑿，世代相傳，長盛不衰，似乎真有神效。

醫藥從業人員對虎骨推崇備至，至於民間非專業人員則更對這種得來不易的神物頂禮膜拜了，晚清重臣曾國藩就是其中之一。

虎骨的忠實粉絲曾國藩

道光二十八年，在北京的官場裡穩步上升的曾國藩時年三十七歲。這年初，聽說爺爺曾玉屏生病了，估計得了中風之類偏身不遂的疾患，素以孝道聞名的他很是焦慮。四月十四日，他寫信回湖南老家「跪稟父母親大人禮安」，信中說「祖父大人之病，未知近日如何？兩次折弁皆無來信，心甚焦急。茲寄回遼東人參五枝，重一兩五錢。在京每兩價銀二十四兩，至南中則大貴矣。大約高麗參宜用三錢者，用遼參則減為一錢；若用之太少，則亦不能見功。祖父年高氣衰，服之想必有效。」當初離家赴京趕考的窮小子，如今雖然距離位極人臣、登上如日中天的歷史地位還有好些年，但此時在京城也如魚得水，手頭開始寬裕起來，寄名貴藥材回家自當必然，而且看來他對中醫還有點認識。

其後，曾國藩關切地說：「男前有信，托江岷樵買全虎骨，不知已辦到否？聞之醫云，老年偏癱之症，病右者，以虎骨之右半體熬膠醫之；病左者，以虎骨之左半體熬膠醫之，可奏奇效。此方雖好，不知祖父大人氣相宜否？當與劉三爺商之。若遼參則醇正溫和，萬無流弊。」

江岷樵即江忠源，曾國藩的湖南老鄉兼密友，日後成為湘軍高級將領，官至安徽巡撫。曾國藩斥巨資委託他購買全副老虎骨架，專為祖父治病，一片孝心感天動地，但從中我們也發現民間對虎骨的功效已發展到幾乎迷信的程度，右側偏癱就用老虎右側的骨頭熬藥，這立刻讓人想起魯迅筆下那些荒唐的「經霜三年的甘蔗」、原配「蟋蟀一對」——據說這些入藥能救他久治不癒的父親。

曾國藩似乎深信不疑，且念念不忘，七月二十日他給叔父的信中這樣說：「江岷樵有信來，告渠已買得虎骨，七月當親送我家，以之熬膏，可醫痿痺云云，不知果送來否？」一塊石頭終於落地，只是這神奇虎骨主治「歷節風痛、四肢拘攣、腰腳不遂、驚悸癲癇」，療效是否令他們家滿意就不得而知了。當時他祖父的病「不得少減，日夜勞心」，每每想起，他便「終夜思維，刻不能安」。曾老爺由於腦血管意外導致的嚴重後遺症，現代醫學尚且棘手，而虎骨可以妙手回春、回天有力？

神話在封閉愚昧的環境中會愈傳愈神，甚至超出了醫療的範圍。在剛剛發生不久的鴉片戰爭中，道光帝的侄子奕山到廣州前線指揮打仗。面對海上強敵，他一籌莫展。據說，他殺了幾頭老虎，取出骨骼，在一個莊嚴的儀式中把虎骨鄭重拋入海中。因為有人說這樣做可以發揮老虎的神威，攪動大海，顛覆英夷的軍艦，從而不戰而勝。奇怪了，老虎充其量只是陸上之戰神，僅僅只在淺水游泳捕獵，難道也可以在深海大顯神通不成？這樣看來，奕山將軍殺幾頭虎鯨（大洋中最凶猛的鯨類）取骨祭海，可能更合適吧？

這虎骨究竟含有什麼神祕的成分？

虎骨是配角還是主角？

其實，虎骨一般是不能拿來直接、單獨服用的。在傳統方劑中，虎骨大多與其他藥物搭配使用，從而發揮其特有的「功效」。針對不同的病症與其相配的中藥材也不相同，古籍中與虎骨配伍的中藥材記錄共有一千多條。其中主要配伍對象包括當歸、牛膝、乳香、防風等，此外，炮製方法不同，據說對虎骨主要功效和作用的發揮影響很大。因此，在方劑中除配伍適宜的中藥之外，還必須對虎骨進行合理的炮製，古方中大多以炙、酥炙、醋炙、酒炙、煅等十多種為主。一味藥針對功效、病症、配伍和炮製方法的不同，虎骨的使用劑量也從一分到六十兩不等，但主要集中在二錢到三兩之間，其中一兩的使用較為頻繁。

以上述的虎骨追風膏為例，根據《中國膏藥學》記載，它的藥物原材料，除了虎骨，還有石斛、赤芍、白芨、川芎、羌活、桂枝、杜仲、生地、生川烏、白蘞、生山甲、獨活、麻黃、透骨草、當歸、生草烏、南紅花、大黃、防風、甘草、肉桂、乳香、沒藥、血竭、木香、丁香、麝香。要將前二十一味全部炸枯去渣，兌入章丹收膏，另兌入後七味藥（研細末）攪勻，方可製成。

另外，比虎骨追風膏更著名的「虎骨酒」，其所含藥材可謂紛繁蕪雜，製作程序極端複雜，絕對不是拿幾根虎骨泡在白酒瓶裡，密封幾年這麼簡單。虎骨在裡面所占分額貌似不多，中醫說它發揮的是藥引之用，而在西醫看來，虎骨似乎更像是噱頭，用老虎的威猛、珍稀和神祕來吸引病患。

現代人對虎骨的藥用價值，從理化、生化性質及元素組成都已有大量研究。其實，虎骨的化學成分大多是鈣鹽和膠原纖維。無機物含量較多，包括鈣、磷、碳酸鹽、鎂，其次是少量鉀、鈉、氟和微量錳、鍶、硼、鋇。有機物中骨膠原較多，其餘是骨黏蛋白、多糖類、脂類、枸櫞酸、乳酸以及蛋白酶、肽酶、磷酸化酶類等。和其他動物骨骼相比，並無特殊之處。

長久以來，中國科學家一直想找到虎骨的替代品，他們發現大量生長於西北高原的害獸鼢鼠（藏語音譯「塞隆」），其骨骼成分與虎骨很相似，中醫藥性相近，據聞特別適合於治療類風溼性關節炎，非常有前途成為虎骨的替身，目前該研究正如火如荼。

由此看來，虎骨是否真的就是神乎其神呢？從現代醫學的角度看，虎骨的神話似乎不能延續，因為現代科學講究實證，人們在實驗室中找到能合理的治病化學元素，另外，現代科學也講究對照試驗，比如選出一萬名患同樣疾病的患者，一半使用虎骨，一半使用其他藥物，在既定時間點總結兩組的療效，判斷孰優孰劣，虎骨顯然沒有拿出令科學家滿意的答案。

不過，有些人則認為中醫博大精深，且與西醫的系統完全不同，不可以用西醫的要求去衡量、約束、看待。在他們眼裡，中醫自有現代科學暫時不能解釋，但實實在在能發揮作用的神祕機制，也許這些「未知」的謎底只有在未來才能揭開。

巫醫同源的食補習慣

中國人的優點是執著，缺點是太執著。認準了虎骨、鹿茸、熊膽有莫大的藥用價值，於是便執著地用了幾千年，用到了山窮水盡、虎鹿難覓、養熊取膽、養虎取骨的今天。

自《神農本草經》起，中國就有動物入藥的紀錄。明代李時珍的《本草綱目》中，藥用動物達四百六十餘味。目前，中國的國家藥典裡，藥用動物仍有七十八種，其中國家一級保護動物六種、二級保護動物七種。中藥允許使用瀕危動物成分，是導致某些野生物種瀕危的重要原因。中醫蘊含著某些前人古老而神祕的智慧，但社會發展至今，在野生生物資源稀缺甚至枯竭的情況下，在科學技術日益昌明的條件下，傳統醫藥雖然還有市場，也可能具有一些有用的價值，但中藥取材必須要有相應改革，因為這個星球並不只屬於人類而已。

回頭看，人們癡迷於用虎骨治療關節疾病（古人沒有腦血管意外的概念，無法理解中風的根源，只能用「風疾」這類抽象概念解釋病患的肢體癱瘓表徵），實際上和「以形補形」的食療觀念同出一源。於是，一條條鮮活美麗的生命就這樣成了古人乃至某些現代人的果腹之物，祭了他們的五臟廟，也寄託了他們渴望健康的美願。

中醫早就有所謂「以臟補臟」之說，即食用動物身體的某器官或部位，能促進人體相應部位的康復，或改善、增強其功能。流傳很廣，信者眾多。當今民間仍常見這類說法，如吃豬腦補腦，吃豬肺止咳，吃豬心治心慌，吃動物的性器官能壯陽，吃猴腦會聰明。

於是，貼虎骨膏便可通筋絡，喝虎骨酒就能壯筋骨。總體上說，都屬「食療」範疇。為何不是其他動物呢？因為在古代中國，人們發現老虎最為凶猛，動作敏捷，勢大力沉，牠們的筋骨遂讓先民浮想聯翩。其實同樣是大型凶悍的貓科動物，如果中國產獅子，老百姓也會用獅骨入藥的，如果還存在早已滅絕的巨獸「劍齒虎」，恐怕牠的骨頭只有皇帝才有資格使用了。

古代巫醫同源，民知未開，對疾病及其原因蒙昧無知，只能靠著直覺和表淺經驗，使用手邊的天然植物、動物和礦物做為藥物治療疾病。世界各國的醫療都經歷過這漫長的歷史進程。動物入藥起源於原始人對動物的崇拜，人們企圖用吞食或塗抹動物臟器或其象徵物的方法，驅除魔鬼或增強自身的力量。動物乃至人的組織器官和排泄物因此入藥。現今仍有些原始部落和偏遠地區的民眾仍然保留著這種巫術文化，他們認為人與動物同源，將超自然力量賦予那些被自己制伏的動物，企圖透過吃牠們來獲得其中的力量和智慧，食用動物的內臟，以替代有病的臟器或增強其力量。

中醫學發展到明朝，《本草綱目．獸部》「以臟補臟」的方劑已蔚為大觀。如「豕」類載，豬腎能「理腎氣，通膀胱」，豬腸能「潤腸治燥」，豬脬能治「夢中遺溺，疝氣墜痛，陰囊溼癢，玉莖生瘡」等。有多種豬器官入藥，今人看來未免可笑。其稱豬舌可「令人能食」，尤具浪漫的想像力。醫學在二十世紀突飛猛進，大量有效化學合成藥物問世，天然藥物才退出了歷史舞臺。

虎骨入藥、動物入藥究竟還有多大的合理性可言？

珍惜人虎之緣

唐代名醫孫思邈被尊為藥王，他卻不主張多用動物藥材。其曰：「自古名賢治病，多用生命以濟危急，雖曰賤畜貴人，至於愛命，人畜一也。損彼益己，物情同患，況於人呼！夫殺生求生，去生更遠。吾今此方所以不用生命為藥者，良由此也。」

相傳藥王和老虎還有一緣。某次他出診歸來，路見一猛虎，痛苦萬狀地向其求診。由於語言不通，孫思邈不知牠究竟得了何病。後來老虎張大了嘴讓他看，才發現是異物卡住了喉嚨。病因知道了，可如何取出異物卻是難題。虎是猛獸，直接伸手進虎口肯定險象環生。孫思邈深思熟慮，最後想出一個方案：特製一醫療器械，先置入虎口將其撐開固定，使虎不至於在手術過程中因受刺激而做出危險舉動，再順藤摸瓜，一蹴而就。手術非常成功，據說後來，模仿「醫療器械」縮小製作的串鈴，成為行醫的「報君知」，並定名為「虎撐子」，一直沿用到近代。而那隻老虎痊癒後感恩戴德，從此為藥王看守杏林，留下「虎守杏林」的佳話，也反映出人虎的難得情緣。

虎為獸中之王，一般很少主動攻擊人，甚至大多數的虎一輩子都沒吃過人，而被人打死的卻不少。如古代的卞莊一次刺過兩隻老虎。小說中，武松打死過老虎，梁山弟兄解珍、解寶以及李逵也都殺死過老虎，想必這也有不少生活的原型。著名的愛國尚武大詩人陸游，平生得意之事不多，唯獨對軍旅刺虎的經歷津津樂道，輾轉縈懷，多次揮毫追憶，如〈三山杜門作歌〉：「青衫誤入征西幕，南沮水邊秋射虎。」〈獨酌有懷南鄭〉：「秋風逐虎花叱拔，夜雪射熊金僕姑。」

說到底還是中國人多地少，侵犯了老虎的棲息地，才造成人虎的相遇。其實虎原是瑞獸，人不犯虎，虎不犯人。民俗中老虎是驅邪鎮宅的神靈之一，又是武財神趙公明元帥的坐騎。此外，因「虎」與「福」音相近，民間多借之祈祥，給幼兒穿戴老虎帽、老虎鞋和老虎衣等以祈福。

古往今來，親手殺虎者往往被捧為英雄，而間接殺虎的也不乏其人，如喝「虎骨酒」的、貼「虎骨追風膏」的即是。虎有何罪？人有何獲益？不過兩敗俱傷罷了。

回到前文，曾國藩祖父服用虎骨熬製的藥湯後並無多大起色，第二年便撒手人寰。那隻為曾爺爺「捐獻」全副骨架的老虎，是不是死得很冤枉？再看胡慶餘堂的虎骨風波，一番內鬥之後，虎骨的來源並未解決，生意也沒增加。胡雪巖一眼看穿阿二鄒文昌的狡詐，乾脆把他「炒魷魚」，至於阿大余修初則被搞得灰頭土臉，從此也得夾著尾巴做人。又有誰得到好處呢？

也許在充滿假象的混沌世界，知識水準不是最重要的，最緊要的，還是一雙能看清事理的慧眼。

吞鴉片殉國的北洋艦隊

海通幾百年來，只有兩件西洋東西在整個中國社會裡長存不滅。一件是鴉片，一件是梅毒，都是明朝所吸收的西洋文明。～《圍城》

鴉片來自罌粟，人所皆知，它是一種美麗的草本植物，花朵美豔驚人，在盛開季節，只見罌粟漫山遍野，多彩絢爛，熱烈狂放。然而，其有如黑色小球的果實則是駭人的醜陋！

鴉片的身世與命運

這種反差不僅在生物形態上，更展現在黑果汁液煉製、熬成的鴉片命運上。鴉片製作方法，可見於明代做過甘肅總督的王璽在西元一四八二年編寫的《醫林集要》中，說：「罌粟花花謝結殼後三五日，午後於殼上用大針刺開外面青皮十餘處，次日早津（白色乳汁）出，以竹刀刮在瓷器內，陰乾，每用小豆大一粒……」即使是今日的罌粟，民間的製法亦大同小異。

鴉片別名叫「阿芙蓉」，據說這個美麗的名字，是從阿拉伯語中的鴉片一詞音譯過來的。鴉片膏成品其貌不揚，甚至可說很難看，乾燥質硬，一坨坨的，或成球狀、團塊狀，因產地不同，呈黑色或褐色。《大明會典》又把它稱為「烏香」，暹羅等東南亞國家經常向明朝進貢。從鴉片的身世看，人們一開始對它並無惡感，甚至還帶有幾分讚美之意。

沒有人天生要當壞蛋，鴉片也是，最初它是以懸壺濟世的中藥之姿面世，《唐本草》云：「主百病中惡，客忤邪氣，心腹積聚。」《本草求原》說：「止痢、止痛、行氣之效尤勝。」如果不是因為近代那些令人悲愴的歷史故事，拯救過不少先民的鴉片在中華民族心目中的地位，該是和田七、人參不相上下吧。

在錢鍾書的《圍城》中，方鴻漸買了假博士文憑榮歸故里後，家鄉學校請這位「海龜派」做一場中西文化方面的演講。方鴻漸七拉八扯地說：「海通幾百年來，只有兩件西洋東西在整個中國社會裡長存不滅。一件是鴉片，一件是梅毒，都是明朝所吸收的西洋文明。」

民間常說苦口良藥，那些凡是做為藥材的東西，大多要嘛氣味難聞，要嘛口感惡劣，鴉片更是如此。鴉片膏氣味惡臭，極其苦澀，甚至帶一股尿騷的味道，不管是像服金丹那樣直接吞食，還是和他藥煎湯服飲，沒有點喜歡喝尿或者逐臭情趣的人是不會喜歡這種玩意兒的，直接吞服更需莫大勇氣，但聰明而好閒的國人日後竟發現，把它當菸草一樣點燃、吸食竟是一件解百憂、嘆逍遙的樂事，且愈抽愈上癮。這不但把鴉片的尿味給逼跑了，而且還從鴉片誘發出令人陶醉的香味！這一抽，就是令人後悔不已的成癮！於是晚明至晚清，原本靠外銷茶葉發財的中國漸漸被鴉片吞噬了一箱又一箱的白銀，而中英貿易之戰則把古老帝國最後的遮羞布都扯下了。

北洋艦隊的殉葬品

中國人痛恨鴉片又須臾離不開它，國家禁來禁去，戰爭打來打去，販夫走卒、王公貴族裡到處是它飄飄欲仙的鬼影。甲午戰爭，中國人又一次戰敗，而且是敗給了一開始極其鄙夷的蕞爾小國——日本。黃海一戰，儘管北洋艦隊損失數艘軍艦，但主力尚存，日本聯合艦隊也遭重創，清朝並未完敗，卻銳氣全喪，最終龜縮躲進威海衛軍港尋求自保。在日軍的封鎖下，北洋艦隊提督丁汝昌、「鎮遠」艦管帶林泰曾吞鴉片自盡，「定遠」艦管帶劉步蟾炸沉愛艦後吞鴉片自殺。偌大一支艦隊，除了少數高級將領直接戰死疆場外，其餘困守在威海衛軍港中，選用軍人最壯烈的自戕方式——吞槍自盡的，好像只有護理左翼總兵兼署「鎮遠」艦管帶（代理艦長）楊用霖一人。亞洲規模首屈一指的「現代化」海軍艦艇上，怎麼會有如此多鴉片煙？

有人辯說備藏鴉片是為藥用。果真如此？當日軍包圍時，清軍將領盧毓英和沈壽堃知道大勢已去，怕被俘受辱，就想到自殺，又怕疼怕苦，希望找到一種舒適的死法，遂趕緊上岸購買「煙土」（鴉片）準備自戕。但兩人購得後，眼看饞人的鴉片，自制力失控，旋即改變主意，決定先噴雲吐霧再說，強敵、國恥、名節被甩在一邊。由此可見，鴉片做為消遣品隨處可見，軍人購買鴉片易如反掌，那些泡過洋墨水的北洋艦隊軍官，對鴉片誘惑的抵抗力和他們的對戰能力一樣弱。

吸食鴉片的基本工具有煙簽、煙燈和煙槍等，一般是將鴉片用鍋在文火上熬成可用煙簽挑起來的膏狀物，即熟鴉片，再通過煙槍吸進呼吸道。到了近、現代，用於止痛的藥用鴉片都是片劑或者酊劑，說白了應該是藥水或者藥片。

末了，鴉片在飽受正人君子的指責唾罵之後，又堂而皇之地粉墨登場，成為敗者殉國、殉節的陪葬品。軍人一般只有力戰到底，彈盡糧絕，才能贏得尊重，可北洋艦隊呢？不過就是窩窩囊囊地不發一槍一彈，在孤立無援中，先把自己弄死。威海衛陷落時，已遭重創的「鎮遠」艦被日軍俘獲，編入日本聯合艦隊，參加十年後的日俄戰爭，一九一五年退役被拆解。幸好，寧死不降終究未損中國軍人的氣節。但鴉片也沒能挽回代罪羔羊丁汝昌的聲譽，他遭到朝野一片唾罵，直至清廷倒臺才被平反。鴉片倒是幫助劉步蟾贏得嘉獎和體恤，可惜他的自我了斷對敵軍毫無影響。

鴉片的化學成分極其複雜，經過提純，可以製造出海洛因等毒品。鴉片中的罌粟鹼成分能解除胃腸道平滑肌的痙攣，因此，它能治療腹瀉。其嗎啡成分能有效鎮痛，且有高度的擇取性，鎮痛時，不但病人的意識未受影響，其他感覺亦存在。病人使用嗎啡後，經常伴隨疼痛的不愉快情緒也會被遮蓋，疼痛也就更易耐受了。但嗎啡過量則會抑制呼吸中樞，導致服食者呼吸抑制而死。丁汝昌、劉步蟾等人當然遠遠未知這複雜的現代化學藥理，他們只知鴉片的表面功效，這就如同他們只知戰敗給日本，卻不知為何戰敗一樣。

險遭「毒」手的末代皇帝

二十九日，晴。夜一時許，即被呼醒，覺甚不適。及下地，方知已受煤毒。二人扶余以行，至前室已暈去。～《我的前半生》

表面上，中國歷史上的皇帝高高在上，唯我獨尊，頤指氣使，實際上，他們擔任的可是一種高風險行業。

皇帝是高風險行業

皇帝們深知背後有數不盡的貪婪眼神在覬覦權力寶座，每天生活在恐懼不安之中，舉凡衣食住行都安排大量貼身人員擔任保全，飯菜和藥品均由專人品嘗驗證無毒之後，方可享用。儘管如此，還是有漏網之「毒」，讓疏於防範者死於非命，至於那些遜位下臺，被迫交出權力的前任皇帝，則結局往往更悲慘，被毒殺鴆斃的大有人在。

末代皇帝、清宣統帝溥儀，其伯父光緒皇帝就有被人用砒霜毒殺的重大嫌疑。小皇帝名義上統治時間不過兩、三年而已，很快，歷史洪流就把慈禧太后曾經掌舵的晚清破船徹底掀翻了。

相較於以往每次改朝換代，新王朝大多對舊皇室大開殺戒，民國時代的文明標誌就是對遜位的清室實施「優待條例」，其人身安全不僅受到法律保護，在小小的紫禁城內，被民國政府供養的溥儀還可繼續稱孤道寡，行使「皇帝」權力；然而在這千載難逢的運氣中，溥儀依然受到性命威脅，只是凶手並非人類。

溥儀一生最重要的著作就是《我的前半生》。滿清末造乃至民國初年，許多珍貴史料免遭湮滅，實在有賴於此書的記錄與保存。在「毓慶宮讀書」一節中，溥儀說他找到十五歲時寫的三頁日記，這幾頁日記就是「宣統十二年十一月」所寫，可以看出那時念書的生活情況，辛亥之後，在他的小圈圈裡，還是一直保留宣統年號。

那是一九二〇年（民國九年）的寒冬時節，北京大雪紛飛，許多底層的大眾在瑟瑟冷風中發抖。外面的世界早已天翻地覆，可就在那座曾象徵權力之巔的紫禁城內，一群人依舊定格在兩百年以來的生活，他們有皇帝、皇后、太妃，還有不可缺少的太監、宮女，儘管民國政府的財政狀況每況愈下，皇室的生活經費被迫日益捉襟見肘，但老祖宗留下的那一套，他們從不願放棄。

十一月底的某夜凌晨一時左右，睡夢中的溥儀突然被一陣慌慌張張的呼喊和推拉吵醒，他一腳踹開被子正要大發雷霆，卻不料猛然覺得胸口悶脹難忍，緊接著就是頭昏目眩、噁心不已。頭重腳輕的他被人攙扶著，還差點跌倒在地，兩名太監手忙腳亂地把他踉踉蹌蹌地扶送到前堂。十幾歲的小皇帝迷迷糊糊地躺在榻上，遠離臥室內的渾濁空氣，慢慢才恢復神志，緩過氣來，到底是年輕人生命力旺盛。而那兩位服侍他的太監，又驚又累，更被臥室的毒悶折磨，很快就暈倒在地。

這謀害遜帝的殺手，不是別人，正是毒氣，具體說叫「一氧化碳」，在溥儀筆下，又被稱為「煤毒」。

溥儀是這樣描述的：「二十九日，晴。夜一時許，即被呼醒，覺甚不適。及下地，方知已受煤毒。二人扶余以行，至前室已暈去。臥於榻上，少頃即醒，又越數時乃癒。而在余寢室之二太監，亦暈倒，今日方知煤之當緊（警）戒也。」

由於發現及時，小皇帝並無大礙，連太醫也沒有傳，第二天早上「八時，仍舊上課讀書，並讀英文」。估計，當夜溥儀和太監三個都在內室取暖，皇帝熟睡，渾然不覺，幸虧淺睡的太監及時發現意外，將小皇帝扶到外室，脫離險境，免於罹難。如果在帝制時代，兩位太監救駕有功，想必立刻會被皇家賞賜晉封，而那些取暖設施的製造者或督辦者卻要遭殃了。

到底，紫禁城至尊是怎樣取暖的呢？難道西化甚深的溥儀用的是煤氣爐？一氧化碳中毒又是怎麼回事？

皇室暖氣，巧奪天工

在北方，從寒冬臘月一直熬到萬物復甦的初春並不輕鬆，尤其在古代交通條件不便利的情況下，統治者不能隨心所欲地跑到氣候溫和的南方過冬。紫禁城宮殿內，冬季會陳設火爐來取暖，稱作「薰籠」。其製作十分精美，大的薰籠重達數百斤，有的是青銅鎏金，有的是掐絲琺瑯，十分華貴。如今，在太和殿、中和殿、保和殿、乾清宮、坤寧宮內，都可以見到當時陳設的薰籠。除此之外，手爐也是便攜的取暖裝置。至於冬季的龍袍，會用黑狐皮縫製，用紫貂皮滾邊，帽冠也用貂皮或狐皮製作，保暖效果出眾。

但這一切遠遠不夠，皇宮貴族更需要的是大範圍的恆定取暖設備。晚明太監劉若愚著《酌中志》云：「乾清宮大殿……右向東曰懋勤殿，先帝創造地炕於此，恆臨御之……十月……是時夜已漸長，內臣始燒地炕。」

這「先帝」就是常被提起的明熹宗天啟皇帝朱由校，這位老兄在位時間不長，二十幾歲便一命嗚呼，基本上沒有政績可言，最讓人詬病的是重用魏忠賢等閹黨分子，敗壞朝政，把大明王朝進一步帶進萬劫不復的深淵中，至於他本人沉湎不拔的愛好就是工匠之活。

從史書記載看，在太監筆下，富有無限想像力和創造力的魯班皇帝朱由校，極有可能在前人的基礎上，研製或改良了一種優良的取暖設施——地炕，保證了嚴冬時節的舒適生活。

其實早在明熹宗之前，巧匠們就在琢磨此事並試驗成功。他們將宮殿的牆壁砌成空心的「夾牆」，俗稱「火牆」。牆下挖有「火道」，添火的炭口設在殿外廊檐底下。太監在炭口裡燒上木炭火，熱力就可順著夾牆溫暖大殿。為使熱力循環通暢，火道的盡頭設有氣孔，煙氣由臺基下的出氣口排出。這種火道甚至直通皇上的御床和宮殿內其他人睡覺的炕床之下，形成「暖炕」與「暖閣」，使宮殿溫暖如春。這樣就能既乾淨又實惠地解決紫禁城在寒冷冬季的取暖問題。

後來，這種設施大受歡迎，得以推廣，於是清朝以後的起居宮殿大多設有「火炕」，炕下有火道，連地面也是可以加熱的。爐坑內設有爐膛，並與殿內煙道連通，殿內循環的煙道就會產生熱流，烘熱地面，殿內溫度便隨之徐徐上升，散熱面積大，熱量均勻，沒有煙灰汙染。坤寧宮東暖閣如今還保留著這種設施。殿前的爐坑口覆蓋著鐵板木蓋，至今可見。

皇家火炕中燒的木炭又是精品中的精品，一般叫做「紅羅炭」。這種炭是由涿州、通州、薊州、易州及順天府所轄的宛平、大興等縣用硬實木材燒製的。成炭後，運送到紅羅廠（今北京西安門外），按尺寸鋸截，盛入塗有紅土的小圓荊筐內，再送入宮內使用，所以名為「紅羅炭」。皇家的講究實在令人瞠目結舌。不僅如此，為了取得更好的保暖效果，宮殿內的門簾、軟硬博縫（用以填塞門窗縫隙之物）等都是宮內冬季必不可少的。

表面上，關好門、拉好簾、塞好縫、點好炭火，室內暖融融、熱烘烘一片，好像萬事大吉了，其實不然。使用木炭取暖，最大的隱患就在於木炭燃燒不夠充分時，會產生一氧化碳這種有毒氣體，並讓人窒息而亡。在室內通風換氣條件不佳的情況下，其危險性更大，是真正的無牙老虎。差不多一百年前，溥儀使用的供暖設施就是這樣的火炕、火道，而不是什麼「煤氣」，更不是液化石油氣、管道煤氣或天然瓦斯。

隱形毒氣，殺人無聲

一氧化碳是一種無色無味的氣體，不易察覺。人體血液中的血紅蛋白原本是氧的優良載體，但它與一氧化碳的結合能力比與氧的結合能力要強兩百多倍，而且血紅蛋白與一氧化碳的分離速度又很慢。人一旦吸入一氧化碳，氧便失去了與血紅蛋白結合的機會，無法運輸，使組織細胞無法從血液中獲得足夠的氧，從而造成呼吸困難。中毒時，病人最初的感覺為頭痛、頭昏、噁心、嘔吐、軟弱無力，當他意識到中毒時，常掙扎下床開門、開窗，但通常僅有少數人能成功，大部分病人會迅速發生抽筋、昏迷，兩頰、前胸皮膚及口唇呈櫻桃紅色，如救治不及時，將有窒息而死的危險。輕者快速得救，一般無大礙，重者就算撿回一命，也可能留下癡呆、癱瘓等後遺症。

那兩位服侍溥儀的太監應該是很有經驗的，他們可能感到不適，並立刻判斷出問題所在，隨即做出反應。從現代醫學的角度看，救治病患時要立即打開門窗，把他們轉移到通風良好、空氣新鮮的地方。這一點，太監們也做到了，於是，幸運的溥儀安然無恙。

由於火盆、火爐燃燒時會產生火星，容易引起火災，嘉慶二年就出現過火災。當時太監圖方便，將薰殿火盆放在穿堂而未滅埋炭燼，夜間炭火復燃薰灼木質結構，引發大火災，導致乾清宮、交泰殿全燬。於是，清朝皇帝對隨風而起的火星尤其忌憚，便低估了把通風的重要性。

清嘉慶二十四年十月二十日，溥儀的高祖父嘉慶皇帝下了一道聖諭：

本日朕御太和殿，內安設火盆過多，後面三槽隔扇俱開，又遇風吹，火星滿地，經御前大臣侍衛等紛紛踹滅……此皆內務府大臣漫不經心所致。嗣後每遇保和殿筵宴太和殿受賀筵宴、及御太和殿……盆內炭火用灰掩蓋，兩邊隔扇俱不准開，僅開中隔扇……永著為例，並著內務府大臣一人每次查看。如有違例多安火盆，不掩兩邊隔扇者，司官革責。本日查看之內務府大臣，即時降級不貸。（《清仁宗實錄・卷三六三》）

嘉慶的嚴厲措施確實令火災發生率下降了，但木炭燃燒不充分加上通氣不良，一氧化碳中毒又會增加。不知有沒有人因此不幸罹難，可惜即使有，也大多是那些沒有多少保護措施的宮女、太監，他們低賤的生命在王朝中不值一提，就算意外死去，也不會被惜墨如金的史官記錄下來。

一氧化碳是否險些改寫了歷史呢？如果遭遇不測的是嘉慶皇帝，那麼是有可能。不過，這則故事的主人公畢竟是宣統皇帝，一個對全國失去統治力的傀儡而已。辛亥革命之後，儘管他仍在紫禁城度過了青少年歲月，儘管他在裡面迎娶皇后、學習英語、接觸了西方文化，但這一切只是中國大歷史中的場景之一。就算他不幸死去，遺老遺少們還是會留戀滿清的髮辮，日本人還是會發動「九一八」事變侵占東三省，還是會建立「偽滿洲國」，還是會從前清皇族裡挑選合適的人充任「滿洲國皇帝」……

如同燒炭自殺者一樣，他們在混混沌沌中悄然離開人世，但地球依舊旋轉，社會依舊流轉，人類依舊要謀求發展，以死逃避，其實改變不了一絲一毫，徒然證明你是懦夫而已。

伍

憾／恨

綿綿無絕期

久病厭世的初唐才子盧照鄰

與親屬執別，遂自投潁水而死。～《舊唐書．列傳》

屈原投江而死，贏得崇高的讚譽，由此成了家喻戶曉的聖人，而鮮為人知的是同為著名文學家的「初唐四傑」之一——盧照鄰，也選擇了自溺輕生。

絢爛之極，歸於無奈的平淡

今人對盧照鄰有點陌生，然而其〈長安古意〉的千古名句「得成比目何辭死，願作鴛鴦不羨仙」膾炙人口。他少從名師，博學能文，曾在唐太宗之弟鄧王府中從事文字工作，人稱「下筆則煙飛雲動，落紙則鸞回鳳驚」。鄧王對他器重有加，常對人說，此乃我府中之司馬相如！但看似不錯的人生開局，卻是這般收場：「與親屬執別，遂自投潁水而死。」（《舊唐書‧列傳》）

文人自尋短見，人們常覺得是為文化殉道，厭倦失意人生或對迫害的最後抗爭。不過，唐代鬱鬱不得志、身世飄零的文人很多，如李白、杜甫、李賀等並沒有走上絕路。

看重他的鄧王英年早逝，從此盧照鄰失去依靠，流落他鄉，淪為卑微小吏。除了仕途坎坷外，還得了不治之症，這種惡疾可能出現在他中年時，雖不致迅速死亡，但足以讓詩人形毀肢殘、痛不欲生。在疾病的打擊下，一切才華和抱負只會使詩人的悲哀雪上加霜。《新唐書》說他「疾甚，足攣，一手又廢」，很可能是腦中風的嚴重後遺症，肢體功能障礙，長期臥床，下肢萎廢。他寫下了〈病梨樹賦〉，訴說自己的痛苦和不幸。樹猶如此，人何以堪？

他也想過治療，可是當時藥物昂貴，對家貧的盧照鄰來說，無疑是捉襟見肘。他寫過一篇〈與洛陽名流朝士乞藥直書〉，遍呈朝中名士，開口求乞。文人的自尊心往往很強烈，這種自己寫「愛心捐助啟事」的行為，對盧照鄰來說，與乞丐何異？簡直又無奈又羞愧。

他好像一尾傷鱗之魚、一隻折翅之鳥，心力交瘁，不堪折磨。〈五悲文〉和〈釋疾文〉都流露出他的厭世情緒：「歲去憂來兮東流水，地久天長兮人共死」，「嗟不容乎此生」，筆下充滿悲涼。寂寞孤獨的他早就想到了死，遂預先築好墓室，曾僵臥其中，等候死神。

據說，他曾得到藥王孫思邈的悉心治療，還一度改善了症狀，可惜藥王雲遊四方，終不能照顧盧照鄰一輩子，沒了藥王的扶持，他的惡疾又故態復萌。

有人說，文學家大多孤傲又敏感脆弱。一八九三年，法國短篇小說之王莫泊桑割喉自殺未遂；一九六一年，美國作家海明威由於多種疾病的困擾，將雙筒獵槍管含進嘴裡，扣動扳機；一九七二年，日本作家川端康成含煤氣管自殺，傳聞也因百病纏身；一九八九年，中國詩人海子在山海關枕軌自殺；一九九一年，作家三毛在臺北自家的衛浴間用絲襪上吊自殺。

法國大文學家羅曼羅蘭（Romain Rolland）曾寫下巨著《約翰．克利斯朵夫》。在小說的開端，他寫克利斯朵夫出生，就對孕育他成長的母親河——萊茵河，有一番聲響的描寫：「江聲浩蕩，自屋後上升。」當音樂家克利斯朵夫的生命接近尾聲，臨終彌留之際，在萬流匯入大海時，生命的質地與厚度又再浮起，此時他內心的風暴早已平靜，絢爛之極歸於平淡，耳邊又響起萊茵河的濤聲：「江聲浩蕩，自屋後上升。」

當盧照鄰面對著一泓波濤滾滾的潁河，他腦海中的感受，是否也如克利斯朵夫一樣呢？

生命的平靜停泊點

生如夏花之絢爛，死若秋葉之靜美，為何不點一盞心燈，讓生命泊於安寧呢？從某種意義上說，盧照鄰是死於「疾病關懷」的缺失。生命有兩極——出生和死亡，胎兒必須在安全舒適的子宮內生活，不治之症的病人同樣渴望呵護，這需要社會創造溫暖的氛圍，為其提供全部的愛。在他們無助的時候，社會的其他成員會用自己的雙手代替病人的殘肢；病患感到孤獨時，會有人陪伴左右；當生命將結束時，會有人緊握其手，讓病人在生命的最後時刻仍能享受尊嚴、安詳。

《論語．雍也》曾記載：「伯牛有疾，子問之，自牖執其手，曰：『亡之，命矣夫！斯人也而有斯疾也。』」孔老夫子頤養天年，享有高壽，然而弟子顏回等人卻都英年早逝。伯牛（冉耕）是孔子的得意門生，與孔子私交很好，也很有美德，不幸得了惡疾。孔子看望他時，他怕把病傳染給老師，不願讓老師進屋。孔子只好隔著窗子握著他的手，和他談話，惋惜地說：「活不長了，這是命呀！這麼好的人竟得這樣的病啊！」慨嘆不已。孔子與他除了師徒之情，更有友情之誼，可以想像孔子當時的傷感和悲痛。伯牛若能得悉老師的用心和感情，定能含笑九泉了。

不管是疾病或臨終關懷，人道主義精神和道德信念都是支撐病人生命的基石。澳門鏡湖醫院的康寧中心就是典範，其宗旨是為生命終末期病患提供善終服務，給病人及家屬全面的照顧和支持。工作人員由醫師、護士、社會工作者、心理學家、物理治療師、營養師和義工所組成。許多疾病纏身、久治無望的病患，就在這裡安詳地走完人生的最後一程。

近代第一所所謂的臨終關懷醫院是成立於一九六七年，由英國護士桑達斯（Dame Cicely Saunders）創辦的克里斯多弗醫院（St Christopher's Hospice）。早在中國古代，北宋的福田院、元代的惠老慈濟堂、明代的濟院、清代的普濟堂都是關懷機構的雛形。唐代痲瘋病流行，也曾把一些寺院闢為「癘人坊」，專門收容痲瘋病患，而且男女分住，給予一定的供養和照顧。由此可見，中華民族很早就注重人道主義精神，倡導仁愛，並付諸實踐。可惜由於種種原因，盧照鄰未能享受到類似的服務，最終提早棄世，實在令人扼腕痛惜。

大詩人元稹瘴地遇險

> 濩落因寒甚，沉陰與病偕。藥囊堆小案，書卷塞空齋。脹腹看成鼓，羸形漸比柴。道情憂易適，溫瘴氣難排。～〈痁臥聞幕中諸公徵樂會飲，因有戲呈三十韻〉

唐宋以前，兩廣、湖湘、巴蜀等都尚未充分開發，統治者懲罰罪人的常用手段之一，就是把他們貶官或放逐到這些「瘴癘之地」。

聞「瘴」色變

其實將人貶到瘴癘之地，只是明君礙於顏面不便親判死刑，乾脆借刀殺人，利用大自然之力把不聽話的傢伙吞噬掉，眼不見心不煩。比如，唐代名相李德裕就死於貶所，他在〈謫嶺南道中作〉

寫到：「嶺水爭分路轉迷，桄榔椰葉暗蠻溪。愁衝毒霧逢蛇草，畏落沙蟲避燕泥。」中唐文學家韓愈也曾有類似遭遇，被貶謫潮州，他一踏上征途就料定必死無疑，剛出陝西藍田就對來送行的侄孫說：「知汝遠來應有意，好收吾骨瘴江邊。」不過韓愈僥倖活了下來，算老天有眼；然而客死瘴地的冤魂如柳宗元等，就不計其數了。

中唐著名詩人元稹在貶所和死神擦肩而過。元和十年三月，他得罪權貴，被貶通州（今四川東北的達州地區），元稹云：「今夜通州還不睡，滿山風雨杜鵑聲。」如此哀傷，除了孤寂和怨憤，更重要的還有「巴蟒瘴煙」帶給他的恐懼。瘴癘，古人指山林間溼熱蒸發而成的毒氣，人一經接觸，輕者生病，重者死亡。當時的四川東北還是一片原始森林，又常高溫多溼，風土環境之惡劣足以讓人望而卻步，這對於傳播疾病的生物生長繁殖極為有利，對人體健康卻極為不利。

老朋友白居易提醒：「人稀地僻醫巫少，夏旱秋霖瘴瘧多。老去一身須愛惜，別來四體得如何。」果不其然，元稹不久就被風土病折磨得「濩落因寒甚，沉陰與病偕。藥囊堆小案，書卷塞空齋。脹腹看成鼓，羸形漸比柴。道情憂易適，溫瘴氣難排。」（〈痁臥聞幕中諸公徵樂會飲，因有戲呈三十韻〉）到底是什麼病讓詩人腹脹如鼓、四肢如柴呢？

其實詩題已點明，「痁」指的正是瘧疾！瘧疾是由母瘧蚊叮咬人體後，將其體內寄生的瘧原蟲傳入人體而引起的。此病以周期性冷熱交逼為特徵，可致脾臟腫大、貧血和腦、肝、腎、心、腸等受損，嚴重時致命。元稹患瘧後，紅血球被大量破壞，合併營養不良，骨瘦如柴自難避免，而極差的營養又導致了白蛋白下降，血管內滲透濃度下降，體液外滲，由此腹腔積累大量腹水，再加上脾大，腹脹如鼓也在情理之中。

中國南方的開發滯後於北方，導致長期以來南方的風土病肆虐狂行，早於元稹數百年的東晉、南朝劉宋時代，江西一帶的情況也很不樂觀。

大詩人陶淵明退居潯陽，晚年也不幸身染瘧疾，遷延不癒，被糾纏十年之久，最終棄療而逝。這在顏延之〈陶徵士誄〉中有明確的記載：「年在中身，疢維瘧疾。視死如歸，臨凶若吉。藥劑弗嘗，禱祀非恤。傃幽告終，懷和長畢。」顏延之在當時的詩壇與謝靈運齊名，與陶淵明的私交更篤，在江州任後軍功曹時，與陶淵明二人過從甚密；其後出任始安太守，路經潯陽，又與陶淵明在一起飲酒，臨行並以兩萬錢相贈。陶淵明的〈與子儼等疏〉亦云：「疾患以來，漸就衰損。親舊不遺，每以藥石見救，自恐大分將有限也。」元嘉四年，大將軍檀道濟去探望陶淵明，並贈以粱肉（糧食和肉品），勸他出仕，陶淵明拒絕，所贈粱肉也沒有收下。除了個人的志趣，身體狀況恐怕也是他無法答應檀道濟的重要原因。在親朋的援手之下，陶淵明亦曾以藥石治療，大概久治無效，身體每況愈下，就逐漸失去了信心，最終在檀道濟拜會後不久，鬱鬱而歿。

後人透過對其得瘧疾前後詩歌的比較與分析，發現這一頑疾不僅改變了他的生活，也促使其詩歌創作發生了諸多變化，如得瘧疾之前，其詩多抒躬耕之志，歷敘耕獲之事，而得瘧疾之後，則代之以饑困求食的主題；得瘧疾之前其詩常抒琴書自娛、詩酒相樂的生活情趣，得瘧疾之後則平添了不少淒苦悲涼的情調；得瘧疾之前其詩多寫縱情山水、朋從往來之雅好，得瘧疾之後，這些愛好與相關創作均趨於消失了。

友誼抗病，相攜前行

回頭再說元稹。缺醫少藥，他不勝悲觀，除了瘧疾，還有各種風土病侵蝕他的軀體，「瘴色滿身治不盡，瘡痕刮骨洗應難」即是他的痛苦訴說。在接到白樂天的慰問物件後，他賦詩：「秋茅處處流痎瘧，夜鳥聲聲哭瘴雲。羸骨不勝纖細物，欲將文服卻還君。」他甚至想到了死，連白居易寄給他的詩都記不清了，「時瘧病將死，一見外不復記憶。」（〈酬樂天東南行詩一百韻〉序）但當他聽說對方也被貶時，驚訝和不平同時迸出，隨口吟出「垂死病中驚坐起，暗風吹雨入寒窗」，詩作遙寄到白居易案頭，令他感動不已。

就這樣，元、白二人互相勉勵、相互撫慰，遙牽手，一路行。正是在通州這段艱難困苦的日子裡，元稹的藝術才華被徹底激發，完成了代表作品〈連昌宮詞〉。也許是感動了上天，也許是摯友的關懷讓元稹抵抗疾病的意志增強，他終究戰勝了瘧疾等風土疾病，躲過了一劫，不久便獲赦離開通州，開始了新的人生歷程。

此時的白居易正在四川忠州，也將面臨瘴癘的考驗，對即將赴任的元稹說：「君還秦地辭炎徼，我向忠州入瘴煙」，「莫嫌冷落拋閒地，猶勝炎蒸臥瘴鄉。」看來，南方的瘴氣永遠是知識分子心中揮之不去的恐懼。元和十三年歲末，元稹轉虢州長史，次年冬，唐憲宗召他回京。

瘴域人群由於經常感染瘴病，不但身體虛弱，連帶心理素質也弱，「俗好巫，好淫祀」，「人無固志」，甚至有病也不醫治，陷入迷信的泥淖而不能自拔。這種文化心態的落後，又進一步導致了生產方式的原始，如兩廣地區，在宋代時其耕種土地「僅取破塊，不復深易，乃就田點種，更不移秧，既種之後，旱不求水，澇不疏決，既無糞壤，又不耘耔，一任於天。」耕作方式可想而知。聽天由命畢竟不是進步的思維啊！唐宋之後，南方的經濟和開發才逐漸有起色，這固然和大量移民南下有關，但當地的文化、思想建設也開始蓬勃，急追北方，由此對生產力產生積極的促進作用，這方面恐怕有相當一部分要歸功於元稹、白居易、韓愈這些被歷史賦予教化責任的南貶知識分子吧。

愛與悲交錯一生的女詞人李清照

薄霧濃雲愁永晝，瑞腦消金獸……莫道不消魂，簾捲西風，人比黃花瘦。～〈醉花陰〉

眾所周知，宋代傑出女詞人李清照南渡之後的詞作，淒美沉痛欲絕，孤獨無依、飄零恍惚之情常常透過強大的藝術感染力，打動每一個讀者。

李清照的詞以家庭生活題材最多，縱觀其全部作品，再結合史料記載，我們看到她的家庭成員除了公婆之外，只有深深愛慕的丈夫趙明誠，並沒有牽腸掛肚的子女。她的身體狀況如何？到底有無後代？她的後半生又因何如此悲涼呢？讓我們先從她的婚姻生活看起。

趙明誠、李清照這對文化伉儷，情投意合而相濡以沫，近千年來令人欽羨。結婚時，趙明誠二十一歲，李清照十八歲，兩人門當戶對，家庭教育均極為嚴格，更重要的是，他們志趣相投，才情匹配。趙明誠雖貴為當朝高官趙挺之的三公子，卻絲毫沒有不學無術的紈褲子弟之氣，且才華橫溢，喜好尋訪收集前朝的金石碑刻和文物字畫。李清照嫁給趙明誠之後，夫妻兩人便共同致力於金石碑刻和文物字畫的尋索收藏事宜，這也成為夫妻二人婚後生活中最為鄭重的事情。

閒暇之時，他們賞花賦詩，傾心長談，有時還會玩些智力遊戲。兩人斟上香茶，隨意說出某個典故，猜它出自哪本書的第幾卷、第幾頁、第幾行。猜中者飲茶，不中者不得飲。每次比賽，李清照總是贏，當趙明誠抽書查證時，李清照已滿懷自信地舉杯在手，開懷大笑，直笑得讓茶水四濺。

恩愛伉儷，突遭變數

夫妻時有聚散，李清照思念丈夫，作〈一剪梅〉云：「花自飄零水自流。一種相思，兩處閒愁。此情無計可消除，才下眉頭，卻上心頭。」又有〈醉花陰〉：「薄霧濃雲愁永晝，瑞腦消金獸……莫道不消魂，簾卷西風，人比黃花瘦。」切切思意使趙明誠感動不已，據說連作數十首應和，可惜都自愧不如。

不幸「靖康之難」，金人南侵，夫婦避難江南，趙明誠竟在流亡中病故！

當時趙明誠被任命為湖州知府，並要到建康（今南京）覲見皇帝。他只好於六月獨自策馬赴召，因天熱和長途跋涉，到達建康後就臥病不起。李清照在帶有自傳性質的〈金石錄後序〉中記述：「途中奔馳，冒大暑，感疾，至行在（南宋臨時首都），病痁。七月末，書報臥病。余驚怛，念侯（趙明誠）性素急，奈何病痁。或熱，必服寒藥，疾可憂。遂解舟下，一日夜行三百里。比至，果大服柴胡、黃芩藥，瘧且痢，病危在膏肓。余悲泣，倉皇不忍問後事。八月十八日，遂不起，取筆作詩，絕筆而終。」

原來，趙明誠在六、七月間染瘧疾，病情很重，對丈夫瞭如指掌的李清照大概知道他的體質不宜服寒藥，但醫師為退熱還是大量使用了「柴胡、黃芩」，致病人合併「痢」，腹瀉不止，最終不治。

清照詞學造詣深厚，但認為先生「病痁」就值得商榷，傳染病是古代最常見的致死病因不假，況且明誠年僅四十八歲，出發前還「精神如虎，目光爛爛射人」，估計原本體健，但致高燒的感染性疾病很多，瘧疾只是其中一種，且多見於林木茂盛的瘴疫地區。那時江南，尤其杭州、南京一帶，早已「煙柳畫橋，風簾翠幕，參差十萬人家……市列珠璣，戶盈羅綺，競豪奢。（柳永〈望海潮〉）」遠不是先秦時期的蠻荒地了。

黃芩、柴胡也是可治瘧的。《本草綱目》載：「黃芩，主治諸熱黃疸，腸僻洩痢……治熱毒骨蒸，寒熱往來」、「柴胡主治寒熱邪氣……肺瘧、腎瘧、十二經之瘧，有熱者皆可用之。」它們不但可退寒熱，治諸瘧，更能止「洩痢」，不過藥理不同罷了。至今，中醫對瘧疾的治療仍以黃芩、柴胡等為最佳處方。

如此看來，趙明誠之死可能與誤診有關，高熱、腹瀉，患傷寒也有可能，遑論眾多其他病了。而丈夫早逝成了李清照後半生揮之不去的傷感，其詞作從此融進了家國破敗的沉悲巨痛……

這女子，怎一個瘦字了得！

趙明誠之死暫按下不表，另外再來看看李清照的容貌和身體狀態。她曾寫道：「賣花擔上，買得一枝春欲放……怕郎猜道，奴面不如花面好。雲鬢斜簪，徒要教郎比並看。」看得出她對自己的長相頗為得意，估計李清照五官至少應屬清麗，甚或溫嫵，一如其詞。

除了相貌自信，李清照也極可能身輕如燕、苗條骨感。她的作品多次提到泛舟，大概也是由於輕盈敏捷吧。如少女時代，喝點小酒她「興盡晚回舟，誤入藕花深處」的少婦時代，閨怨難遣便「輕解羅裳，獨上蘭舟」；上了年紀，孤苦寂寞，「聞說雙溪春尚好」，她「也擬泛輕舟」。

「瘦」的意象在現存約四十首易安詞中出現的頻率高得驚人！看見同齡人玩鞦韆，她芳心觸動，順口唱出「露濃花瘦，薄汗輕衣透」。暮春時節，疏懶無聊，她會自言自語：「知否？知否？應是綠肥紅瘦。」思念丈夫，空虛難當，「莫道不銷魂，簾卷西風，人比黃花瘦」就成為她的自戀自憐。當沉悲巨痛來襲，無人分憂時，她又感傷「生怕離懷別苦，多少事、欲說還休。新來瘦，非干病酒，不是悲秋」。人生無常，命運多舛，國破家亡，最後只能含淚吟唱「玉瘦檀輕無限恨，南樓羌管休吹」了。

主觀感受中對「瘦」的感應如此強烈，李清照應不是一般的「瘦」女、「瘦」婦了，但這很吻合宋代審美觀。在宋人畫作裡，如反映城鄉市井平民生活的《清明上河圖》、《耕獲圖》、《七夕夜市圖》，反映民俗題材的節令畫如《歲朝圖》、《觀燈圖》，以及反映貴族文人生活的《西園雅集圖》、《聽琴圖》等，畫中的女性看起來都比男人小一點，都有點削肩，比照唐代畫家、宋代畫家筆下的女子更為瘦小和嬌氣。

李清照的瘦，到底與其命運有何關聯呢？

在農耕文明和儒家文化發達的古代，生兒育女是女性的社會責任，也是防老養老的依託。可惜，李清照和趙明誠雖情投意合，卻沒有留下一男半女！史載趙先生長期在外工作，小倆口聚少離多，這也許是沒有後代的部分原因。到了金人南侵、靖康之難、宋室南渡之後，奔波勞碌的趙明誠暴病身亡，享年四十八歲，此時清照也四十五歲上下，在古代的衛生保健和醫療條件下，要想生育恐怕是難於上青天了。這解釋固然合理，但有一點也不容忽視，那就是李清照的瘦！

活在宋朝的骨感美人李清照，即使在今天都算很時尚，但這可能給她的家庭和本人的命運，蒙上一層揮之不去的陰影。

年華易老，太瘦難孕

對於大多數適齡婚育的女性來說，懷上孩子是一件很平常的事；但是，對於一些太瘦的女人來說，有時努力多年也不見動靜。健康的成年女性體內脂肪含量占全身體重的百分之二十五到三十。女性要維持正常的月經、懷孕和哺乳等生理功能，其體內的脂肪含量必須達到體重的百分之二十二以上。這是因為脂肪組織的多寡與女性體內雌激素的代謝密切相關。女性每次月經都會消耗一定的脂肪量，只有維持正常的月經週期，才可能具備生殖能力，如果脂肪過度減少就會造成不排卵或閉經，受孕會變得很困難。太瘦的話，雌激素容易低下，月經週期不規律，排卵率也較低，難以受孕。研究表明只有體重正常、體內存有適量脂肪，卵巢才能正常工作；如果卵巢功能不正常，正常的生理功能，比如懷孕就會大受影響。總之，女性體重過低會影響受孕的成功率。

此外，懷孕生子很耗費體力，太瘦的女性懷孕較難，就像瘠土長不出好莊稼一樣。排除病理因素外，過於骨感的女性容易營養不良，子宮內膜也不易讓受精卵著床。英國科學家的一項調查研究發現，腰身纖瘦的女性容易在懷孕早期流產，他們對六百名流產女性以及六千名懷孕超過三個月的女性進行觀察與研究，結果顯示纖瘦的女性懷孕頭三個月比正常女性流產率高出百分之七十二。孕婦過瘦導致的內分泌失調，恐難辭其咎。人體的生理變化發展經過億萬年的進化，每一環節都息息相關，每一步驟都有賴於生命密碼的精密運作，稍有差池，都會造成嚴重惡果。

李清照太瘦，影響了生育能力，這是完全有可能的。由於無兒無女，避難江南、丈夫早逝伶仃的李清照後半輩子無依無靠，雪上加霜的是，她甚至有過一次短暫、充滿家庭暴力的悲慘再婚，離婚後還一度鋃鐺入獄，心力交瘁，一代美女兼才女變得「如今憔悴，風鬟霜鬢，怕見夜間出去」，哀嘆「傷心枕上三更雨，點滴霖霪；點滴霖霪，愁損北人、不慣起來聽！」、「這次第，怎一個愁字了得！」今天讀來，實在令人傷感不已。她的詞是史上閨怨詩詞的頂峰，淒美、哀怨至極，情真意切，入骨三分，最終陪伴她在「尋尋覓覓，冷冷清清，淒淒慘慘戚戚」中了卻殘生。

亦文亦醫蘇東坡？

公（蘇軾）自海外歸，年六十六……同米元章遊西山，逭暑南窗松竹下，時方酷暑，公久在海外，覺舟中熱不可堪，夜輒露坐，復飲冷過度，中夜暴下，……二十七日上燥下寒，氣不能支，二十八日公薨。～《冷盧醫話》

命運多舛的蘇東坡，中年之後大多數時光都在貶謫中度過，就在他自以為將要終老天涯海角之際，舊皇帝突然駕崩，新皇帝登基了。

否極泰來，樂極生悲

一朝天子一朝臣，打壓蘇軾的政敵們抵不住殘酷的政治規律，迅速土崩瓦解；於是，正在海南島打發餘生的蘇軾突然接到聖旨，被調回內地。他壓抑不住心中的快意，在〈六月二十日夜渡海〉

中寫道：「九死南荒吾不恨，茲游奇絕冠平生。」

蘇軾北上路過江浙一帶，據《冷廬醫話》云，當時正值炎炎夏日，天氣酷熱，他耐不住船艙中高溫的煎熬，夜晚敞開胸腹，坐在月下乘涼，剛好舟中提供冷飲，估計是北宋時流行的「冰雪甘草湯」（用甘草、砂糖和清水熬成的冰鎮飲料）之類，甘甜爽口，沁人心脾，東坡大悅，豪興大發，率性而為，遂放開肚皮，一陣子猛灌！豈料因為縱情冷飲，半夜腹部絞痛陣陣，不斷排出爛便，甚至水樣大便，落下病根。[1]

守得雲開見月明，蘇軾剛剛告別海南的窮山惡水，就在柔媚的江南水鄉病倒了，腹瀉不止，高燒不退，更可怕的是，「齒間出血如蚯蚓者無數」。[2]

這場暴病不期而至。據時令、誘因、臨床症狀分析，綜合凝血功能紊亂，此病極可能是細菌性痢疾！細菌性痢疾（菌痢）是由痢疾桿菌引起的腸道傳染病，好發於夏、秋季，主要表現為發熱、腹痛、腹瀉，病人反覆有便意，但每次排便不多，甚至排黏液膿血便，嚴重者可發生感染性休克。痢疾桿菌在外界環境中的生存力較強，在飲料、瓜果、蔬菜及汙染物上可生存一到兩週。夏季有利於蒼蠅孳生及細菌繁殖，且人們喜食生冷食物，因此該時節高發。

痢疾桿菌經口進入消化道後，發病與否取決於病人抵抗力強弱和細菌的數量、強度。在強壯的人體內，這些細菌多數可被胃酸或免疫系統殺滅；而人體抵抗力下降時，如患有一些慢性疾病（特別是消化系統疾病）、過度疲勞、營養缺乏和暴飲暴食等，即使感染少量病菌也容易發病。

痢疾桿菌侵入腸子的黏膜後，不斷繁殖，然後往腸壁逐層逐步侵蝕，其產生的毒素使腸子迅速發炎、潰爛、壞死，毒素也可被吸收入血，引起全身毒血症。

縱情冷飲，感染痢疾

得病之後，患者如治療不及時，容易由於腹瀉不止而導致大量失水、脫水，最終可致休克、衰竭而死。古代中醫雖有「清熱燥溼，調氣行血」、「溫化寒溼」、「清熱解毒，涼血止痢」等經驗治療痢疾，但在缺乏現代靜脈輸液和抗生素的年代，病死率還是很高的。

當然，不慎讓痢疾桿菌從口而入是患病的原因，這與居住環境、飲食衛生有著密切的關係。為圖一時爽快，一派輕鬆的蘇軾，豪情萬丈，不加節制地大喝冷飲，在不知不覺中接觸汙染物而感染痢疾桿菌是也就可想而知。

蘇軾的體質也是致病的重要因素，畢竟年逾花甲，經受了荒島貧困生活的長年折磨，營養狀況絕對不容樂觀。老人即使貌似無病，但「體內平衡」極易被打破，身體好比一條繃緊的弦，稍有衝擊即一觸即潰。蘇軾正是如此，再加上一路鞍馬，舟車勞頓，疲憊不堪，身體早處於亞健康狀態，暴飲暴食又把脆弱的消化系統逼到死角，進入陌生環境，病從口入，患急性腸道疾病在所難免。

此外，江浙一帶，湖泊江河交錯，稻田水塘眾多，本就容易透過水質而孳生細菌，汙染食物，而蘇軾奔赴常州已是五、六月間，正是痢疾桿菌猖獗之時，他在這個時候不慎染病，實在是自投羅網。

當痢疾桿菌定居在蘇軾的結腸、直腸上時，慘劇開始發生了。這些貪婪的細菌拚命蠶食、破壞腸壁的黏膜和血管，使得腸壁坑坑窪窪、破爛不堪，還不斷滲出惡臭的膿血，令正常的糞便簡直無法成形。這時，蘇軾出現嚴重的腹部不適，不停地跑到茅廁出恭，初期還有一些爛便，慢慢地，便意愈來愈頻繁，每次排出的爛便、水樣便愈來愈少，而裡面混雜著的紅白膿液則愈來愈多。

人有病，自然聯想到醫治，可是，蘇軾開始時並無求診打算，不是請不起醫師，而是他自以為醫。《冷廬醫話》說他先是自熬「黃粥」而食，輔「以參苓瀹湯」，甚至自信滿滿地宣稱「當用清涼藥，已令用人參、茯苓、麥門冬三味煮濃汁，渴即少啜之」。[3]

蘇軾的辨證論治不是空穴來風，做為文學巨匠，在醫藥學、養生學方面也頗為留心。他乃儒而學醫，自信尤善養生，在《東坡志林》、《仇池筆記》、《蘇沈良方》等許多著作中，據說都有他的養生之論，如《蘇沈良方》載「上張安道養生訣」，介紹了自己「閉息內觀，納心丹田，調息漱津」的鍛鍊方法，並說自己平生「頗留意養生」，「其初效不甚覺，但積累百餘日，功不可量，比之服藥，其效百倍」。在海南三年，東坡也沒有虛度，一邊學習海南人如何養生防病，一邊種植藥材積極實踐、創寫抗瘴的偏方，忙得不亦樂乎。

貶謫期間行醫民間，蘇軾為杏林留下了千古佳話。在杭州做知府時，瘟疫大發，他在城中建了一座「安樂」病坊，三年中收治病人近千名，北宋朝廷肯定了這一政績。他還在〈贈眼醫王彥若〉一文中，把眼睛的生理、病理描寫得淋漓盡致，甚至提出飲茶可以防齲之說。

術業畢竟有專攻

一切似乎都提示蘇軾的醫術可圈可點，可實際效果呢？「二十五日疾革，二十七日上燥下寒，氣不能支，二十八日公薨。」醫藥罔效，東坡落得駕鶴仙去的可憐下場。

蘇軾為百姓看病被譽為美政，實質是對儒家愛民思想的讚頌，具體成效則無從統計。傳統社會，不少知識分子都對中醫有所涉獵，但不等於具備行醫資格，只是懂點常識罷了。當然小病可透過食療或簡單用藥除之，如同廣東人居家旅行，總備些含中藥成分的涼茶「睇門口」。

有宋一代，由於皇家帶頭，許多知識分子都對醫學情有獨鍾，彷彿是一種社會風尚，閒暇時分喜歡翻幾頁，讀幾章，甚至露幾手，至於水準如何則見仁見智。宋代帝王不僅支持刊刻藥學著作，還支持傳播醫方，如宋太宗趙光義在登基前就非常留心醫術，「太宗在藩邸，暇日多留意醫術，藏名方千餘首，皆嘗有驗者。」（《宋史》）高粱河之戰打敗，被遼軍神箭手射傷後，因年年必發箭瘡之苦，太宗更是「留意醫術」，太平興國六年十二月，他下詔「訪求醫書」，還令翰林醫官院收集「家傳經驗方」，淳化三年編撰成《太平聖惠方》一百卷，「以印本頒天下，每州擇明醫術者一人補醫博士，令掌之，聽吏民傳焉。」（《長編．卷三三》）其實老趙家早就有遵醫、學醫的傳統。史書載：「太宗嘗病亟，帝（哥哥太祖趙匡胤）往視之，親為灼艾，太宗覺痛；帝亦取艾自灸。」兄長親為弟弟艾灸，除了手足情深、兄友弟恭，也可看出趙匡胤是懂點艾灸知識的。

有了太祖、太宗的提倡，後世子孫自然不敢怠慢，廣為發揚家族優良傳統，親自實踐者大有人在。如某大臣有疾，宋真宗趙恆親自查閱《御藥院方》，選具去痰、明目、進飲食的「生犀丸」，賜其服用。宰相王旦體弱多病，真宗賜其蘇和香酒，似乎略有療效。[4]王旦病重時，「真宗遣內侍問者日或三四，帝手自和藥，並薯蕷粥賜之。」（《宋史・列傳》）儼然已是大內醫家。

有銳意改革志向的宋神宗趙頊自謂熟知治療方法。王安石為相時，「日奏事殿中，忽覺偏頭痛不可忍，遽奏上，請歸治疾。裕陵（神宗）令且在中書偃臥，已而小黃門持一小金杯藥少許，賜之，云：『左痛即灌右鼻，右即反之；左右俱痛並灌之。』即時痛癒。」（《墨莊漫錄》）神宗指導王安石交叉灌藥治療偏頭痛，從現代醫學來看似乎無法解釋，其巧妙之處實在令人匪夷所思。

不過，與當今一樣，媒體願意報導的還是成功案例。有失尊嚴的失敗個案是史官們必須三緘其口的！有些「醫療事故」中，肇事的是主治醫師皇帝，誰敢懲處？

曾將蘇軾一貶再貶的宋哲宗趙煦，聽說老宰相韓絳生病了，而且食欲不振，便聲稱自己正在服用的「金液丹」有開胃奇功，值得一試。「提舉翰林醫官院」（中央醫學院）的長官們得旨後，無不馬首是瞻，逐級傳達，太醫哪敢抗旨？豈料韓老先生年邁，精氣已衰，抵不住金液丹的一溜猛效，聽說皇帝賜藥，長嘆一聲，這天下最大的人情誰敢不領？他自知大限已到，兩眼一閉，脖子一仰，違心地服下藥，兩腿一蹬，預料之中而莫名其妙地一命嗚呼。後來，宋朝京城有句話很流行：「宣醫喪命。」意思說只要是皇帝叫醫師給你治病，你就準備打點行李去閻王那兒報到吧。的確，有些皇帝對醫學一知半解，如果他一時興起，突發奇想，按照自己的見解和體驗幫你治病用藥，那還有命嗎？賜你御藥和皇帝賜一尺白綾自行了斷，有何區別？

回過頭來說蘇軾，他在人生出現曙光的瞬間，卻黯然離開了歷史舞臺，無法創作更多優美感人的作品繼續打動世人，實在是莫大的憾事。他於詩詞歌賦、琴棋書畫，無所不通，但是否熟讀《黃帝內經》等基本著作就能通醫？醫學畢竟與其他專業不同，是一門實踐科學，絕不是按圖索驥就能一蹴而就的。何況中醫最首要者，乃因人而異也，症狀同而病根多有不同。至於望聞問切，做為病人的蘇軾可用於自身嗎？他忘了自己寫的：「不識廬山真面目，只緣身在此山中。」

同時，蘇軾也忘了韓愈的話「術業有專攻」。看來，與其說他死於痢疾上，毋寧說死在自己手，死在剛愎自用的心態上。人若是對健康掉以輕心，拿生命開玩笑，代價將會相當慘痛。

---

1 清陸以湉《冷廬醫話》：「建中靖國元年，公（蘇軾）自海外歸，年六十六，渡江至儀眞，艤舟東海亭下，登金山妙高臺時，公決意歸毗陵，復同米元章遊西山，逭暑南窗松竹下，時方酷暑，公久在海外，覺舟中熱不可堪，夜輒露坐，復飲冷過度，中夜暴下，至旦憊甚，食黃粥覺稍適。會元章約明日爲筵，俄瘴毒大作，暴下不止，自是胸膈作脹，欲飲食，夜不能寐。十一日發儀眞，十四日疾稍增，十五日熱毒轉甚，諸藥盡卻，以參苓瀹湯而氣寖止，遂不安枕席，公與錢濟明書云：某一夜發熱不可言，齒間出血如蚯蚓者無數，迨曉乃止，困憊之甚。細察病狀，專是熱毒根源不淺，當用清涼藥，已令用人參、茯苓、麥門冬三味煮濃汁，渴即少啜之，余藥皆罷也。莊生聞在宥天下，未聞治天下也，三物可謂在宥矣，此而不癒則天也，非吾過也。二十一日，竟有生意，二十五日疾革，二十七日上燥下寒，氣不能支，二十八日公薨。」

2 同註1。

3 同註1。

4 北宋沈括《夢溪筆談．卷九》：「（王旦）氣羸多病，眞宗面賜藥酒一注瓶，令空腹飲之，可以和氣血，辟外邪。文正（王旦）飲之大覺安健，因對稱謝。」

差點改寫歷史的小病菌

比鎮江的軍隊更具殺傷力的敵人突然出現了。霍亂及沼澤地帶產生的熱病開始流行，很多士兵，尤其新兵，紛紛因此送命。～《復仇神號輪艦航行作戰記》

西元一八四二年夏，中英鴉片戰爭已進入第三年，坐擁百萬大軍的清政府彷彿一頭衰老而遍體鱗傷的大象，面對小股英軍的凌厲攻勢，儼然被獅子的利爪尖牙撕咬得連招架之力都喪失殆盡。

常勝軍的窘迫

六月十九日，藉助堅船利砲，英軍閃電般占領了上海；七月五日，他們又相繼攻取戰略要地鎮江。不可思議的是，一路高奏凱歌的英軍衝到南京城下時卻遲滯不前，疲態百出，竟成強弩之末，他們士氣低落、焦躁不安、進退維谷，只有等待奇蹟發生了。英國的戰略構想被突然打破，歷史曾在這微妙的時刻給大清一個千載難逢的機會，如果他們抓得住，也許整個中國近代史都會改寫！

這不能歸咎於後勤補給的局限，也並非是清軍的迴光返照。原來，英軍出現了霍亂疫情！許多兵士腹瀉嘔吐不止，甚至一命嗚呼，以至戰鬥力大打折扣。霍亂和其他傳染病使得英國軍隊損失慘重，參戰的英軍軍官柏納德（W. D. Bernard）在《復仇神號輪艦航行作戰記》（*Narrative of the Voyages and Services of the Nemesis*）一書中憶道：「鎮江的軍隊是一支不可輕侮的敵軍，我軍在鎮江戰役中所遭受的損失，比以往任何戰役來得更慘重，但比鎮江的軍隊更具殺傷力的敵人突然出現了。霍亂及沼澤地帶產生的熱病開始流行，很多士兵，尤其新兵，紛紛因此送命。」

十餘年後，英軍在克里米亞戰爭中與俄軍對壘，俄羅斯大地上的霍亂又一次騷擾了英軍，成了不少人的死亡詛咒，不過這似乎沒有對戰爭進程構成多大的影響。

一八九五年夏天，為抵抗日軍侵占臺灣，清兵及臺灣兵勇共約三千名餘名正規軍參與戰役，戰死者不下兩百多人。日軍由於裝備先進，實際傷亡並不多，不過這段時間，日軍因為水土不服，更因為霍亂、瘧疾等傳染病的滋擾，造成不少非戰鬥減員，數目遠比陣亡者多。可惜，瘟疫就算站在中國一邊，最終也對敗局無能為力。

狂魔來襲，不分華夷

霍亂（cholera）由霍亂弧菌引起，又被生動地音譯成「虎烈拉」，是一種烈性腸道傳染病，夏季最活躍，常經不潔飲用水傳播，發病急驟，傳播迅速，病患如得不到及時救治，體內水分將被弧菌「榨乾」而死。在醫學尚未發達的十九世紀，其病死率極高。

這小小弧菌發源於富饒的恆河三角洲，由於受交通限制，十九世紀以前，霍亂只局限在印度。此後，世界經貿的發展不可避免地打開了霍亂的封鎖線，這隻蟄伏在文明古國的惡魔開始「走向世界」，從「騎著駱駝旅行」逐漸升級到坐著輪船、火車周遊列國，遺患無窮。從一八一七年至一九二三年的百餘年間，全球共發生了六次世界性霍亂大流行，每次大流行都曾波及中國，中國東部的水鄉正是霍亂菌理想的棲息地。霍亂引起的腹瀉是最嚴重的，病患一天可腹瀉十幾次，甚至幾十次清稀大便。可以說，霍亂弧菌具備把腸道的細胞、乃至整個人體的所有水分徹底榨乾的可怕能力！很多罹難者死時只剩下一副乾癟的遺體。

在舊中國時期，多數人不知道什麼是民主、憲法，也不知道何為衛生。許多鄉鎮都能看到便溺遍地，垃圾滿街、大糞搬運工用扁擔挑著木桶，走到溝渠或河流旁，將汙物嘩啦一聲倒入敞艙駁船之內，汙滿為患時，船隻便被牽引到鄉間的稻田裡。穢物就被胡亂倒進水中，溝渠水淤滯不堪，綠色淤泥攪拌著渾濁發黃的汙水，散發著惡臭。往往就在那些水系旁邊，人們正舀水洗馬桶甚至拿來飲用、洗衣、洗米、洗菜和做飯！這種情況在水網交錯的江南尤甚。霍亂的歷次流行多與水體被霍亂菌汙染有關，這次卻悄悄給英國侵略者製造了不少麻煩。

霍亂也扭轉不了清廷命運

不過，英國等待的奇蹟真的發生了！灰頭土臉的清廷終究還是迫不及待地請求和談，讓夾在兩難中的英國欣喜若狂，雙方很快簽訂了臭名昭著的《南京條約》。對於如何結束戰爭、該擄掠多少利益，英國本無多大把握，至少沒料到清國會這麼快屈膝投降。英軍決策層原本認為至少要拿下南京，清政府才可能會在簽約上有所反應，而此時清政府的「敏捷」反應著實令英國人感到意外。

可以說在一定程度上，霍亂讓第一次鴉片戰爭喊停，英國見好就收。腐朽的大清因為完全沒有發達的情報機構，也不知對手正困於「水土不服」，錯失扳回一局的良機。

不過話說回來，如果沒有霍亂的流行，英軍可能會以迅雷不及掩耳之勢，乘勝拿下南京，根本不會給清廷太多應對和思考時間。況且，英軍拿下南京後，可能不會就此罷手，而是乘著餘威和聲勢進一步擴大戰果，到時候大清將會損失更多利益，畢竟英軍的戰略目標是整個江南地區。

如同一隻看不見的手，霍亂無意中影響了鴉片戰爭的整個進程，但是，頂多只是改寫了一場戰役，卻無法改變一個王朝的悲劇命運，更無法逆轉衰老帝國在新興資本主義強國面前的窘態。

決定一個國家、民族能否站起來，靠的永遠是自身的覺醒，以及自強不息的奮鬥精神，不可能仰賴外力和僥倖。當時的大清國有多少人懂得這個道理？

歷史長河在拐彎處稍停了一下，又繼續往前流去。

清朝最不祥的一個冬天

病者先於腋下股間生核，或吐淡血即死，不受藥餌。雖親友不敢問弔，有闔門死絕無人收葬者。～《明．潞安府志》

宋、元之後，隨著生產力的發展和人口的大規模流動，曾被視為「不毛」的南方陸續開發，瘴癘之地慢慢變少，然而中國版圖遼闊，總有窮山惡水，讓統治者可以方便流放罪人。

令人望而生畏的流放地

東北地區就曾讓不慎獲罪者聞虎色變！以黑龍江省牡丹江一帶為例，清朝稱之為「寧古塔」，它臭名昭著，一直是士人和官員們最不祥的符咒。當時的白山黑水，人跡罕至，森林莽莽，野獸縱橫，生活資源匱乏，冬日滴水成冰，極不適合人類居住。流放者簡直到了人間地獄，余秋雨考證說，他們往往走到半路就被猛獸吃掉，或者餓暈了被當地土著分而食之，最終到達目的地的倖存者寥寥無幾。

清代不少軍人、文人、學子及其家屬因政治鬥爭、文字獄或科場案被流放寧古塔，他們當中有鄭成功之叔父鄭芝豹、文學家吳兆騫、大文豪金聖嘆的家屬、思想家兼出版家呂留良的家屬。

呂留良的弟子被告發謀反，引發雍正大怒，牽連老師，結果呂留良被剖棺戮屍，子孫及門人等或戮屍，或斬首，餘下的流徙為奴，罹難之酷烈，為清代文字獄之首。

雪上加霜，東北的疫病也是許多人的噩夢，傷寒、斑疹傷寒、恙蟲病……不一而足。一九一〇年十月至一九一一年三月，清王朝繼續苟延殘喘的一個冬天，異常寒冷，就在這個冬天，哈爾濱有六萬條生命被一場數百年不遇的大瘟疫吞噬了。

鼠疫肆虐人間

這就是烈性傳染病鼠疫。它由鼠疫桿菌引起，原本流行於野生嚙齒類動物，鼠是重要傳染源，經跳蚤傳播，即鼠傳蚤再傳人，這是鼠疫的最經典傳播方式。十九世紀後期，德國微生物學家羅伯．柯霍（Robert Koch）博士最先發現了這一規律，臨床表現為發燒、淋巴結腫大、咳嗽、咯血、出血等，傳染性極強，死亡率極高，屬國際檢疫傳染病，在中國大陸被列為甲類傳染病之首。

古人對鼠疫早就不陌生，清代以前的文獻記載，病患「頭疼身痛，憎寒壯熱，頭面頸項赤腫」，「頭大如斗」，「一贅肉隆起，數刻立死，謂之疙瘩瘟……至春間又有嘔血者，亦半日死」或「一二日即死」，又可「先於腋下、股間生核，或吐淡血即死」。

有專家根據西元一六四四年初北京周邊的疫情特點，再結合氣候特徵，推測當時京城內出現特大鼠疫，導致明軍抵抗力急劇下降，因此京師被李自成輕易攻破，結束了一個漫長的朝代。

如果此時面對敵人和瘟疫來犯，明軍如何能守得住？當時在北京的明軍名義上有十來萬，大疫過後，折損過半。按一位明朝遺民張怡的說法，當李自成的隊伍殺奔過來時，能上城牆防守的軍人連一萬人都湊不齊。不但士兵、小販、雇工大批倒斃，北京城連乞丐都找不到，守城將官低聲下氣地求人來守城，「逾五、六日尚未集」，崇禎帝只得下令讓太監三、四千人上了城牆。到了李自成兵臨城下時，北京內城上五個城垛才有一個士兵，而且都是老弱病殘，「鳩形鵠面，充數而已」，一群烏合之眾怎能抵擋李自成的久戰之師？「鞭一人起，一人復臥如故」（這個站起，那個又倒下）難道明軍甘願引頸受戮？其實可能是因為疫病流行，官兵們感染得病後大量死亡，僅存的人員都是半死的病患，虛弱不堪，實在無能為力。如果沒有大疫，再不濟事，靠著紅衣大炮和堅固城防，應該也能多堅持幾天、不能讓大順軍兵不血刃吧？一百九十五年前經受「土木堡之變」的明軍殘部，不就是這樣同仇敵愾地把勢頭正猛的瓦剌軍打敗，贏得北京保衛戰的嗎？

鼠疫桿菌喜歡低溫，在冰凍的組織或屍體內可存活數月至數年，東北寒冷的天氣很適宜生存。不難想像流民或難民生活條件惡劣，衣食不繼，衛生狀況慘不忍睹，自然又易孳生跳蚤，最終被帶菌的跳蚤把惡疾傳到人身上，造成嚴重死亡。「死屍所在枕藉，形狀尤為慘然」。當時東三省總督錫良形容鼠疫「如水瀉地，似火燎原」。如果按照一般傳染方式，皮膚被蝨子咬破後，病菌從破損處入侵淋巴腺導致發病，故又名「腺鼠疫」。

然而，東北這次瘟疫有這麼簡單嗎？

鼠疫間接促進現代醫學？

按照以往處理鼠疫的方式，清廷命人大量捕殺老鼠且焚燒、掩埋鼠屍，以此切斷傳染源，但出乎意料的是疫情並未好轉。一些病理學家透過解剖鼠屍後發現，鼠疫桿菌了無蹤跡。這隱隱約約透露出事態的嚴重性和不尋常性。

後來，清政府任命留學歸國的伍連德醫學博士為「東三省防鼠疫全權總醫官」，深入疫區領導防治工作。

伍連德到達當地三天後，祕密解剖了一位嫁給中國人的日本女客棧主人的屍體，從標本中發現了鼠疫桿菌。清朝官員被請去一同在顯微鏡下觀看，伍博士知道讓這些缺少近代醫學和科學知識的外行理解導致神祕死亡的原因，並非一件易事。

他透過解剖逐漸得出結論，這次流行的是「肺鼠疫」，而非以往的「腺鼠疫」，傳染方式是桿菌透過呼吸和飛沫直接在人與人之間傳染，而不是間接地從老鼠到跳蚤再到人。這就為防疫工作確定了完全不同的做法：腺鼠疫是採用滅鼠來切斷傳染源，肺鼠疫則是透過隔離疑似病患來防疫。由此，誕生了伍連德博士親自設計的加厚型特製口罩。

經過伍連德博士等醫療界先驅的不懈努力，人們終於戰勝了這場罕見的瘟疫。由於疫情嚴重，清政府被迫提高了對公眾健康的關注，同時升級醫療舉措，例如允許對屍體進行解剖和火化，一些帶有現代醫學痕跡的治療和預防方法開始出現。某種程度上，鼠疫橫行之日，正是中國現代醫學興起之時。

中國歷史上第一次國際性學術會議就是一九一一年研討鼠疫的「萬國鼠疫研究會（International Plague Conference），可見當時鼠疫在中國的流行之嚴重。研究會結束後，伍連德獲頒「醫科進士」功名，被授予中華帝國軍隊相當於少校軍銜的「藍翎頂戴」，並有資格跪拜於紫禁城內御座前，受到為小宣統皇帝代理政務的醇親王載灃親自召見。

然而，歷史走到這步田地，大清已是風燭殘年了，在「龍興之地」發生如此震驚的事件，絕對不是上天安排的祥瑞，只能是詛咒。乾隆皇帝當年在東北盛京即興揮毫的「紫氣東來」並沒有給這個老邁皇朝帶來更多福氣，此次東北鼠疫大災結束半年多，武昌首義爆發，清王朝迅速分崩離析，很快壽終正寢。連同大清一起走入墳墓的，還有實施了兩千多年的流放制度。

陸

醫／療

古今事件簿

刑場上的中國解剖學

使太醫、尚方與巧屠共刳剝之，度量五臟，以竹筳導其脈，知所終始，云可以治病。～《漢書．王莽傳》

解剖學是現代醫學的基礎，也是醫學生的必修課程，當年我剛接觸時，為眾多以外國人名字命名的骨骼、肌肉而不勝唏噓。

鮮血淋漓的解剖史

中華文明源遠流長、博大精深，曾幾何時也在該領域獨步一時，然而卻在近五、六百年的科技史上，幾乎跌入萬劫不復的深淵！

中國古人發明了不少「車裂」、「斬首」，甚至「凌遲」這樣的酷刑，歷代統治者「發揚光大」並一直沿用到清末。砍頭也是一門技術，不是一刀劈過去就沒事，有些技藝不精的劊子手，或是經驗不足，或是心情緊張，刀是砍下去了，可頭未掉，受刑者痛苦得淒厲嚎叫，再砍，還不斷，真是悲慘！按理說，行刑者也算專業人員，不深諳解剖學恐難勝任吧！又比如凌遲，受刑者被千刀萬剮，史書載有犯人被剮了數天，最後成了一架骷髏而心臟尚動。明朝中期的大太監劉瑾，作惡多端，被處以極刑，據說被剮了三千多刀，剮了整整三天才算了事，這劊子手也太厲害了吧。讓罪犯在劇痛中慢慢嚥氣是劊子手的高明之處，他們的某些解剖能力和知識必然比今天許多只會開研討、撰寫論文的專家更強。

確實，中國解剖學起步很早。司馬遷在〈扁鵲倉公列傳〉中介紹過一位上古時代的名醫俞附，他能割皮肉，疏經筋，拉開胸腹膜，抓起大網膜，還能洗浣腸胃，漱滌五臟，神奇得讓人懷疑太史公加進了西漢時的解剖知識，簡直神祕兮兮。而陳壽筆下的華佗則「斷腸湔洗，縫腹膏摩……一月之間，即平復矣」，又言之鑿鑿。

《漢書．王莽傳》記載，西元十六年，篡漢的皇帝王莽捕獲一罪人，對他進行了極殘酷的殺戮，「使太醫、尚方與巧屠共刳剝之，度量五臟，以竹筳導其脈，知所終始，云可以治病。」難能可「貴」的是，他們在虐殺之餘還想到了醫用價值，釐清了血管的來龍去脈，可惜，這份血腥的解剖學資料，因年代久遠而佚失。

不過，這類醫學科研終究不能登上大雅之堂。

北宋時，廣西有一批以歐希範為首的反叛者被處死。為了學術和興趣，宜州推官吳簡對五十六具刑屍進行了解剖，與醫師和畫工仔細地觀察了這些屍體的內臟器官，並由畫工宋景描繪成圖，這便是《歐希範五臟圖》。圖畫失傳已久，徒有文字，記錄如下：「凡二日剖歐希範等五十有六腹，皆詳視之，喉中有竅三：一食、一水、一氣，互令人吹之，各不相戾，肺之下，則有心肝膽脾胃，之下，有小腸；小腸下有大腸。小腸皆瑩潔無物，大腸則為滓穢。大腸之旁則有膀胱。若心有大者、小者、方者、長者、斜者、直者、有竅者、無竅者了無相類，唯希範之心……如所繪焉。肝則有獨片者、有二片者、育三片者，腎則有一在肝之右微下，一在脾之左微上。脾則有在心之左。」雖與現代醫學有部分出入，但大體位置描述是正確的。他們已注意到右腎比左腎的位置略低，這是了不起的發現！首領歐希範在「農民戰爭」史上名不見經傳，但居然在解剖學史上留名，不知道方臘、宋江之流會做何感想。

此後一直到清末，有興趣者大多還是沿吳簡的方式找死屍（最常是刑屍）研究，前進的腳步愈來愈慢。雖然有不少醫師參與其中，但礙於文化傳統，屍體解剖依然只能在遮遮掩掩中進行。清代醫學家王清任在行醫的過程中，深感解剖知識的重要，「業醫診病，當先明臟腑」，否則「本源一錯，萬慮皆失」。他研究了古代的臟腑書籍和圖形後，發現裡面存在著不少矛盾，於是致力於人體臟腑的研究達四十多年。據王清任自述，他在三十歲那年，正在河北灤洲稻地鎮行醫，當時小兒瘟疫流行，每天有不少病童被奪去生命。在窮人以席代棺的義家墓地，他每天清晨都去觀看犬食之餘的小兒屍體……後來，根據仔細觀察，編寫了繪有臟腑圖譜的《醫林改錯》一書。對於王清任的大膽實踐，當時很多醫家對其持否定態度，竟然有「醫林改錯，愈改愈錯」的說法。

古今無奈皆然

西方文明在解剖學這方面並不比中國起步早，但中國在宋、元之後進步緩慢，而大洋的彼岸卻已突飛猛進了。

這有深刻的文化原因。中國人自古就認為接觸死屍是大忌，甚至認為損傷屍體是大不敬的事情。南朝時，一個叫唐賜的人臨死前吐了二十多條蟲子，他的妻子和兒子按照他死前的囑咐，解剖了屍體，試圖找出病根，結果竟然被當局以不孝不道的罪名，將這對母子斬首於街頭。劊子手畢竟是偏門職業，解剖學和其他技術活一樣，包括醫學，始終不是追求仕途及第、重視文學儒教的古代知識分子眼中的正路，評價好的稱奇技淫巧，差的就說邪門歪道。道德倫理對人長期禁錮使科學創新日益滯後，漢唐時的開放進取退化成了保守閉塞。

再說我們的中醫國粹。早期的中醫學固然得益於解剖學的萌芽，但隨著哲學理論的豐富，與之漸行漸遠，最終分道揚鑣。西醫具體，中醫抽象，喜歡比附推演，玄之又玄，重視看不見、摸不著的「氣」、「經絡」，很多器官描述並不是來自解剖實踐，而是在五行陰陽的指導下「以表知裡」，與西方看重的實證主義大相徑庭。西方並沒有一套強勢的、抽象的哲學性醫學，從古至今都是注重實證，用實物和實驗來論證、推理，繼而反用於人體身上。

幸好，有些荒謬的禁忌早就隨著社會進步而煙消雲散了，那些行之有效的西方思維隨著國家的開放而「隨風潛入夜，潤物細無聲」。

但是，我們不難發現在古代漫長的解剖學發展過程中，存有不少官方的身影！往好處看，可以運用官方的公權力拓展研究，利用話語權傳播成果；但往壞處看，由於官員們（非專業人員）的介入，這樣的研究有時難免和自然科學發展規律相悖，而且在一個權力社會，他們的「成果」往往就是權威，人們不敢輕易質疑，又使得科學，尤其是自然科學的發展停滯不前。

中國近代科技被西方遠遠拋離，原因眾多，但解剖學史上的坎坷值得深思，特別是對照當下某些大學的辦學模式和管理方式，這種借鑑意義實在不容忽視！

刮骨療傷的一場關公戰神秀

羽嘗為流矢所中，貫其左臂，後創雖癒，每至陰雨，骨常疼痛。醫曰：「矢鏃有毒，毒入於骨，當破臂作創，刮骨去毒，然後此患乃除耳。」羽便伸臂令醫劈之。時羽適請諸將飲食相對，臂血流離，盈於盤器，而羽割炙引酒，言笑自若。～《三國志．關羽傳》

世間真有不怕痛的人嗎？

不是小說，勝似小說

《三國演義》的歷史脈絡雖與正史《三國志》基本一致，但不少深入人心、耳熟能詳的情節其實或子虛烏有，或張冠李戴，如關老爺的過五關斬六將、華容道釋曹操；諸葛亮火燒新野、草船借箭等。不過關羽刮骨療傷這一節卻和正史驚奇地相近：「羽（關公）嘗為流矢所中，貫其左臂，後創雖癒，每至陰雨，骨常疼痛，醫曰：『矢鏃有毒，毒入於骨，當破臂作創，刮骨去毒，然後此患乃除耳。』羽便伸臂令醫劈之。時羽適請諸將飲食相對，臂血流離，盈於盤器，而羽割炙引酒，言笑自若。」（《三國志．蜀書六．關羽傳》）最大的不同僅僅在於正史沒有交代華佗的出現，因為，關羽中箭大概在襄樊戰役前後，那時，華佗早已被曹操殺死多年了。

如此傳神的描繪在陳壽《三國志》中並不多見，此君著書嚴謹，此書內容可信，但與司馬遷的傳奇筆法相比，顯得惜墨如金而枯燥乏味，人物事跡過於簡略，關羽的神人本事幾乎不見蹤影，引起後人無限的想像空間，唯獨上述一段頗為震撼。

真實的情況是手術者乃一不知名軍醫，雖非華佗但身懷絕技。估計當時軍隊裡大量配置了這樣的專業人才。骨頭是否中毒，值得商榷，創傷後神經受損引起的隱痛更常見，剖開皮肉刮骨是否有效不得而知，史書也沒交代療效，我們的焦點只在術前的止痛、麻醉。

揚威部屬，未雨綢繆

被診斷之後，關羽有兩種選擇，一是保守姑息治療，但病根不除，症狀容易反覆，影響戰鬥力和生活品質，他否決了；第二，就是遵照醫師的建議。

於是，關羽得面臨當時的根治手段——刮骨。這本該在封閉的手術室（當時可能是一間有眾多侍從嚴陣以待，床鋪、棉被、藥品、繩索齊備的密室）內進行，完全沒必要在大庭廣眾、部下雲集之所進行，但關羽不愧為統帥，眼光很遠，決定以「造神運動」樹立個人威信，以利帶兵領兵。據說拿破崙有一句名言：「一頭獅子帶領的一群羊，可以打敗一隻羊帶領的一群獅子。」看來關羽早他一千多年就懂得其中精髓了。

問題來了，如何止痛？關羽有此打算，必有充分準備。這些沙場老將身經百戰，戎馬幾十年，在冷兵器時代負傷也是家常便飯，自然鍛鍊出對傷痛的忍耐力，也許真的能以意志超越常人。太平天國時期的翼王石達開，領兵出走後被困大渡河，後來為了解救全軍性命，自知必死無疑，仍前往清營自首，被清朝判凌遲（千刀萬剮）處死。他的下屬一同被處死，行刑時不勝痛楚，慘呼不止，石達開大呼：「何遂不能忍此須臾？當念我輩得彼，亦正如此可耳。」他受刑時，被割一千多刀，從始至終默然無聲。石達開的凜然正氣和堅強意志使清軍官兵感到無比震驚，觀者無不動容。連敵對勢力的清朝四川布政使劉蓉，都不得不如此讚他「梟桀堅強之氣溢於顏面，而詞句不亢不卑，不作搖尾乞憐語……臨刑之際，神色怡然，實醜類之最悍者」。

有些參加過抗日的老戰士回憶，戰爭年代條件艱苦，戰傷開刀沒有麻藥，麻繩就是麻藥，為了固定受傷的部位，醫師用麻繩把他的傷臂綁在凳子上，直接施行手術，他們咬咬牙就過去，但渾身都溼透了。

但是像石達開這樣的強悍豪傑，畢竟是鳳毛麟角。強忍的確很艱鉅，畢竟是血肉之軀，關羽面對的割肉療法，有點類似古代的酷刑，和一般的箭傷、刀傷畢竟完全是兩回事啊！萬一失手，汗流浹背、嚎啕大叫，必會自毀形象、偷雞不成反蝕米。況且，滿頭大汗是生理反射，可不是你想讓它不出來就不出來的，這麼痛苦的表情，怎麼也達不到若無其事、談笑自若的風度啊。筆者認為關羽應該是使用了古代的止痛辦法。

難道他用的是華佗的麻醉藥——麻沸散？

古代麻醉法

據《後漢書・華佗傳》載：「若疾發結於內，針藥所不能及者，（華佗）乃令先以酒服麻沸散，既醉無所覺，因刳破腹背，抽割積聚（腫塊）。」華佗所創麻沸散的處方後來失傳了，傳說是由曼陀羅花、生草烏、香白芷、當歸等組成。華佗死時，距關羽手術已經有十年左右，如果華佗真有祕方流傳，由北方傳到南方也不是沒有可能。

問題的癥結在於此法類似今日的全身麻醉，病人喝下後熟睡，又如何與眾將對飲說笑、展示強人本色呢？更談不上大顯神威了。因此，刮骨療傷需用保持清醒狀態的局部麻醉法。

以古代條件，最有可能的是針灸穴位。針（即砭，頭為圓型，前圓後方，方處為柄，以指易捏為宜），當時多為石質，不用金屬，針頭在焰上炙之微燙，沾薑汁、艾汁或其他藥液，立於穴道（如合谷穴或陰穴），可有效止痛。這樣一來，關羽既可無痛刮骨，又能清醒地樹立英雄形象了。

古代的神奇醫術是先民在艱苦條件下積累的寶貴經驗，可惜在現代社會，替代品愈來愈多，反顯得有點黯淡，但絕未退出歷史舞臺，只要掌握好症狀分寸，仍可發揮意想不到的功效，如分娩止痛。該法主要在雙腳的三陰交（內踝上三吋處）及公孫穴（大腳趾內側）下針，孕婦生產前二十分鐘針灸，就能緩解分娩帶來的劇烈疼痛，止痛成功率達七至八成。中醫師下針後，其實患者仍有知覺，但不是痛覺，嚴格來說只是止劇痛，和西醫的打麻醉藥讓病人喪失感覺不同。針灸雖安全，有其功效，但分娩過程如果發生劇痛而無法忍受等情形，醫師建議仍需使用注射麻醉劑。

一物有利必有弊，關鍵端看症狀分寸。有些牙科手術由於牙根很深，拔出不易，且周圍神經很複雜，針灸止痛方式的成功率不算太高。此外，腹腔大手術由於傷口很大，且腹腔壓力較高，所以針灸也不適用。

再看看關羽的結局，高級將領立威固然必要，他卻經常濫用，動不動給部下顏色看，罵人過狠，懲罰過甚。後來，關羽出兵伐樊城，部屬麋芳、傅士仁因為未能供給足夠軍需，關羽大怒，揚言回師後將二人治罪。二人心感畏懼，終日惶恐不安，受盡苦頭，結果在荊州戰役時向東吳呂蒙臨陣倒戈，導致關羽腹背受敵，最後敗走麥城，被東吳軍隊擒殺，身首異處，這就是典型的「症狀分寸」沒把握好啊！

葛洪以毒攻毒治狂犬病

襄公十七年，國人逐瘈狗，瘈狗入於華臣氏，國人從之。華臣懼，遂奔陳。～《左傳》

很多武俠小說都有這樣的情節，主角中毒了就用蜈蚣、毒蛇、癩蛤蟆等觸目驚心的毒物來「以毒攻毒」，求得化解功效。至今，民間依然有人相信某些偏方，拿毒物治病，結果自然適得其反。

瘈狗噬人

看來，以毒攻毒不過是金庸等作家筆力下的產物，實在不應信以為真，更與現代科學南轅北轍。然而，小說家並非憑空捏造，這種置之死地而後生的療法其實是有歷史根據的。

早在春秋時代，《左傳》中就有「襄公十七年（西元前五五六年），國人逐瘈狗，瘈狗入於華臣氏，國人從之。華臣懼，遂奔陳」的記載。故事背景是宋國（今河南商丘一代）人驅逐狂犬，狂犬闖入華臣的府第，人們跟在狗後窮追猛打，華臣以為自己是被驅逐動目標，竟嚇得跑到陳國去了。由此誕生了一個成語「瘈狗噬人」，意即瘋狂的惡人做盡壞事。

瘈狗即瘋狗，看來早在二千五百多年前就已知道瘋狗的嚴重危害，因此人們見狂犬就群起而逐之。這可能是中國歷史上對狂犬病的最早記載。

戰國時期的《呂氏春秋》中還有「鄭子陽之難，猘狗潰之」的說法。西漢《淮南子》也載「因猘狗之驚，以殺子陽」，認為鄭國丞相子陽之死，是被狂犬咬傷所致。這可能是中國最早的狂犬病病例報導。連社會的高官都慘遭狂犬毒口，一般老百姓就更容易因此命喪黃泉了。

狂犬病毒是狂犬病的罪魁禍首，主要存在於患病動物神經系統中，其唾液也常含有大量病毒。人一旦被患有狂犬病的動物咬傷、抓傷，就有可能遭到病毒入侵。古人總結出「初中毒時，人不覺，平時忽然發驚，日久哮吼，嘶喊叫跳奔跑者，難醫」，而且「九死無一生」。特點為怕風、怕光、怕水、全身痙攣抽搐，最終呼吸循環衰竭而亡，對此，早期的巫醫也束手無策。

狂犬疫苗的誕生

面對惡疾，勤勞智慧的先民不會坐以待斃。經過多年沉澱，至晚在西元四世紀，先民已初步掌握了狂犬病療法。據東晉醫藥學家葛洪的《肘後備急方》載，狂犬的腦組織可治狂犬病，「殺所咬犬，取腦敷之，後不復發。」人們發現人被瘋狗咬傷後發生狂犬病，推斷瘋狗是直接禍根，那麼瘋狗體內一定有某種強烈毒素，這毒素究竟是什麼，當時的科技水準無法解答，然而古人推斷毒素在瘋狗腦部，又據「以毒攻毒」的哲學，嘗試取出瘋狗腦髓這個「毒」，敷於傷口，以攻擊瘋狗傳給受害者的「毒」。療效證明，有不少患者真能獲救。

其實古代的「人痘」法預防天花，其理念與此如出一轍，效果也頗可觀。近代以來，英國人金納（Edward Jenner）改良的天花「牛痘」法、法國人巴斯德（Louis Pasteur）研製的狂犬疫苗，也與之不謀而合，他們是否涉獵過古代中國「以毒攻毒」的思想？不得而知。

為了對抗狂犬病，巴斯德嘗試提煉瘋狗的口水並注射到健康犬的大腦中，不久，被注射的犬發病死亡。經過多次實驗，巴斯德推論出狂犬病的病原應該都集中在被害動物的神經系統。於是，他大膽提出假設，從患狂犬病死亡的兔子身上取出一小段脊髓，懸掛在一支無菌燒瓶中，使其乾燥，看它是否還有致命的危險。反覆試驗，他發現沒有經過乾燥的脊髓是足以致命的，但經過乾燥的脊髓較不易致命。如果將未乾燥的脊髓研磨後注入健康犬體內，此犬必死無疑；若將乾燥後的脊髓注入健康犬身上，這些犬都若無其事地活了下，巴斯德推斷經乾燥處理過的脊髓，病原體已經死了，至少毒力非常微弱。最後，他把乾燥的脊髓組織磨碎加水製成疫苗，注射到健康犬的腦中，再讓牠接觸致命的病毒，奇蹟發生了，牠安然無恙！

最後，巴斯德把經過反覆傳代的狂犬病原體隨兔脊髓一起取出，懸掛在乾燥、消毒過的小屋內，使之自然乾燥十四天減毒，然後再把脊髓研成乳化劑，用生理食鹽水稀釋，就製成了原始的巴斯德狂犬疫苗，時間是一八八五年。

雖然在那個時代，人們無法知曉狂犬病是由病毒引起而非細菌作祟，但並不妨礙偉大的科學家用實踐精神和經驗來對抗頑疾，就好比偉大的中醫學一樣。

醫學證明，少量病毒可刺激人體產生有益的抗體，反而中和病毒的侵害，這就是現代疫苗的設計理念。以毒攻毒，並不絕對虛妄。

值得注意的是，無論葛洪抑或金納、巴斯德，他們都沒有踏進二十世紀的醫療免疫學時代，其成就不是建立在分子生物學的基礎上，而是建立在轉瞬即逝的靈感創意、細緻入微的觀察辨別和日積月累的實踐經驗上，這一點尤其值得今人借鑑。

治不好，就問斬

（咸通）十一年八月，同昌公主薨，懿宗尤嗟惜之。以翰林醫官韓宗召、康仲殷等用藥無效，收之下獄。兩家宗族，枝蔓盡捕三百餘人，狴牢皆滿。～《舊唐書．列傳》

誰能料到，救死扶傷者竟被殘忍地剝奪尊嚴乃至生命！

文明社會的瘡疤

近年大陸頻頻傳出醫師被侵犯、殺傷的惡性事件，明智者搖頭嘆息，從醫者心灰意冷，在一個提倡法治的國度，如此醜陋而有悖於文明的暴力行徑實在是與時代極不和諧的噪音！

無獨有偶，二〇一五年五月二十七日，澳門中級法院判決兩名在診斷上有爭議的醫師「負刑事責任」一案，令兩名醫師蒙受不白之冤。原來，十三年前，一對有政府背景的夫婦帶著自稱腹痛的幼童到醫院就診，據兒科醫師的判斷和當時的醫療檢測水準，醫院認為小孩患有「胃腸炎或胃腸功能紊亂」，予以對症處理，但小孩未見好轉，數天後家屬簽字自動離院前往香港就診；在香港，小孩被診斷「腸套疊」，經手術治療康復出院。十多年來，家屬死揪醫師不放，此番居然上訴成功。「腸套疊」或許在轉送到香港的過程中發生，或許醫師真的水準不夠，但澳門中級法院無視衛生局醫學鑑定委員會的專業觀點，在不明瞭「腸套疊」典型症狀、不聽取第三方醫療專家意見的前提下，獨斷專行，斷章取義，認定兩名「確曾細心診察病兒及做出詳細的診療紀錄」、充分表現醫療關注的醫師，其行為屬「有意識的過失，明顯觸犯過失傷害罪」。此番無視法理，一意孤行，滿一家之私，逞一時之快，鑄千古之奇冤，成億代之笑料，一石激起千重浪，頓時造成議論紛紛，醫務界人心惶惶、人人自危。澳門原本為人稱道的醫患關係，可能將淪為敵我矛盾，勢同水火。澳門將為此判決而蒙羞獲辱，貽笑於兩岸四地、泱泱國際！

其實，不論肉體或精神上，這種事件可統稱為「傷醫案」，始作俑者至少有千年以上的歷史。

駭人聽聞的「傷醫案」

上古時期，巫醫不分，由於百姓對這類神祕的行當敬畏而感恩，對神靈亦不敢有絲毫褻瀆，醫師尚享有尊崇的地位，但隨著社會發展，醫療逐步衍生成獨立的學科和職業，其世俗化不可避免，從漢朝開始，行醫在人們心中不外乎生意買賣。

悲劇是在謬誤日積月累後才爆發的。大唐武德三年，投降李淵、被委任為蔚州總管的梟雄高開道臉頰中箭，矢鏃未拔，深陷肉中，苦不堪言，他急招醫師診治。可惜他沒有關雲長的運氣，軍中沒有妙手回春的神仙軍醫。臨時找來的醫師水準有限，曰：「鏃深不可出。」希望另請高明，豈料高總管勃然大怒，立刻將該醫師推出斬首。後他疼痛難忍，另覓醫師，估計傷勢很重，醫師還是無能為力，答案同前，高開道遂又殺之。傷病太複雜，非人力所及，又或醫師能力不濟，就算妄自菲薄、投鼠忌器，但畢竟並無欺妄，何罪之有？原來，醫師由於能力的局限，不能滿足病人的需要，這都是犯罪，而且是死罪！[1]

一介武夫暴虐野蠻，那麼堂堂皇室呢？晚唐時發生了一件駭人聽聞的宮廷醫療慘案，史書記載，「（咸通）十一年八月，同昌公主薨，懿宗尤嗟惜之。以翰林醫官韓宗召、康仲殷等用藥無效，收之下獄。兩家宗族，枝蔓盡捕三百餘人，狴牢皆滿。」（《舊唐書．列傳》）。宋代孔平仲《續世說》對此事的補充記載：「公主薨，懿宗殺二十餘人，收捕其親族三百餘人繫京兆獄中。」

原來，當時在位的是懿宗李漼，此時大唐已經風雨飄搖，此君是唐朝最後一個在長安平安度過帝王生涯的皇帝，他對政治不感興趣也極不成熟，卻好大喜功，沉湎享樂，猜疑心又很重，在位不過十來年，居然換了二十一位宰相！

他有一位愛女——同昌公主，被父皇視為掌上明珠。這位如花似玉的皇家公主出嫁到韋家不到四年就不幸染上重病，御醫韓宗紹、康仲殷等為公主治病，但未見起色，可憐的公主二十歲便香消玉殞。這可急壞了韋家的人，他們為擺脫責任，趕緊派駙馬韋保衡到宮中稟報公主死訊，韋保衡擺出一副傷心欲絕的模樣，在唐懿宗面前一邊講述公主臨終前的情形，一邊痛斥御醫們診療不當，誤投藥石。

唐懿宗猛聽到愛女的死訊，簡直五雷轟頂，趴在龍椅上嚎啕慟哭、痛不欲生，哀痛中，他把駙馬的話照單全收，把女兒的死全部歸責於御醫頭上。當即，皇帝宣旨上朝，一面不停地掉淚，一面降旨將二十幾個為同昌公主診治過的御醫全部斬首。二十幾顆頭顱含冤落地，他們的親族數百人也牽連獲罪，全部收入京兆大牢之中。

諷刺的是，這位殘忍的帝王卻篤信慈悲為懷的佛教，主持過唐朝最後一次隆重迎奉佛骨的儀式，用他自己的話說是「為百姓祈福」，實際上是想給自己帶來福氣，是為了「聖壽萬春」。可惜佛骨真身舍利並沒有為這位倒行逆施的皇帝帶來福蔭，佛骨迎入京師當年，懿宗就已經「疾大漸」，身體到了無力回天的地步，很快便嗚呼哀哉，年僅四十歲。此時距離同昌公主的死，不過三年。

今天的醫療糾紛與盛怒之下的皇帝老兒相比可謂小巫見大巫吧。《唐律疏議》云：「諸醫為人合藥及題疏、針刺，誤不如本方，殺人者，徒二年半……其故不如本方，殺傷人者，以故殺傷論；雖不傷人，杖六十。」當時法律已明文列醫師不按指南準則行醫，出現醫療事故後的處理辦法。且不論太醫是否有過失，抑或公主是否得不治之症，皇帝的一紙判決足見其對法律的蔑視，對生命的冷酷。

中國的法律畢竟是在艱難中前進的，到了宋朝，《宋刑統》對醫德、醫療事故、民眾醫藥、飲食衛生、衛生保健、囚犯醫藥衛生管理等醫事管理都制定了懲處的法規，律令將醫師的責任事故、技術事故區別對待，使醫師不致遭誤殺。

今日當然沒有人敢凌駕於法律之上，想殺誰就殺誰，但有些執法人員無非就是對著文書照本宣科，依葫蘆畫瓢，一副書呆子的模樣，再加上主觀臆測、閉目塞聽，於是造就了一場場啼笑皆非的爭議。

明清之際，醫患糾紛已出現了現今所謂的「第三方鑑定」，如《大清律例》有懲處「庸醫殺傷人」的條文規定：「凡庸醫為人用藥、針刺，誤不如本方，因而致死者，責令別醫辨驗。」意思是說如果不按照國家藥典規定的驗方開藥，致人死亡，需請與當事人沒有利害關係的其他醫師來檢驗，辨別其處方是否合理、有無失誤。「責令別醫辨驗藥餌穴道」之類，不就是第三方鑑定嗎？諷刺的是，時至今日，這種鑑定與調節的方案仍不時見諸輿論，殊不知，這早已不是什麼新鮮的主意，幾百年前的古人就已經想到了。

古時還有不少病人就診時，為「考驗」醫師的醫術，有意不將真實病情道出。蘇軾曾談到：「士大夫多祕所患，以驗醫能否，使索病於冥漠之中。」真是害己害人！

醫療糾紛的根源

醫事糾紛之所以產生，核心問題在於醫患雙方對醫家的責任、義務以及權力的認識存在分歧。民國時期一位署名「毅公」的作者就指出醫療糾紛的產生，其中一個重要原因即在醫患「對於權利義務的無視或誤解」。從這一角度來看，醫事糾紛的歷史就是這種觀念和認同不斷演化的歷史，病家之所以控告醫家是因為認為醫家應對其醫事行為負責，但是醫家是否應該對此負責呢？顯然，病患與醫家對此有不同的回答。一個基本的觀念分歧即是病家往往認為病患交由醫家醫治，醫家即應該對病患的健康負責。

醫家提出病有治有不治，醫師所負責的只能是保證盡其所能地進行治療，卻不對療效負完全責任。對病患來說，如果不能保證治癒，自然不必送醫。即便送醫，豈不有如被當成實驗品了？從醫師的角度看，因為病況複雜且醫學水準有限，當然也不能保證藥到病除、妙手回春，最多只能盡力而為，盡人事、聽天命。顯然，無論病家與醫家，彼此的考慮都沒有問題，然而當兩者碰撞在一起，卻會因觀念的差異引發衝突。

今天，人們總是把「傷醫案」歸咎於體制問題或醫師個人道德，很少從民族劣根性找答案。中國人小農經濟思想特有的狹隘、自私，使骨子裡充滿著對「商」的不信任、鄙夷和偏見，既然醫療是一手交錢一手交「服務」的買賣，那麼醫師與奸商不過是一丘之貉。

再者，許多人並未被真正意義上的社會啟蒙洗禮過，嚴重缺乏契約精神，認定用錢換來的「服務」非要心滿意足不可，否則就是對自己最大的冒犯，潛意識裡把個人利益凌駕於社會公平之上。至於法律嘛，最好都是束縛他人的繩索，而不是約束自己的警鐘。

看看，到底又是誰釀造了杏林中的血淚醫殤呢？

醫乃仁術，救死扶傷是廣大醫務人員的天職。為挽救病患生命、守護病人健康，絕大多數醫務人員一直在前線廢寢忘食、前仆後繼、從不退縮。醫患之間本應以友誼、信任為橋梁，但是，疾病有其發展過程，豈可刻舟求劍？醫學是科學，永無止境，豈能一蹴而就？醫師是凡人，學海無涯，豈會一目瞭然？醫療、法律，各司其職，各具所長，豈可越俎代庖、自以為是、師心自用？

每個醫務人員不管其職稱如何、地位高低，都有其不足之處，世上並無所謂神醫，醫學並無法律明文的非黑即白，也不是法律條款的刻板教條，唯有不斷修正，才可促使醫學之長足進步。每個優秀醫師的成長過程，就是不斷犯錯、持續糾錯的過程！倘若醫師由於不能立即明確診斷就得獲罪伏法，那麼，不勞法官大人辛苦審案，醫療同仁自當立刻解職、自縛手腳、肉袒負荊、含愧入獄！

醫務人員是生命的守護神，對醫務人員的傷害，即使在精神上，也是對寶貴生命的褻瀆，是沒有人性的蠻橫行為，從根本上說，也是對廣大病患權益的侵害！醫患關係的優劣是衡量社會文明的標誌之一，全社會都應努力維護。而法律的本意就是公平正義。法律本身不體現公平正義就絕對是惡法，惡法必會損害市民。司法不公不僅會縱容和放大社會的不公，而且必然造成對社會公平正義底線的嚴重損害，屆時法律將無人信任、形同虛設！

---

1 北宋司馬光《資治通鑑．卷一百八十八．唐紀四》：「高祖武德三年十月，唐蔚州總管高開道有矢鏃在頰，召醫出之，醫曰鏃深不可出，開道怒，斬之，別召一醫，曰出之恐痛，又斬之。」

邵雍的安樂死抉擇

未知生，焉知死。～《論語》

父子安樂而去

「安樂死」（euthansia）是當今各國爭論不休的話題，其源於希臘語，即安然死去或無痛苦死亡之意，涉及醫學、哲學、經濟、法律、宗教、倫理、社會學等各個領域。古代中國雖然沒有這個名詞，民間卻不乏自覺執行這一方式的病人乃至家庭。

先看看宋朝人的例子。西元十一世紀的北宋著名學者邵雍，是易學家、思想家、哲學家、詩人。他於神宗熙寧十年七月初五日丑時卒，謚康節，後世稱邵康節。為什麼他去世的時間如此準確呢？原來，根據他兒子邵伯溫《邵氏聞見錄》的記載，邵雍採用了和父親「伊川丈人」一樣的死亡方式——捐館。

何謂捐館？邵伯溫介紹當時年近八旬的祖父伊川丈人，某日覺得自己大限已到，遂不吃不喝數天。到了除夕之夜，他召集邵雍和邵伯溫等子子孫孫在身旁，自言自語：「到了正月初一，我們就要永別了。」邵雍等人理所當然痛哭涕零，老人家卻出奇地闊達：「我兒乃一介布衣（指邵雍），現在靠著學識而名重天下，子子孫孫都重學習、講孝道，我還有什麼放不下的？該安心瞑目了。你們還哭什麼？」伊川丈人平素喜歡大杯喝酒，此刻又說：「我與爾等喝酒惜別，如何？」於是邵雍斟了一大杯給他，老人豪爽地一飲而盡，再斟，又飲了半杯，於是開始半醉半醒地躺在床上，趕緊向子孫交代後事，囑咐他們要薄葬，要節哀順變。就在這個深夜，老人家在酒精催化的迷糊睡夢中，安然與世長辭。祖父是否得了什麼不治之症？當時年僅七歲的邵伯溫記不清了，只能籠統地說「無疾」。[1]

十年後的七月初四，邵雍也自覺將不久於人世，賦詩一首曰：「生於太平世，長於太平世，死於太平世。客問年幾何？六十有七歲。俯仰天地間，浩然獨無愧。」囑託完子孫後，當夜，像出行作客一樣，拿出最好的服裝穿戴一新，盛裝告別。家人還擺了簡樸的晚餐，備好酒，算是給老人家的餞別之宴。晚宴上，邵雍一頓痛飲，在家人的攙扶下就床，一睡不醒，七月初五丑時卒，輕飄飄地駕鶴西去了。[2]

邵雍及其父親的去世過程帶有濃重的宗教色彩，原來，古人謂之「捐館」，大意是慷慨地捨棄留戀的府第、家庭，追求極樂世界去了。信奉佛教的古人認為西方是樂土，死亡也叫「歸西」。說白了，邵雍他們是自願用過量飲酒的辦法進行安樂死，酒在其中扮演麻醉劑乃至毒藥的角色。不過，有些古人不以死為悲，認為還有一個彼岸世界，可以供靈魂遨遊。

《邵氏聞見錄》雖然沒有提供二人患病的經過，但自覺生命走向盡頭也不是無緣無故的，看來並非用年齡來參考，邵雍享年六十七，其父七十九，至少是在生理上覺得某些身體功能已經明顯衰退，估計也曾初步就診過，但自我判斷痊癒機會不大，為了讓自己免於更大的病痛折磨，為了減輕家人的負擔，也為了追求心中的極樂世界，便選擇了「捐館」。

安樂死，大不同

回過頭再看，從醫療手段來區分，安樂死可分為主動安樂死及被動安樂死兩種。主動安樂死是指醫務人員或其他人員負責採取某些措施以縮短病人的性命，而被動安樂死是指中止維持病人生命的醫治措施，任病人「自生自滅」、順其自然、自行死亡的行為。我們常常聽說的「醫師協助自殺」，其實可算是主動安樂死的一種，在這行為當中，醫師將足以令病人致死的藥物準備好，只剩下最後的啟動步驟，交由病人自己執行，故表面看來像是自殺，實際上其動機和行為與主動安樂死並無分別。

由此可見，邵雍及其父都是採用了主動安樂死的方式離開人世，無獨有偶，邵雍，字堯夫，號

「安樂先生」，彷彿一切都是冥冥中注定似的。

中國古代儒家思想就認為死亡是一種自然規律，不可抗拒，《論語》中有「生死有命」的說法。儒家對於死亡秉持一種順其自然的態度。但是在生死問題上，儒家特別重視生命中「生」的品質。孔子有一個學生叫季路，曾經問過孔子死是什麼，孔子回答道：「未知生，焉知死？」關於生是什麼的問題，孔子則有另一番解釋：「志士仁人，無求生以害人。」孔子的意思是說人要先懂得生命和存在的意義，而生命活動的意義在於做出對他人和社會有益的事。

道家思想也對生死有一番見解。《老子》說：「人法地，地法天，天法道，道法自然。」道家認為天、地、人皆在道法之中，道即是自然規律，人由生到死的過程是自然界中的客觀規律。從這一點上說，道家與儒家的生死觀是相同，都尊重死亡是自然規律的結果。只是道家在對生的觀點上與儒家有很大不同，他們更嚮往長生不老。

在甘肅敦煌莫高窟的《自行詣冢》壁畫中，考古學者發掘出了與早期安樂死觀念及實施有關的場面。此畫描繪一位銀鬚飄逸的老人，端坐墳塋之中，家屬親友有八人與其永別，老伴以袖拂面，面帶悲愴之情，而該老人卻神態安詳，拉著老伴的手囑託後事。從圖旁的藏文題記得知此圖畫於中唐（西元八八一至八四七年）的吐蕃時期。

儘管講究孝道一直是中原地區的傳統，但周邊的民族地區依然會保留一些原始部落的遺風。在人類尚未進入穩定的農耕文明時代，許多部落會把喪失生活自理能力的老人遺棄到野外，讓其自生自滅，這種做法更接近於被動安樂死。在當前中國的一些農村，許多醫治無望或家庭無法負擔醫療費用的老人，都會被家人接回家，放棄一切現代化的治療手段，在生他養他的那片小天地裡了卻殘生。其實，這又何嘗不是被動安樂死呢？

目前，多數人認為被動安樂死在道德上是可以接受的，但主動安樂死則仍有很多爭議。因為在主動安樂死中，病人的死因是由醫師的作為所導致的，與「他殺」或「謀殺」很難確切界定，故難以被道德和法律所接受。被動安樂死則有很大的不同，在這過程中，醫師所做的僅為不予或中止治療，其動機並不如主動安樂死般明顯，故較易為醫學界、倫理和社會所接受。

醫師的角色

不管人們怎樣看待安樂死，它絕非一無是處，原因很簡單，醫學不是神學，醫師是人不是神，他們只能盡力而為，不管醫學如何發達，還是有其極限。以現在的科技，某些機器可暫時代替心、肺、腎，讓病人「存活」，但是難道就這樣裝著機器，讓他們在混沌或痛苦中過完餘生，直至所有的生命跡象消失才算數？全身上下只剩管子和機器的生命，還是不是生命？這樣的肉體終究只是一團機器的冰冷合成，看來不是人類所想要的健康。在上帝面前，醫師應重拾謙卑之心，從科技回歸到人性。

生命就像是一條溪流，而醫師就好比天上的霖雨。不管是溪流還是霖雨，不管是病人還是醫師，滄海一粟，無非都是自然界的一環，無非都是造物主的傑作，無非都是自然規律的實現者和見證者而已。任何的溪流都有過泉水汩汩的勃發，都有過清澈甘甜的愜意，但也有枯竭乾涸的頹唐，甚至會有淤塞汙濁的無奈，有的還會進入江海的懷抱，總之，做為獨立個體，它必然走向消亡。

霖雨偶爾可以影響溪流的活動軌跡，能不能改變自然的規律呢？當然不能，它甚至難以改變溪流的流動方向。霖雨只能讓溪流更廣更遠，只能讓它更潔淨更充沛，只能讓兩邊的蘆葦水草更繁茂，從而讓溪流更狀美、更生意盎然而已。一個醫師能改變生老病死的自然規律嗎？很困難。醫師只是讓人在生老病死之間活得好看、舒適一點，僅此而已。他不能改變生命的本質和方向。如此說來，醫師只是替人世減少苦痛，不管是身體的還是精神的，讓他們有尊嚴地生活。我們不應該過度期待醫師具備挪移乾坤、扭轉生死的超能力。

只有敢於面對死亡，甚至開始凝視死亡，才能感受到生命的熱度，才能辨清人生的模樣。面對生命不可挽回的消逝，首要的選擇就是善待，每個病人都有血有肉，既懂得全力搶救，又懂得適時放手，才是尊重生命。

我們醫師應該做生命的甘霖！當小溪暢快地奔流時，甘霖定會欣慰鼓舞，當小溪最終或流進江河湖海或萎縮乾枯，消失得無影無蹤時，甘霖請不要悲傷，因為正是你曾有過的無私滋潤，讓它以另外一種方式繼續存在於天地間。

1北宋·邵伯溫《邵氏聞見錄》：「大父伊川丈人尤質直，平生不妄笑語。年七十字有九，以治平四年正月初一日捐館。初無疾，不食飲水者累日。除夜，康節先公以下侍立左右，伯溫方七歲，大父鍾愛之，亦立其傍。大父曰：『吾及新年往矣。』康節先公以下皆掩泣，大父止之曰：『吾兒以布衣名動朝廷，子孫皆力學孝謹，吾瞑目無憾，何用哭？』大父平日喜用大杯飲酒，謂康節先公曰：『酌酒與爾別？』康節同叔父滿酌大杯以獻，大父一舉而盡，再酌，飲及半，氣息微矣。謂康節曰：『吾平生不害物，不妄言，自度無罪。即死當以肉祭，勿做佛事亂吾教。無令吾死婦人之手。汝兄弟候吾就小殮，方令家之人哭。勿叫號，俾我失路。』康節先公泣涕以從……熙寧十年夏，康節先生感微疾，氣口益耗，神日益明……七月初四日，大書詩一章曰：『生於太平世，長於太平世，死於太平世。客問年幾何？六十有七歲。俯仰天地間，浩然獨無愧。』以是夜五更捐館，其治命如大父，伯溫不敢違。」

2同註1。

引發朝廷爭論的醫學著作

此書久經兵火，亡失幾盡，偶存於東夷，今此來獻，篇帙俱存，不可不宣布海內，使學人誦習。～《宋朝事實類苑》

中國古代的燦爛文化主要以書籍為載體傳世，由於早期印刷的落後、專制君主的禁毀以及兵燹戰亂、天災人禍，很多已散失乃至泯滅，令人扼腕嘆息，只有極少數幸運地失而復得，《黃帝內經》就是一例。

有預謀的進獻

這部偉大的哲學、醫學巨著分《素問》和《靈樞》兩冊，是唯物辯證與生命科學交相輝映的不朽傑作，理應在世界醫學史上享有崇高地位，可惜早在宋朝以前，《靈樞》就絕跡了。

萬幸的是，它的下冊流落在朝鮮半島。高麗宣宗大安八年（西元一〇九二年，宋哲宗元祐七年）十一月，高麗使節計畫向大宋進獻《黃帝針經》（即《靈樞》）等書，但要求換取《歷代史》（即《資治通鑑》）和《冊府元龜》等典籍。此「換書事件」非同小可，立即在朝野引起爭議。有大臣認為「此書久經兵火，亡失幾盡，偶存於東夷。今此來獻，篇帙俱存，不可不宣布海內，使學者誦習」。

當時的禮部尚書蘇軾，恰逢人生中唯一官運亨通的幾年，聞之大呼不可，奮筆疾書，連上奏章加以阻撓。也難怪，區區一醫書在士大夫眼中怎比華夏的治國經驗？然而哲宗深思熟慮，最終否決蘇軾的動議，同意交換，且下詔明年將其頒行天下，此舉功在千秋。

《冊府元龜》和《資治通鑑》乃政事歷史百科全書。蘇軾的理由不光在互贈圖書層面，其實是對整個對外朝貢制度的徹底否定，因為他認為與高麗國的貿易往來會導致民膏的耗竭、民力的浪費，又涉及強敵契丹的外交糾葛。他還不乏國防意識，擔心高麗「圖畫山川形勝，窺測虛實」，有為契丹做間諜之嫌。此外，「縱橫權譎之謀」、「謀臣奇策」也實在不宜讓高麗這蕞爾小國涉獵，說白了就是擔心人家學到了中華的奇謀智略，並拿去與大遼國分享。

的確，當年日軍甲午戰爭、乃至三十年後全面侵華時，其實早已處心積慮、潛伏間諜組織多年，所繪之中國地圖精確到列出村落前後的樹木水井，連中國自身繪製的地圖都望塵莫及，難怪人家打勝仗了。但是，這就是拒絕文化交流的理由嗎？

深謀遠慮的宋哲宗

這裡存在文化禁運與文化輸出的論戰。高麗人索要的經典史書，以政治、軍事為主，中原流傳多年，並非國家機密，其中關於地理、民族、經濟的不多，也非司馬光等史學家熱衷表述的內容，高麗人如為間諜活動而索書，未免幼稚且事倍功半，其主要目的還是向上邦學治國經驗、軍事謀略、宮廷鬥爭策略，仰慕中華文化罷了。

至於只有十七、八歲的宋哲宗如何做得這般好事，也著實有深層的因素。宋朝醫學發展迅速的重要原因之一，就是歷任皇帝對醫學的倡行和積極參與。在醫學教育、醫學資料整理、編寫校訂醫書及頒布醫藥法令方面，宋代皇帝重視有加。宋太祖就下令組織醫官修訂了宋朝第一部藥典《開寶新詳訂本草》，還開了帝王為醫書寫序的先河，以後各代都有效仿。宋太宗在未登基前就喜愛醫術，還收藏了千餘條名方，繼位後，又下令讓各個翰林醫官敬獻家傳驗方，並向民間徵集各種良方，最後由御醫編成了《太平聖惠方》，太宗不但為此書做了序，還賜了書名。宋真宗是個十分重視養生的皇帝，選了兩本經典的養生書籍印刷發行，頒布天下，把養生之術推廣到民間。宋仁宗時，國家專門設置「校正醫書局」，負責對前代重要醫學書籍進行蒐集、整理、考證、校勘。可見，他們趙家都有這樣的老傳統。

還有一點不容忽視，「換書事件」發生時，宋哲宗因年齡不大，尚未開始親政，實權掌握在太后手裡。對於太后的束縛、舊黨的窠臼，血氣方剛、頗想有一番作為的宋哲宗自然內心很是不滿，碰巧蘇東坡政治上又屬舊黨，在這件太后不怎麼管的小事情上把舊黨整飭一下，未嘗不是年輕皇帝的初試手腕。更巧的是，《靈樞》刊行全國不久，太后就病故了，哲宗如願以償大權在握，蘇軾等人的厄運再次降臨，被貶到遙遠的廣東惠州，政治生命從此終結！

文化交流的神奇力量

中國遺失到海外的文化成果其實很多，幸賴他國的珍視和保存，才得以存在，並透過日後的交流，重回懷抱，繼續做為世界文明的共同財產，把成果發揚光大。

《天工開物》也是典型例子。它是世界上第一部關於農業和手工業生產的綜合性著作，是中國科技史料中保留最為豐富的一部，有人也稱它是一部百科全書式著作，作者是明末科學家宋應星。由於作者具有反清思想且入清後不與當局合作，清朝遂對此書進行封禁，不久，它就在國內失傳了，知者愈來愈少，直至泯滅。

等到三百多年後的民國初年，有一個人去查《雲南通志》時發現裡面論述冶煉銅礦處，引用過一本名叫《天工開物》的書，他便想看看書的全貌，但遍訪圖書館、大學者而一無所獲！後來這個人偶然在日本朋友家發現此書的日文版，遂到日本圖書館去查，這一查不要緊，發現這本書居然有英文、俄文、德文、法文翻譯本！原始的中文版也逐步浮出水面，由此，這本幾乎絕跡的著作才重新回歸。

可見中華文化的博大精深、魅力無窮，可見文化交流的神奇偉大。

回頭看蘇軾，他的確比較「保守」，但孰不知死守文化、拒絕示人，也不見得能永遠領先，漢人熟諳孫子兵法，但面對野蠻的匈奴、女真、蒙古、滿清，還能望風披靡嗎？大清文士對五千年華夏史瞭如指掌，沾沾自喜於權謀智略，在和洋人打交道時不也捉襟見肘、進退失據，顯得愚昧可笑嗎？閉關鎖國之思，大抵從宋朝開始吧。

文化是軟實力，並不假，但它的強度和重要性一點都不亞於軍隊、礦產、糧食等硬實力。再說，文化這玩意兒，只要人民有需求，就不是當局想禁就能禁的。元祐四年（西元一〇八九年），為祝賀遼國皇帝生辰，蘇軾的弟弟蘇轍代表朝廷出使契丹，這次出使，蘇轍深切地體會到契丹民眾對他哥哥的崇拜。那時候，李白、賈島、黃庭堅等人的詩作已成為契丹人學習漢文詩歌的典範，蘇軾的詩名在契丹人心中更如雷貫耳，在遼原上廣為傳頌。就在蘇軾出使契丹的同一年，蘇軾的詩集《眉山集》才刊印不久，蘇轍在奉使途中便看到了契丹人翻刻的《眉山集》。當蘇轍住進驛館後，一舉頭又看到牆壁上題有蘇軾的詩文，著實讓他吃驚、感慨不已。這就是文化的力量。

且看今日的南韓，透過電影、旅遊等手段，輸出文化不遺餘力，國際影響大增，國力有增無減，已儼然一發達強國。可見，文化是拿來交流的，不能以收藏心態、用閉門鎖箱之法保管。一潭死水再清澈甘甜也有枯竭之日，只有交流循環才有不竭的生命力。

從壞血病看中西醫學精神

天有四時五行，以生長收藏，以生寒暑燥溼風。～《黃帝內經・素問》

五行學說是中國傳統醫學的核心，它認為萬事萬物都由金、木、水、火、土五種最基本的物質構成，在五行屬性的基礎上，運用相生相剋的關係來解釋事物間的相互聯繫和變化。

醫學源頭，不謀而合

無獨有偶，古希臘的希波克拉底約與戰國時代同時，對西方醫學發展貢獻良多，今人尊之為「醫學之父」。他提出「體液學說」，認為人體由血液、黏液、黃膽汁和黑膽汁四種體液組成，這四種體液的不同組合使人們有不同的體質，而它們的比例失調則導致疾病。

由此可見，古代人類在缺乏實證和科學解剖知識基礎的情況下，都會用樸素的哲學思想去推演和理解醫學，這兩種不約而同的學說分別在東、西方深遠地影響著各自的醫學發展史。當然，理論歸理論，治療疾病的藥方卻是先民們在與病魔的鬥爭中逐漸總結出來的，有的有效，有的罔效，有的被現代科技證明合理，有的則早就被證實為歷史的荒唐乃至笑話。

壞血病，對中國人高抬貴手？

中國傳統醫學及建構在其上的養生學，曾一度領先西方。明初鄭和下西洋時，為保障船員健康，船隊每次都配備了近兩百名醫官、醫士，平均每艘船上設有二至三名醫官，還配備善辨草藥的藥工，專門對沿途貿易獲得的藥材進行鑑定。此外，據說中國人特有的飲食習慣如愛吃蔬菜、喜歡喝茶，再加上船上種植豆芽和沿岸蔬果補給，使鄭和的水手極少患有西方大航海時代駭人聽聞的壞血病。

約百年後，帶著對東方的幻想和對財富的狂熱，麥哲倫艦隊進行環球航行，出發時有近三百名船員，但在歸國時卻只剩下十八人，大部分水手被壞血病奪走生命。那些可憐的歐洲船員們在遠離陸地的海洋上漂泊，僅數月後，有的便感倦怠、全身乏力，有的抑鬱多疑、虛弱厭食，更可怕的是，有些人面色蒼白、牙齦腫脹乃至出血，並因牙齦及齒槽壞死而致牙齒鬆動、脫落，還普遍出現關節肌肉疼痛、皮膚有瘀點和瘀斑等症狀，隨後發生嚴重內出血，製造了許多亡魂。

壞血病到底是怎樣的惡魔？那時候，雖然無人能解釋「壞血病」病因，但並不妨礙人們在實踐中探索、歸納治療方案。如果這種病出現在中國，先民照樣會窮盡所能，蒐集各種民間方子，即使有的療法今天看來未免可笑。

歐洲人是怎麼解決問題的？經長期積累，他們的藥方五花八門，如嚼綠樹葉、吃蒜茸混合芥末製成的糊狀物、喝海水、喝蘋果酒、喝醋酸，甚至還有喝稀釋硫酸的，林林總總，不一而足。此時距希波克拉底提出「液體說」已過去了近兩千年，漫長的時光早就改變了西方醫學的面貌，希氏縱然有聖人色彩，但「液體說」理論幾經整理修改、取長補短、反覆驗證，連同希氏同時代或稍後的解剖學，在批判、否定、吸收中已進化到新的知識水準，有見識的醫師不再唯「液體說」馬首是瞻。

西方人對科學認識是開放性的，即承認有許多的未知；與之相反，東方主流的知識架構則是封閉性的，也就是認為自己的傳統學說已臻完善。中國人遇到疑難雜症時，自然也會用各種方子兵來將擋、水來土掩。不過，我們的醫學家絕不會否定五行、陰陽，就像對儒家學說頂禮膜拜一樣，醫師們對祖師爺——哪怕是兩千年前的——敬若神明，對傳統理論絲毫不敢越雷池半步，充其量只是不斷「豐富」以求自圓其說。而各種藥方都必須用傳統理論加以闡釋後方可入正統醫家的法眼。

不破不立

據香港麥煒和醫師在一篇文章中的考證介紹，最終帶領水手戰勝壞血病的人是蘇格蘭軍醫詹姆斯・林德（James Lind）。他聽說檸檬汁可能有效，便於一七四七年，在英國軍艦進行實驗。這可能是人類歷史上最早的臨床對照研究試驗，當今每一種新藥走向市場都必須邁出這一步。當年林德具備尖端的思維，他把十二名壞血病船員分成六組，分別接受「試驗性藥物」，最後一組的藥品是柑橘及檸檬。一週後，吃水果的病患已能重返甲板工作，另外接受稀奇古怪療法的五組均無痊癒者，證實其藥方無效。儘管檸檬汁療法的推廣仍頗費周折，但日後終究促使英軍向船員配發一種朗蘭姆加檸檬汁的飲料，他們自此不再受壞血病困擾了。戰爭勝負往往取決於軍人的健康，憑著檸檬汁，皇家海軍稱霸海上並參與締造了「日不落帝國」。英國是大航海時代最終的贏家，它能擊敗法國、荷蘭、葡萄牙等老牌霸主，多多少少也要歸功於此項醫學實驗。西醫沒有理論桎梏，他們有的是探索精神，儘管當時誰也說不清為何檸檬可治病。

遺憾的是，幾乎同時代的大清，拘泥於神聖不可侵犯的理論，傳統醫學停滯不前，而此時的西方醫學早已脫胎換骨。嘉慶、道光年間，有位王清任醫師發現前人解剖學論著錯漏百出，便根據親身解剖的實踐寫成了《醫林改錯》一書，把他觀察到的解剖新知公諸於世，大膽否定前人陳說。可惜那些充滿理論自信的同行們對此嗤之以鼻，仍抱著上古的五臟六腑不放。有機會拉近中西方醫療科技差距的《醫林改錯》，最終淪為沾滿灰塵的冷門著作，鮮人問津。

二十世紀，西方醫學終於證實缺乏維他命C是壞血病的罪魁禍首。維他命C，又名抗壞血酸，是膠原蛋白形成所必需的營養素，它有助於保持間質組織的完整，如結締組織，骨樣組織以及牙本質等。眾所周知，大航海時代的水手們每天配給的食物大多是醃肉和乾糧，蔬菜水果極少，他們身體的維他命消耗殆盡後得不到及時的補充，不幸染病在所難免。而檸檬、柑橘等水果本身富含的維他命C剛好可以填補這一空缺。真相終於大白。

直到此時，中國人才想到急起直追。從對西醫的盲目推崇，到對中醫的大膽質疑乃至否定，再回歸到理智的中、西醫結合，炎黃子孫們又走過了一段艱難曲折的道路。也許只有這樣的歷程，才能明明白白地告訴大眾，什麼才是醫學，什麼才是科學。

藥典珍本何以流落海外？

孝宗之崩，病熱也。院判劉文泰以熱劑上，渴甚，索水執不可。閹臣有進瓜者，上啖之。僅能出言，召大臣受顧命……～《皇甫錄・皇明紀略》

《御制本草品匯精要》是明代皇帝下詔太醫院編纂修訂的國家藥品最高法典，這是中國第一部大型彩繪圖書，為何竟在異國長眠五百年？

古籍珍品流浪兒

此書根據藥用來源分為玉石、草、木、果等十部，正文用朱、墨兩色分寫，繪有精美的彩色寫生圖一千三百多幅，編撰者捨棄當時相對成熟的雕版印刷技術，由抄書工匠分色繕寫文字，經多位宮廷畫師繪圖，精工細描，極顯名貴，算得上是中國本草史上現存最大、最珍貴的一部彩色藥物圖譜，具有相當高的中藥文獻價值。

可這樣的珍本卻長期流失於海外。二十世紀三十年代初，收藏在羅馬國立中央圖書館的《御制本草品匯精要》開始受到關注。經多年努力，中國終於在二十一世紀初與義大利達成協議，獲得拍攝全部精裝本的權利，並於二〇〇二年首次出版了這部藥典。一部舉世矚目的中醫巨著卻在異國他鄉長眠，幾近湮沒，從誕生到面世居然跨越了五百年！

這就不得不從藥典的編撰者說起。

明代中葉，孝宗弘治帝下詔修訂本草，讓太醫院從院使（相當於院長）到御醫、醫士數十人參與編修，太醫院院判（協助院使管理醫務）劉文泰擔任總裁，這位劉文泰可不簡單。

「妄進藥餌案」

一般而言，為國家至尊看病的應該是全國最頂級的專家才是，可在腐敗的明朝，事實並非如此。據《萬曆野獲編》記載：「劉文泰先任右通政，管太醫院使。以投劑乖方，致損憲宗。」原來，劉文泰在孝宗之父憲宗成化帝朱見深的診治失敗中難辭其咎，「孝宗命降為院判。」通政司和太醫院實際上有很大區別，前者是管理行政的文官機構，而太醫院由於專業性強，歷來由醫家子弟供職。這文人劉文泰其實對醫學並不在行，最多懂點皮毛，卻攀附權貴混進了「衛生部」，干預醫師處方，導致憲宗病情加劇。皇太子朱佑樘當然不能作罷，孝宗即位後決定懲處此人，無奈劉文泰與太監沆瀣一氣，最終陰差陽錯被「降職」到太醫院當「院長助理」，搖身一變竟成了專業人士。

劉文泰醉心於權術，常往來於禮部尚書邱浚之門，以求遷官，其事為吏部尚書王恕所阻，劉文泰竟自為表章，誣陷王恕，其人品可見一斑。

明代宦官干預朝政最臭名昭著，劉文泰與太監互相利益輸送，遂得到太監在皇家面前的美言和推薦，居然「援引專侍禁中，遇上（皇帝）及中宮有疾，無論內外科，俱令文泰直入矣」。真不知這江湖郎中是如何妙手回春的，簡直拿國家中樞的健康當兒戲。

有太監的暗中相助，劉文泰竟謀得編撰藥典的主角，此人雖德行、醫術令人不敢恭維，但組織能力尚可。兩年後，這部獨一無二的大型彩繪藥物圖典完工，收錄藥品一千八百多種，圖文並茂。孝宗非常滿意，還給著作寫了序言，不料剛想刊行就突然「患熱得疾」，此時劉文泰估計被吹捧得飄飄欲仙，自認能手到病除，再立新功。

明孝宗雖然身體狀況一直不是很好，但此次開始得病，自信還是小病，且自己長期善於養生，只要稍作調理便可痊癒，因此並無多大擔憂，患病之初還堅持處理政務，但是隨著病情進展，服藥後的皇帝居然每況愈下。他立刻召見大臣，病懨懨地躺在龍榻上，瞇著眼睛說：「熱甚，不可耐。」又「命左右取水以布拭舌」，並且交待後事：「朕嗣祖宗大統一十八年，今年三十六，乃得此疾，殆不能起……」

是疾病來勢洶洶還是太醫處理不當？其實，據史料記載：「孝宗之崩，病熱也。院判劉文泰

以熱劑上，渴甚，索水執不可。閹臣有進瓜者，上啖之。僅能出言，召大臣受顧命……」（《皇甫錄·皇明紀略》）

原來，自信滿滿的劉文泰等人，自以為事，連皇后都對其信任有加，結果「誤投大熱之劑」，雪上加霜，導致孝宗「煩躁不堪」，在醫療事故中一命嗚呼。

醫師最主要的本職就是治病，其他一切僅是點綴，遺憾的是時下大陸很多高級醫院裡充斥著不少憑藉發表「科研」論文和海外鍍金而晉升高位的知名教授、醫師，不時藉助各種媒體拋頭露面，其實日常並未專注於醫術精研，其臨床技術往往令慕名而來者失望而歸。這有點像劉文泰，所不同者，明代失於政治腐化，而當代咎於體制不全。

「凶手」從輕發落？

做為保障手段，《大明律》有專條對庸醫及其醫療行為進行懲處，其中還出現了第三方的醫療鑑定，如「凡庸醫為人用藥針刺，誤不依本方，因而致死者，責令別醫辨驗藥餌穴道，如無故害之情者，以過失殺人論，不許行醫。若故違本方，詐療疾病而取財物者，計贓，準竊盜論，因而致死，及因事故用藥殺人者，斬。」劉文泰的所為談不上故意殺人罪，但在人治的專制社會，把皇帝弄死了，本來也絕不會輕判的。

但從這「妄進藥餌案」的處理結果來看，由於有大臣干涉，朝廷對此案主要責任者如劉文泰等人的處理並沒有百分之百按照律法的規定執行，由此可見，劉文泰等人實際上擁有複雜的權力人脈背景，此一人脈不僅僅局限於宦官，還延伸至皇后和朝中大臣。

欠了兩位帝王性命的劉文泰最終受到的懲罰不是死刑，僅是流放。一個烏煙瘴氣、腐化墮落的朝廷已出現在世人眼前。

那本藥典也因編者被流放，殃及池魚而被打入冷宮，無人問津，明亡時流失。義大利羅馬國立中央圖書館的藏本原藏於康熙第十三子怡親王允祥的安樂堂。這一明代抄本經怡府流落民間後，約在道光末年被外國傳教士取得，並攜回羅馬，但長期以來，不熟悉中文的西方人一直將其當成畫冊來收藏。著名漢學家李約瑟說：十六世紀中國有兩大天然藥物學著作，一是世紀初的《御制本草品匯精要》，一是世紀末的《本草綱目》，兩者都非常偉大；而前者的名聲和影響之所以明顯低於後者，只是因為它從未出版過。

醫師素養攸關醫德、醫風

學不貫今古，識不通天人，才不近仙，心不近佛，寧耕田織布取衣食耳，斷不可作醫以誤世。～《言醫・序》

人們普遍認為醫師乃高尚職業，「高尚」一方面是指醫者的仁德，另一方面是指醫者團體。古往今來，這樣的評價代表大眾對醫師的美好期待。不過，也有些醫師實在應該在「高尚」、「文化」面前無地自容。

學問不精，貽笑大方

清代《笑例》云，某醫師見街頭算卦的術士桌上擺著《易經》，遂感慨萬千道：「我當學占卜，不應學醫矣。」人問其故，某嘆曰：「彼是《易經》，想必容易，哪似醫者所學之《難經》，謀生難上加難也。」《難經》原名《黃帝八十一難經》，古代中醫學經典著作之一，傳說為戰國時期秦越人扁鵲所作，以問答解釋疑難的形式編撰而成。前述望文生義的淺薄之醫能看好病嗎？

《冷廬醫話》又載，明朝醫家戴元禮聽說當地某名醫技術高明，欣然拜訪，門前剛巧聽到該醫師對取藥者大喊：「臨煎加錫一塊！」戴元禮大惑，問何故，那醫師傲慢地說：「此古方耳。」言下之意，這深奧的古方你怎會懂？戴元禮仔細一想，茅塞頓開，原來這位「名醫」把「錫」和「餳」混為一談，「錫」是金屬，而古方中的「餳」是用糯米煎製的飴糖。差之毫釐，謬以千里，一字之差，可決生死！

或許你覺得這不過是雞毛蒜皮，可惜文化向來都是不容輕視的！撇開醫德問題，時下年輕醫師的文化素質委實不樂觀。

數日前，我早晨聽到一位實習的政府醫院進階學員交接換班，說昨夜消化科收了個「胃腸功能『索』亂」的患者，實在令人啼笑皆非，連常用詞「紊亂」都全然不知。澳門市民日後還得仰賴這些政府醫院的大夫啊！又不久前，我看到一位本科剛畢業的醫師求職信，內有籍貫一欄，他填「福建葡田」。荒謬！我雖非福建籍，但好歹知道「莆田」這個有點名氣的地方！澳門人極少用拼音輸入法，多用倉頡筆畫輸入，該生的錯漏顯然並非來自同音字的疏忽，而是自小在腦海中就存在完全錯誤的信息！對家鄉名城的無知，是家長的錯？還是老師的錯？

醫師的素質不等於技能

千里之堤，毀於蟻穴。現今的開放社會高速發展，複合型人才的需求與日俱增，如果認為醫師只需要懂得診斷和開藥、做手術就萬事大吉，那未免低估了社會和行業的複雜性。醫師固然無需對天文地理、中外歷史瞭如指掌，也無需對詩詞歌賦爛熟於心，但總該要對各種知識有所涉獵，這不是附庸風雅，而是提高服務品質的要求。

大學的醫學教育終究不能是單純的職業技能灌輸，更應在綜合素質下功夫，這樣培養出的醫學人才才不會是作業流程中呆若木雞的複製品，才有成為大師的可能，才有成為社會棟梁的希望！明朝醫家裴一中說：「學不貫今古，識不通天人，才不近仙，心不近佛，寧耕田織布取衣食耳，斷不可作醫以誤世。」這未免苛刻，但一個人文知識膚淺的醫師，又能具備多高的道德水準？又能走得多遠？

醫學的本質決定了醫務人員應具備合格的治療技術，同時還要有濃厚的人道主義情懷。如同各個行業需要職業素養，培養醫務人員職業素養對於改善和提高醫療服務品質至關重要。但遺憾的是，目前中國大陸絕大多數醫學院校仍是以醫學專業知識教育為主，人文素養教育仍然相對欠缺。

許多有識之士指出：導致大陸醫師醫德、醫風下降的原因雖然有市場體制改革、社會風氣影響等外在因素，但上述醫德問題的爭議，關鍵仍在於醫務工作者的人文知識欠缺、道德修養不足、在大是大非面前感到迷惘，這是內因。人文知識修養與現實生活中的醫德、醫風有著密切的聯繫。醫德敗壞、醫風不良，本質上是醫德的扭曲。

談及醫學人文，很多人都會想到臺灣慈濟大學醫學院，其醫學人文教育堪稱全球典範。其實，臺灣的醫學院校普遍都重視醫學人文研究，各個院校幾乎都設有醫學人文研究所，學校也設立了很多醫學人文課程。除此之外，學校還要求學生在大四畢業之前修滿十八個通識課程的學分，以開闊學生視野。

讀完醫學課程，在醫學院校畢業，並且取得行醫資格，過程漫長而艱辛，對絕大多數醫師來說，僅僅是職業生涯的起點，而他們走完了這個初級階段，已經在醫學知識上打好了基礎。可是，「知識、文化、智慧」這三個詞之間到底有何異同，有何關聯？有知識的人一定有文化嗎？有文化的人一定有知識嗎？有文化、有知識的人就一定有智慧嗎？

還是讓一顆充滿謙卑的心，在人生的歷練中，回答這個問題吧。

跋

書寫完了，猶如一個嬰兒的降生，該是起名字的時候了。我苦思冥想，還是想不出什麼震古爍今、提綱挈領的好書名，我只想到了和文雅的閱讀毫不相干的牛雜！

很多廣東人、港澳人都喜歡在路邊吃牛雜。顧名思義，這是一種常見的街頭小吃，由多種牛的內臟混搭煮成，常以濃鬱的柱侯醬汁調味。即使是西裝革履、文質彬彬之輩，往往也抵抗不住牛雜的香氣誘惑，遂紛紛扯掉斯文的面紗，購來一碗，大快朵頤，直吃得滿頭大汗，不亦樂乎。

牛雜為什麼吸引人？首先一點，就是它的隨意性。吃，本是人類的自然本能，為了果腹也好，為了品味也罷，以最自然的狀態進入食客的角色，或許才是藏於靈魂深處的奢望。遺憾的是，人的社會功能愈是彰顯，人的自由度就愈是受限。想想餐桌上的禮儀，想想和陌生人聚餐的拘束，不禁一聲嘆息，菜是好菜，卻不一定有好胃口。回想起自己寫的第一本書，那是框架式的讀物，二十五個故事被畫分成天衣無縫的五大部分，太像二十五份住院病歷了。

所以，這次我乾脆打破所有約束，天馬行空，沒有固定的思路，摒棄既定的格式，扔掉規整的組合，一切醫事、趣事、史事均信手拈來，隨意發揮而又有機整合，呈現於讀者眼前。畢竟，讀者不應該是來聽課的、來接受醫學教育的，他們應該要從寶貴的閒暇時光，舒舒坦坦地獲得有益、有啟發的愜意和樂趣，這才是作者的終極目標。

牛雜的第二個誘人之處：多樣性！眾所周知，一鍋上好的牛雜，幾乎囊括了牛一身的所有內臟，包括牛胃、牛腸、牛心、牛肝、牛腎、牛肺以及不可或缺的蘿蔔等，煮成爛熟，配料還有八角、陳皮、桂皮、甘草、草果、丁香，飛水後又得旺火燒熱炒鍋，下油，放豆豉醬、蒜茸、碎老薑，再用蔥白爆香，烹以白酒。其滋味可謂包羅萬象，百味齊全。對照過去自己的書，總是談論枯燥乏味的心腦血管、呼吸系統疾病，再加上匪夷所思的傳染病、胃腸病，好像把寫書當成日常職業的延續……

這次我撤除藩籬，把視角和觸角伸向更為廣闊的歷史、社會空間，聊了心智，寫了戒菸，品了荔枝，介紹護齒，分析脫髮，調侃白髮，間談中國解剖學的坎坷，回顧中、西醫的碰撞，還推測關公刮骨療傷的止痛祕笈。總之，揉合更多、更雜的「營養」，至於醫學知識這一味，或統領全局，或畫龍點睛，或承上啟下，或只是做為註腳穿插其間，若隱若現。希望廣大讀者喜歡這種敘事方式。

牛雜之所以好吃，還在於搭配它的柱侯醬，香滑綿軟，味濃汁厚。當你手捧小碗，一邊逛街一邊咀嚼入味的牛雜時，可別忘了這美味小吃的幕後功臣。棕褐色的柱侯醬味道鮮美，香氣四溢，濃而不鹹，入口醇厚甘滑。如果一部作品，僅僅為了介紹某種知識，就很容易走進冷冰冰的死胡同，烹成味同嚼蠟的開水白菜湯。我相信，當作者在作品中融合更多真情實感，匯入更多自身對社會的理解認識、對讀者的深情厚誼時，更容易被讀者們認同。當然在這個過程中，出版社的熱情邀請也是作者筆耕不輟的不歇動力。一言以蔽之，但願我和出版社一同珍藏的情感，就如同這醇厚的醬料，能夠讓讀者朋友在細細品味、回味之餘，有一絲絲的感動。

無論如何，希望各位還喜歡我這鍋剛調製好，揉合醫學、歷史和文學的「杏林牛雜」吧！

二〇一五年八月十六日

HISTORY系列013

歷史課聽不到的奇聞：那些你不知道的醫療外史

作　者—譚健鍬
主　編—邱憶伶
責任編輯—陳珮真
責任企劃—葉蘭芳
美術設計—張耕毓
內頁設計—黃庭祥
總 編 輯—李采洪
董 事 長—趙政岷
出 版 者—時報文化出版企業股份有限公司
一〇八〇一九臺北市和平西路三段二四〇號三樓
發行專線—（〇二）二三〇六六八四二
讀者服務專線—〇八〇〇—二三一—七〇五
（〇二）二三〇四七一〇三
讀者服務傳真—（〇二）二三〇四六八五八
郵撥—一九三四四七二四時報文化出版公司
信箱—一〇八九九臺北華江橋郵局第九十九信箱
時報悅讀網—http://www.readingtimes.com.tw
電子郵件信箱—newstudy@readingtimes.com.tw
時報出版愛讀者粉絲團—http://www.facebook.com/readingtimes.2
法律顧問—理律法律事務所　陳長文律師、李念祖律師
印　刷—紘億彩色印刷有限公司
初版一刷—二〇一五年十一月十三日
初版四刷—二〇二〇年七月二十七日
定　價—新臺幣三〇〇元

時報文化出版公司成立於一九七五年，
並於一九九九年股票上櫃公開發行，於二〇〇八年脫離中時集團非屬旺中，
以「尊重智慧與創意的文化事業」為信念。

歷史課聽不到的奇聞：那些你不知道的醫療外史 / 譚健鍬著.
-- 初版. -- 臺北市：時報文化, 2015.11
面；　公分. -- (HISTORY系列；13)
ISBN 978-957-13-6457-5 (平裝)

1.傳記 2.中國醫學史

782.1　　　　104022756

ISBN 978-957-13-6457-5
Printed in Taiwan